Ayurvedisches Kochbuch

für Gesundheit und ausgeglichenes Bewusstsein

von
Dr. Nibodhi Haas

Mata Amritanandamayi Center
San Ramon, CA 94583, Vereinigte Staaten

Ayurvedisches Kochbuch
für Gesundheit und ausgeglichenes Bewusstsein
von Dr. Nibodhi Haas

Veröffentlicht von:
Mata Amritanandamayi Center
P.O. Box 613
San Ramon, CA 94583
Vereinigte Staaten

———————— *Ayurvedic Cooking Book (German)* ————————

Erste Auflage der deutschen Übersetzung: April 2016
Übersetzung:
1. Teil, bis zu Vata-Pitta-Kapha-Nahrungstabellen: P. Padam Singh
2. Teil, ab diesen Tabellen bis Ende: Vandya

In Deutschland: www.amma.de
In der Schweiz: www.amma-schweiz.ch
In Indien: www.amritapuri.org
        inform@amritapuri.org

**Die Informationen im vorliegenden Buch sollen keinesfalls Diagnose
und Behandlung von Krankheit oder Fehlfunktionen ersetzen.**

Die in diesem Buch enthaltenen Informationen und Ausführungen
sind ausschließlich vom Verfasser zu verantworten und
geben nicht die Meinung von M.A. Math, von M.A. Center
oder deren Zweigstellen wieder. Der Verfasser trägt die volle
Verantwortung für alle Irrtümer oder Auslassungen.

Widmung

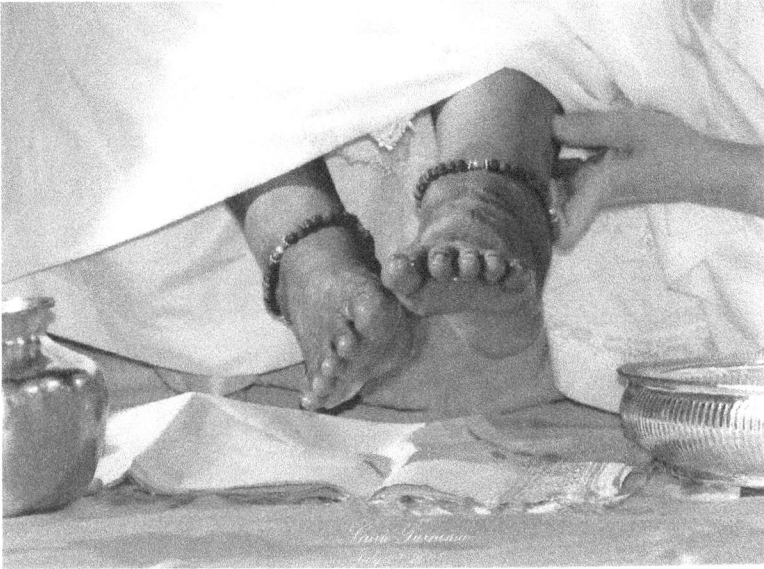

Möge der Baum des Lebens fest im Boden der Liebe wurzeln. Gute Taten seien die Blätter dieses Baumes, freundliche Worte seine Blüten und Frieden seine Früchte.

– Amma

Den Lotusfüßen meines geliebten Satguru Sri Sri Mata Amritanandamayi Devi, der Verkörperung von Annapurna Devi, bringe ich dieses Buch mit Liebe und Hingabe dar.

**Amma Amma taye
Akhilandesvari niye
Annapurnnesvari taye
Adi Parashakti niye**

O Mutter, Mutter, göttliche Mutter des Universums,
Nahrungsspenderin aller Geschöpfe,
Du bist die Höchste Urkraft.

Inhaltsverzeichnis

9

Sri Mata Amritanandamayi

*Die Menschen sollten wissen, dass ein Leben selbstloser Liebe
und uneigennützigen Dienens möglich ist. Liebe ist unser
wahres Wesen. Liebe kennt keine Schranken der Kaste,
Religion, Rasse oder Staatsangehörigkeit. Wir sind alle wie
Perlen, die auf dem Faden der Liebe aufgefädelt sind.*

– Amma

Wegen ihrer außergewöhnlichen Taten der Liebe und Selbstaufop-
ferung erwarb sich Mata Amritanandamayi oder Amma (Mutter),
wie sie meist genannt wird, die Zuneigung von Millionen von
Menschen auf der ganzen Welt. Wenn sie jede Person, die zu ihr
kommt, liebevoll streichelt und in mütterlicher Umarmung an
ihr Herz drückt, schenkt sie allen grenzenlose Liebe, gleich welchen Glaubens sie sind, wer sie sind oder aus welchen Gründen
sie zu ihr kommen. Auf diese einfache, doch wirkungsvolle Art
verwandelt Amma das Leben unzähliger Menschen und lässt die
Herzen aufblühen – mit einer Umarmung. In den vergangenen
37 Jahren umarmte Amma über 30 Millionen Menschen aus
allen Teilen der Welt.

Ihre nie ermüdenden und hingebungsvollen Bemühungen, andere Menschen aufzurichten und zu erheben, hat ein riesiges Netzwerk
karitativer Aktivitäten inspiriert, in dem die Menschen den Frieden
empfinden können, der aus selbstlosem Dienen entsteht.

Ammas Lehre ist universell. Wenn sie nach ihrer Religion gefragt
wird, antwortet sie, ihre Religion sei die Liebe. Sie verlangt von
niemandem, an Gott zu glauben oder eine andere Religion anzu-
nehmen; sie fordert die Menschen lediglich dazu auf, nach ihrem
wirklichen Wesen zu fragen und an dieses zu glauben.

In dem großen Spektrum karitativer Projekte, die von Amma

eingeleitet wurden, finden sich kostenlose Häuser für die Armen, Katastrophen-Hilfsmaßnahmen, ein Waisenhaus, Verteilung kostenloser Lebensmittel und Arzneien für die Armen, Renten für verarmte Witwen und Frauen, finanzierte Heiraten für mittellose junge Paare, unentgeltliche Rechtshilfe, Yoga- und Meditationsprogramme für Gefängnisinsassen, weitgefächerte medizinische Betreuung durch Amrita-Krankenhäuser und medizinische Camps, die kostenlose Gesundheitsvorsorge für die Armen bieten; dazu viele Schulen, Colleges, die große Amrita-Universität und Erziehungs- und Bildungsprogramme.

Weitere Informationen über Ammas
karitative Tätigkeiten finden Sie unter:
www.amritapuri.org
www.amma.org
www.embracingtheworld.org

Teil 1

Ayurveda und Nahrung

Kapitel 1

Annapurnas Prasad

Panchabhuta Palini Annapurna
Pratyaksadevata Annapurna

O Göttin Annapurna, Du regierst über die fünf Elemente: Äther,
Luft, Feuer, Wasser und Erde.
Du bist die sichtbare Göttin in der manifestierten Nahrung.

Die Nahrung, die wir essen, das Wasser, das wir trinken, die
Luft, die wir atmen, die Erde, auf der wir leben – wer hat dies
gegeben? Die Mutter, die ohne Anfang, ohne Ende ist, die ewig
glückselige Mutter hat dies gegeben.
Weisheit und Kunst für Seele und Vernunft, die Noten der
Musik, gesungen vom Mund – wer hat dies geschenkt? Die
Mutter, die auf einem Lotus sitzt, Sie hat dies geschenkt.
Aufgehende Sonne, schimmernder Mond, den Himmel
erleuchtend, die reichen Ernten, vom Regen gespeist – wer hat
dies geschenkt? Die Mutter, die Schwert und Dreizack in den
Händen hält, die ewig Glückselige, Sie hat all dies geschenkt.

– Unnum Sorum
(unter Benutzung der englischen Übersetzung)
Bhajanamritam Vol. 4

Wer ist Annapurna Devi?

Der Wille des Höchsten Wesens steht hinter allem und jedem – hinter dem Blühen der Blume, dem Zwitschern des Vogels, dem Wehen des Winds und dem Brennen des Feuers. Er ist die Kraft, durch die alles wächst, die Kraft, die alles nährt. Dieser göttliche Wille ist die Ursache, die Geburt, Wachstum und Tod aller Lebewesen bewirkt. Er ist die Ursache der ganzen Schöpfung. Die Kraft des Höchsten Wesens erhält die Welt. Ohne diese Kraft würde die Welt aufhören zu existieren.

– Amma

Annapurna Devi ist die Göttin der Nahrung und der Speise. Sie erhält das Leben auf Erden. Annapurna spendet allen Wesen in der Schöpfung ihren Segen in Form von Nahrung, in Form der Ernährung und Liebe. Im Sanskrit steht ‚*anna*' für Nahrung und ‚*purna*' für vollständig, d. h. ‚Annapurna' bedeutet vollständige Nahrung und auch Liebe für die ganze Schöpfung. In Indien glaubt man, dass diejenigen, die Annapurna Devi verehren und zu ihr beten, nie hungern müssen und überdies ein Leben voller Fülle und Liebe führen können.

Annapurna gilt als eine Inkarnation der Göttin Parvati, Gemahlin von Shiva. In Indien wird Lord Shiva (göttliches Bewusstsein) oft mit einer Bettelschale (Demut versinnbildlichend) dargestellt, mit der er um Annapurnas Segen in Form von *prasad* (gesegnete Nahrung oder ein gesegnetes Objekt) bittet, das *shakti* (Energie) zur Erlangung von spirituellem Wissen und Erleuchtung schenkt. Annapurna symbolisiert den Göttliche-Mutter-Aspekt der Nahrung und der bedingungslosen Liebe. Wenn die Nahrung im Geist der Liebe, Dankbarkeit und Heiligung zubereitet wird, verwandelt es sich zu *prasad*.

Was ist Prasad?

Nicht einmal die kleinste Nahrungsmenge, die wir zu uns nehmen, entstand allein durch unsere Anstrengung. Was in Form von Nahrung zu uns kommt, ist der mühevollen Arbeit unserer Schwestern und Brüder, ist dem Reichtum der Natur und dem Mitgefühl Gottes zu verdanken. Auch wenn wir eine Million Dollar besitzen, brauchen wir nach wie vor Nahrung, um unseren Hunger zu stillen. Schließlich können wir nicht Dollarnoten essen. Deshalb sollten wir nie etwas essen, ohne zuvor mit einem Gefühl der Demut und Dankbarkeit zu beten. Betrachte dein Essen als die Göttin Lakshmi (die Göttin des Wohlstands) und nehme es voll Hingabe und Verehrung entgegen. Nahrung ist Brahman (das Höchste Sein). Nimm das Essen als Gottes Prasad, als gesegnetes Geschenk zu dir.

– Amma

Prasad ist die Gnade der Gottheit oder des Satgurus oder eines heiligen Meisters, die dem Gläubigen nach der Gottverehrung in Form von Essbarem gewährt wird. Dieses Essbare (oder jede andere Gabe) wurde zuerst in verehrungsvollem Gebet der Gottheit bzw. dem Heiligen offeriert. *Prasad* bedeutet auch das, was von einer heiligen Person geschenkt wurde. Buchstäblich heißt es „Gnade". *Prasad* ist vom Segen und von der Gnade des Gurus oder der Gottheit durchdrungen.

Prasad wird betrachtet als Manifestation einer inneren Großzügigkeit, einer Haltung des Gebens und der Freundlichkeit und gleichzeitig als die Speise, die Gott oder dem Guru liebevoll angeboten und dann gegessen wird. Zu den elementarsten Aspekten der Weltreligionen und der spirituellen Traditionen gehört die Vorstellung, dass die Nahrung etwas Heiliges darstellt. Sie alle zeigen gewisse Richtlinien auf, nach denen die Nahrung geheiligt, recht verarbeitet und zubereitet und schließlich dem Göttlichen dargeboten werden soll.

Die Nahrung, die wir verzehren, stellt den primären, vitalsten und greifbarsten Austausch zwischen uns und unserer Umgebung dar. Nahrung ist an sich bereits das *Prasad* der Mutter Erde, ist ihre Kommunion. Sie arbeitet unermüdlich, um all ihre Kinder zu ernähren. Die Nahrung affirmiert die wechselseitige Verbindung und Einheit aller Lebewesen mit Mutter Natur.

Amma sagt: „Die Natur ist unsere erste Mutter. Sie nährt uns während unseres ganzen Lebens. Die Mutter, die uns geboren hat, mag es zulassen, dass wir ein paar Jahre auf ihrem Schoß sitzen. Doch Mutter Natur trägt unser Gewicht solang wir leben. So wie ein Kind seiner leiblichen Mutter gegenüber verpflichtet ist, so sollten wir gegenüber Mutter Natur Verpflichtung und Verantwortung fühlen. Wenn wir diese Verantwortung vergessen, ist es so, als vergäßen wir unser eigenes Selbst. Wenn wir die Natur vergessen, werden wir aufhören zu existieren – wir laufen in den Tod."

Die Nahrung sorgfältig und mit dankbarer, liebevoller Einstellung anzubauen und zuzubereiten, ist ein Schritt zur Wiederherstellung des Einklangs mit der Natur.

Wenn wir vor den Mahlzeiten beten, stellen wir uns der Gnade des Universums anheim, das unsere Existenz erst zulässt. Dankbarkeit für alles, was wir haben, lässt uns auch offen werden für die Wechselverbindung und Heiligkeit alles Lebens. Amma sagt oft: „Während ihr euch der Schöpfung erfreut, gedenkt des Schöpfers." Traditionellerweise ist die Zeit des Essens die Zeit, zu der die Familie oder Gemeinschaft zusammen kommt, um zu beten und die Schöpfung zu feiern.

Aum brahmarpanam
brahma havir
brahmagnau
brahmana hutam
brahmaiva tena gantavyam
brahma karma samadhina

Brahman ist das Opfer. *Brahman* ist die Opfergabe. Durch *Brahman* wird sie ins Feuer von *Brahman* geopfert. In *Brahman* geht jeder ein, der beim Handeln vollständig in *Brahman* ruht.

Bhagavad Gita, 4:24

Kapitel 2

Was ist Ayurveda?

Ayurveda ist ein ganzheitliches Medizinsystem, das in Indien entstand. Es ist über 6000 Jahre lang angewendet worden und spiegelt die alte Weisheit des harmonischen Zusammenlebens mit unserem Selbst und unserer Umgebung wider. Das ayurvedische Wissen vermittelt spirituelle Einsichten in die Art und Weise, wie man ein glückliches, gesundes und friedvolles Leben führen kann, während man nach dem hohen Ziel der Selbst-Verwirklichung strebt. Es beschreibt die Natur des Weltalls in seinen Gestaltungsformen und wie wir uns damit harmonisch verbinden können. Es beruht auf dem zentralen Axiom, dass alle Elemente des Universums untereinander verbunden und wechselseitig voneinander abhängig sind.

Ayurveda bedeutet „Wissen über das Leben" (*ayus* = Leben; *veda* = Wissen). Im Ayurveda wird der Prozess von *ayus* (Leben) als ein aus Körperlichkeit, Sinnen, Gefühlen, Geist, Psyche und Seele zusammengesetzter Zustand betrachtet. *Ayus* bezieht sich auf alle Stufen des Lebens, einschließlich Geburt, Kindheit, Erwachsenenstadium, Sterbeprozess und Hinübergehen. Daher sieht Ayurveda für verschiedene Stufen der Lebensreise jeweils individuelle Anwendungen und Behandlungen vor.

Insgesamt strebt Ayurveda danach, Richtlinien zur Ernährung und zur Lebensführung zu liefern, damit gesunde Menschen weiterhin gesund bleiben und jene mit gesundheitlichen Problemen wieder gesunden können. Ayurveda ist eine Sammlung praktischer und einfacher Richtlinien, die auf Langlebigkeit und Wohlbefinden abzielen. Bei Beachtung dieser Richtlinien kann man in Harmonie mit der Umgebung sein, Krankheiten abwehren und ein ausgewogenes Leben führen.

Ayurveda zeigt mehrere Aspekte, die ihn zu einem einzigartigen Heilsystem machen. Er basiert auf einem Konstitutionsmodell; die Anwendungsempfehlungen werden daher von Person zu Person oft variieren. Der Ayurveda sieht in Natur und Menschen drei energetische Kräfte am Werk. Diese Kräfte werden *tridoshas* genannt. Das Universum besteht aus fünf großen Elementen – Äther, Luft, Feuer, Wasser und Erde. Die gesamte Schöpfung kann als Tanz oder Spiel dieser fünf Elemente gesehen werden. Sie agieren untereinander und bilden so die drei *doshas* (die physiologischen Säfte *vata*, *pitta* und *kapha*). Der Begriff *dosha* bedeutet eigentlich „Unreinheit" oder „Ungleichgewicht". Die *dosha*s sind verantwortlich für biologische, psychologische und physiologische Prozesse in Körper, Geist und Bewusstsein. Sind sie im Einklang, so erhalten sie unser Wohlbefinden.

Ayurveda kennt viele Arten von Heilmethoden; darunter findet sich der Einsatz pflanzlicher Arzneien und natürlicher Körperpflegemittel. Ayurvedische Produkte werden seit jeher ohne chemische Zusätze, Pestizide oder Herbizide hergestellt. Die Verwendung von natürlichen Produkten ist in der Gegenwart besonders wichtig, da die allseitige Belastung mit chemischen und künstlichen Zusätzen vielfach zu Ungleichgewicht und Krankheit führt. Die Hauptziele des Ayurveda sind Prävention, Therapie und Heilung von Krankheit; dazu aber auch die Gesundheitsförderung auf vier Ebenen – auf körperlicher, mentaler, emotionaler und seelischer Ebene.

Heute steht Ayurveda ganz vorn in der ganzheitlichen Medizin. Er hat sich weit über die traditionelle Heimbasis in Indien ausgedehnt und wird in der ganzen Welt zunehmend beachtet. Mit seinem Verständnis von Leben und Bewusstsein kann Ayurveda sowohl dem einzelnen Menschen wie auch Gemeinschaften und der Mutter Erde insgesamt viel bieten. In der Gegenwart zerfällt die Harmonie in großem Maßstab. Die Umwelt und die Natur benötigen dringend Hilfe. Der Planet und die Menschheit befinden sich in einem Zustand extremen Ungleichgewichts. Die Ressourcen der Erde verringern sich dramatisch, während Kriege und Krankheiten ständig zunehmen. Ayurveda offeriert eine realistische und praktische Lösung für einige dieser Probleme. Indem wir mehr über die Prinzipien von Ayurveda lernen, darüber hinaus eine ayurvedische Lebensführung pflegen und individuelle Gesundheitsvorsorge betreiben, können wir zu einer harmonischeren Erde beitragen, dazu die eigene Gesundheit sehr verbessern und positivere Beziehungen entwickeln.

Ayurveda lehrt uns, wie wir ein Gleichgewicht schaffen können, das uns vollkommene Gesundheit verspricht. Weil wir unsere Körper-Geist-Seele-Einheit besser verstehen, vermögen wir es, die Lebensspanne zu verlängern und Langlebigkeit zu erlangen. Doch ist es der tiefere Sinn von Ayurveda, der Verwirklichung des Selbst näherzukommen, d. h. das wahre Selbst, *Sat Cid Ananda* (wahres Sein, Bewusstsein und Seligkeit), zu erkennen. Wir müssen anerkennen, dass Körper und Geist sich andauernd ändern und dass wir in einer Welt der Dualität leben. Unsere Aufgabe ist es, in solcher Welt den verhüllten Teil unserer selbst zu entdecken, der immer da ist – den Wissenden, den Sehenden, die unbegrenzte, unwandelbare Quelle. Mit Fleiß, Ausdauer und Geduld können wir aus *maya* (Traum/Illusion) erwachen und frei von Leid werden. Und da wir zu unserem wahren Selbst erwachen, erschaffen wir in Körper, Geist und Seele eine große Freiheit. Ayurveda erkennt, dass wir auf diese Erde kamen, um uns zu erinnern, wer wir sind, und um dem damit verbundenen Dharma zu folgen. Ayurveda lehrt uns, wie wir uns in der rechten Form um diese körperliche Existenz kümmern können, während wir die Befreiung (*moksha*) suchen. Stehen Körper, Geist und Seele miteinander im Einklang, so werden wir frei.

Die doshas

Der nicht geborene Eine ist für immer in die Höhle des Leibes gebettet. Die Erde ist Sein Leib. (Obwohl) Er sich in der

25

*Erde bewegt, kennt Ihn die Erde nicht. Das Wasser ist Sein
Leib. (Obwohl) Er sich im Wasser bewegt, kennt Ihn das
Wasser nicht. Das Feuer ist Sein Leib. (Obwohl) Er sich im
Feuer bewegt, kennt Ihn das Feuer nicht. Die Luft ist Sein
Leib. (Obwohl) Er sich in der Luft bewegt, kennt Ihn die
Luft nicht. Der Äther ist Sein Leib. (Obwohl) Er sich im
Äther bewegt, kennt Ihn der Äther nicht. Der Verstand ist
Sein Leib. (Obwohl) Er sich im Verstand bewegt, kennt Ihn
der Verstand nicht. Die Vernunft ist Sein Leib. (Obwohl) Er
sich in der Vernunft bewegt, kennt Ihn die Vernunft nicht.
Das Ich ist Sein Leib. (Obwohl) Er sich im Ich bewegt,
kennt Ihn das Ich nicht. Der Verstandesinhalt ist Sein Leib.
(Obwohl) Er sich im Inhalt des Verstands bewegt, kennt Ihn
der Verstandesinhalt nicht. Das Nicht-Manifestierte ist Sein
Leib. (Obwohl) Er sich im Nicht-Manifestierten bewegt,
kennt Ihn das Nicht-Manifestierte nicht. Das Unvergängliche
ist Sein Leib. (Obwohl) Er sich im Unvergänglichen bewegt,
kennt Ihn das Unvergängliche nicht. Der Tod ist Sein Leib.
(Obwohl) Er sich im Tod bewegt, kennt Ihn der Tod nicht.
Er ist demnach das innere Selbst aller Wesen, sündenlos,
himmelsgeboren, selbststrahlend – der Höchste Purusha.*

– Adhyatma Upanishad 1.1

Das Hauptprinzip des Ayurveda ist das *tridosha*-Konzept, das
Konzept der drei Körpersäfte bzw. Ungleichgewichte. Jede Materie
setzt sich aus den *panchamahabhutas* (den fünf großen Elementen)
zusammen, deren Eigenschaften *prithvi* (Erde), *jala* (Wasser), *tejas*
(Feuer), *vayu* (Wind) und *akasha* (Äther/Raum) sind.

Die stoffliche Struktur unseres Körpers besteht also aus diesen
fünf Elementen; die Körperfunktionen aber werden zusätzlich von
den drei *doshas* regiert. Äther und Luft bilden *vata*, Feuer bildet
pitta, Wasser und Erde bilden *kapha*. In allen Zellen, Geweben und
Organen sind *vata-pitta-kapha* präsent.

Vata reguliert die Bewegungen und regiert das Nervensystem. *Pitta*, das Prinzip der Biotransformation, ist für den Metabolismus im Körper zuständig. *Kapha*, das Kohäsions-Prinzip, wirkt über die Körperflüssigkeiten. In jedem Menschen stellen sich die drei *doshas* in unterschiedlichen Kombinationen dar und determinieren damit die physiologische Konstitution (*prakriti*) des Einzelnen. *Vata, pitta* und *kapha* drücken sich in jedem Einzelnen anders aus, je nachdem, welche *gunas* (die drei Qualitäten der Natur) dominieren.

Die gesamte Schöpfung ist ein Tanz oder Spiel dieser fünf Elemente. Das Wort *dosha* bedeutet auch „verdorben" oder „aus dem Gleichgewicht geraten". Solche Ungleichgewichtigkeit entsteht als Resultat falscher Ernährung, jahreszeitlicher Veränderungen, körperlichen oder geistigen Stresses usw. Tatsächlich soll die Störung des *dosha*-Gleichgewichts den Körper vor ernsten physiologischen Schäden bewahren. Die *doshas* sind für biologische, psychologische und pathologische Prozesse in Körper und Bewusstsein verantwortlich. Sie können in unserem Leben die Homöostase erhalten oder, wenn gestört, Schaden anrichten. Jeder Mensch stellt eine einzigartige Mischung der drei *doshas* dar. Keine zwei Individuen sind identisch. Aus den drei *doshas* leiten sich die sieben Konstitutionstypen ab: die drei Mono-*dosha*-Typen (*vata, pitta* und *kapha)*, die drei Dual-*dosha*-Typen (*vata-pitta, vata-kapha* und *pitta-kapha*) sowie der *tridosha*-Typ, der sich durch das Gleichgewicht aller drei auszeichnet (*vata-pitta-kapha)*. Befinden sich die *tridoshas* im Gleichgewicht, so empfindet der Mensch Gesundheit auf allen Ebenen – körperlich, mental und seelisch. Diese ausgewogene Balance hat nicht nur die Abwesenheit von Krankheit, sondern – noch erstrebenswerter – eine tiefe Harmonie zur Folge.

Grundsätzlich gibt es zwei Arten des Ungleichgewichts: natürliches und nicht-natürliches. Natürliche Beschwerden und Störungen werden von Zeit und Alter verursacht. *Vata, pitta* und *kapha* verstärken sich und dominieren in verschiedenen Lebensperioden, bei Änderung der Jahreszeiten und zu jeweils unterschiedlichen Tageszeiten. Zum Beispiel dominiert *vata* im letzten Lebensabschnitt, während des Herbstes und am späten Nachmittag, auch im letzten Teil der Nacht und während der letzten Verdauungsphase. *Pitta* dominiert im mittleren Lebensalter, im Sommer, zu Mitternacht und während der mittleren Verdauungsphase. *Kapha* herrscht in der Kindheit vor, im Frühling, am Vormittag und während der ersten Verdauungsphase. Diese Arten des Ungleichgewichts können durch einen veränderten Lebensstil korrigiert werden.

Nicht-natürliches Ungleichgewicht der *doshas* kann durch falsche Ernährung oder Lebensführung, durch körperliche, geistige oder emotionale Traumata, auch durch Viren, Parasiten u. a. hervorgerufen worden sein. Während einige dieser Bedingungen nicht unter unserer Kontrolle stehen mögen, lassen sich jedoch Lebenswandel, Ernährung und Tun kontrollieren. Indem wir einem vorgeschriebenen Lebensrhythmus folgen, der auf unsere gestörten *doshas* zugeschnitten ist, können wir nicht-natürliche Ungleichgewichte reduzieren. Doch müssen wir erst verstehen, was die *doshas* verstärkt, ehe wir lernen sie auszubalancieren. Den ayurvedischen Prinzipien zufolge ist der Grund eben dies: das Gleiche verstärkt das Gleiche! Darin liegt eine der wirklichen Schönheiten des Ayurveda – seine Prinzipien sind so einfach, so elementar und natürlich.

Die Hauptmethode, das *dosha*-Gleichgewicht aufrechtzuerhalten, läuft über die Ernährung. Essen und Ernährung spielen in unserem Leben eine vitale Rolle. Mögen wir erlernen, im Einklang mit der Natur und unserem Selbst zu essen und zu leben.

Die Natur ist ein riesiger Blumengarten. Die Tiere, Vögel, Bäume, Pflanzen und die Menschen sind des Gartens voll erblühte Blumen mit unterschiedlichen Farben. Die Schönheit dieses Gartens ist erst dann vollkommen, wenn alles gemeinsam als Einheit existiert und damit die Schwingungen der Liebe und des Eins-Seins verbreitet. Lasst uns alle daran arbeiten, das Welken dieser vielen verschiedenen Blumen zu verhindern, so dass der Garten für immer schön bleibe.

– Amma

Kapitel 3

Die ayurvedische Ernährung

Der ayurvedische Arzt beginnt die Krankheitsbehandlung mit dem Ernährungsplan, dem der Patient folgen muss. Ayurvedische Ärzte verlassen sich so sehr auf die Diät, dass gesagt werden kann: Alle Krankheiten können dadurch geheilt werden, dass Diät-Regeln sorgfältig eingehalten und die angezeigten pflanzlichen Arzneien eingenommen werden. Folgt aber ein Patient seiner Diät nicht, werden ihn selbst hundert gute Arzneien nicht heilen.

– Charaka Samhita, 1.41

Die ayurvedische Diät ernährt nicht nur den Körper, sondern stellt das Gleichgewicht der *doshas* wieder her, was für die Beibehaltung der Gesundheit wesentlich ist. Eine ayurvedische Diät basiert auf der individuellen Konstitution. Die Medizin für eine Person mag Gift für eine andere sein. Für jeden einzelnen ergeben sich unterschiedliche Diät-Bedingungen. Jeweils abhängig von der jeweiligen *dosha*-Kombination bzw. vom Konstitutionstyp ist solche Nahrung förderlich und jene muss vermieden werden. Bei der Wahl der Nahrung muss man die Jahreszeit, das Wetter, die Tageszeit und die Nahrungsqualität, daneben auch die eigenen geistigen und emotionalen Einstellungen zur Essenszeit in Betracht ziehen.

Immer wenn wir Nahrung aufnehmen, nehmen wir am Schöpfungs-Prozess der Natur teil. Gesunde Nahrung verjüngt die Zellen unserer Magenwände, unserer Haut etc. Die Art und Weise, wie wir essen, beeinflusst ebenfalls die Wirkung der Nahrung auf den Körper. Falls wir während des Essens emotional aufgerührt sind, kann die Nahrung das natürliche physiologische Gleichgewicht stören. Wenn wir zu viel oder zu schnell essen, kann das mangelhaft verdaute Essen zu schwacher Gesundheit führen. Die Nahrungsaufnahme sollte zu Ordnung und Zusammenhalt im Körper beitragen. Sie sollte uns zur Beibehaltung des Gleichgewichts verhelfen und die Abwehrkräfte stärken. Ayurveda lehrt uns, dass die richtige Ernährung die Grundlage der Heilung ist. Die ideale Ernährung zum Erwerb größter Gesundheit und Vitalität ist eine, die die *doshas* ausbalanciert.

Jedes Nahrungsmittel enthält die fünf Elemente und die drei *doshas* in unterschiedlichen Anteilen. Der Verzehr jeglicher Nahrung wird unser grundsätzliches *dosha*-Gleichgewicht in positiver oder negativer Weise beeinflussen. Wenn jemand aufgrund von Vererbung bereits ein Element in ausreichender Menge besitzt, muss diese Person darauf achten, nicht zu viel von diesem Element zu sich zu nehmen, damit kein Ungleichgewicht auftritt.

Es ist nicht schwer, eine ayurvedische Diät durchzuführen. Für jedes Nahrungsmittel, das die *doshas* stört, gibt es viele bekömmliche und wohlschmeckende Alternativen. Falsche oder schädigende Essgewohnheiten sind das Resultat vergangener Konditionierung durch Familie, Freunde und Gesellschaft. Durch die Schaffung neuer Ernährungsmuster können wir unser Wohlbefinden auf allen Ebenen steigern.

Dharmisches Essen

Die Ernährung hat einen großen Einfluss auf unseren
Charakter. Meine Kinder, ihr solltet darauf achten, nur
einfaches, frisches, vegetarisches (sattvisches) Essen zu
euch zu nehmen. Die Natur des Verstandes wird von
der feinen Essenz der Nahrung bestimmt, die wir essen.
Reines Essen schafft einen reinen Geist. Solange es uns

*nicht gelingt, den Gaumengeschmack zu vergessen, können
wir den Geschmack des Herzens nicht genießen.*

– Amma

Es kann dir dein Leben retten, wenn du Tiere am Leben erhältst.
Viele Fakten belegen, dass die vegetarische und/oder vegane
Ernährungsweise mit Abstand die gesündeste ist. Wissenschaftliche Untersuchungen zeigen jetzt, wie sehr die übermäßige Aufnahme von Cholesterin und gesättigten Fetten aus tierischen Produkten zu Herzkrankheiten und zahlreichen Krebsformen führt.
Der übermäßige Genuss von tierischen Produkten führt auch
zu Fettsucht, Diabetes, hohem Blutdruck, Arthritis, Gicht, Nierensteinen und einer Vielzahl anderer Gesundheitsbeschwerden.
Außerdem machen heutige Anbau- und Tierhaltungsmethoden
exzessiven Gebrauch von Hormonen, Antibiotika, Kunstdünger
und Medikamenten, um dadurch Leistung, Ertrag und Profit
zu steigern. Und schließlich weisen kommerzielle Tierprodukte
große Mengen an Herbiziden und Pestiziden auf. Konsumieren
Menschen diese Produkte, so nimmt ihr Körper diese Gifte auf
und wird schadstoffbelastet.

Seit den 1960er Jahren haben Wissenschaftler vermutet, dass eine
fleischbasierte Ernährung die Entwicklung von Arteriosklerose und
Herzkrankheiten fördert. Bereits 1961 berichtete eine im *Journal of
the American Medical Association* veröffentlichte Studie: „Neunzig bis
siebenundneunzig Prozent der Herzkrankheiten können durch eine
vegetarische Ernährungsweise vermieden werden." Seither haben
mehrere verlässlich angelegte wissenschaftliche Studien gezeigt, dass,
nach Tabak und Alkohol, der Fleischverzehr der größte einzelne
Verursacher vorzeitigen Todes in Europa, USA, Australien und
anderen wohlhabenden Regionen der Welt ist.

Der menschliche Körper ist nicht in der Lage, übermäßige
Mengen tierischen Fetts und Cholesterins zu verarbeiten und zu
verwerten. Diese Stoffe sammeln sich daher an den Innenwänden

der Arterien an, verengen diese und reduzieren damit den Blutdurchfluss, was hohen Blutdruck, Herzerkrankung und Schlaganfall zur Folge haben kann. Die Forschung der letzten zwanzig Jahre legt ebenfalls eine starke Verbindung zwischen Fleischverzehr und Dickdarm-, Mastdarm-, Brust- und Gebärmutterkrebs nahe.

Ein Artikel in *The Lancet*, einer medizinischen Zeitschrift aus England, berichtete: „Menschen aus Gegenden, in denen das Auftreten von Dickdarmkarzinomen statistisch häufiger ist, tendieren zu einer Ernährungsweise mit großen Mengen von Fett und tierischem Eiweiß. Dagegen ernähren sich jene Menschen, die aus Gegenden mit einem statistisch geringeren Anteil stammen, hauptsächlich vegetarisch, mit wenig Fett und tierischen Bestandteilen."

Warum scheinen Fleischesser diesen Krankheiten stärker ausgeliefert zu sein? Biologen und Ernährungswissenschaftler haben herausgefunden, dass der menschliche Darmtrakt nicht gut geeignet ist für die Verdauung von Fleisch. Fleischfressende Tiere haben kurze Darmkanäle, lediglich dreimal länger als ihr Körper, und können rasch die zersetzten, giftproduzierenden Reste loswerden. Da pflanzliche Nahrung in einem langwierigeren Prozess zerlegt wird als Fleisch, haben Pflanzenfresser einen Darm, der mindestens sechsmal so lang ist wie die Körpergröße. Menschen besitzen nahezu den langen Darmtrakt eines Pflanzenfressers. Beim Fleisch gibt es noch einen anderen sinisteren Aspekt – die chemische Kontaminierung. Sobald ein Tier geschlachtet ist, beginnt sein Fleisch zu verwesen, und nach ein paar Tagen nimmt es eine widerwärtige graugrüne Farbe an. Die Fleischindustrie maskiert diese Verfärbung mit Nitriten, Nitraten und anderen Konservierungsmitteln, die dem Fleisch eine hellrote Farbe verleihen. Doch zeigt die Forschung jetzt, dass die meisten dieser Konservierungsstoffe karzinogene Nebenwirkung haben. Verstärkt wird das Problem noch durch die enorme Menge von Chemikalien, die dem landwirtschaftlichem Tierbestand verfüttert werden.

Gary und Steven Null enthüllen in ihrem Buch *Poisons in Your Body* („Gifte in Ihrem Körper") einen Sachverhalt, der jeden dazu

bringen könnte, zweimal zu überlegen, bevor er/sie wieder Rinder-
steak oder Schinken kauft: „Die Tiere werden am Leben erhalten
und gemästet mit dauernden Beigaben von Beruhigungsmitteln,
Hormonen, Antibiotika und 2700 weiteren Arzneimitteln. Dieser
Vorgang beginnt bereits vor der Geburt und setzt sich weit über den
Tod hinaus fort. Obwohl all diese Arzneimitteln und Drogen in dem
Fleisch, das Sie verzehren, immer noch enthalten sind, verlangt das
Gesetz nicht, dass sie auf der Packung kenntlich gemacht werden.“

Viele Leute sorgen sich darum, dass sie vielleicht nicht die täglich
erforderliche Eiweißmenge zu sich nehmen, wenn sie eine vegetarische Ernährungsweise annehmen. Dr. Paavo Airo, eine führende
Autorität auf dem Gebiet Ernährung und Biologie, meint dazu:
„Die offizielle Tagesempfehlung für Eiweiß ist von 150 Gramm –
vor 20 Jahren festgesetzt – auf heute 45 Gramm reduziert worden.
Warum? Weil solide Forschung weltweit bewiesen hat, dass wir
nicht so viel Eiweiß benötigen und der tatsächliche Tagesbedarf bei
nur 35 bis 45 Gramm liegt. Eiweißmengen, die den Tagesbedarf
stark überschreiten, sind nicht nur vergeudet, sondern können den
Körper schädigen, da er von deren Verdauung überfordert wird.
Um 45 Gramm Eiweiß täglich aus der Nahrung zu beziehen, muss
man nicht Fleisch essen. Man kann sie leicht aus einer 100prozen-
tig vegetarischen Diät mit diversen Getreidearten, Linsen, Nüssen,
Gemüsesorten und Früchten erhalten.“

Ahimsa Ahara („Gewaltlose Ernährung“)

*Wir sollten es als unsere Aufgabe betrachten, uns zu
befreien, indem wir den Horizont unseres Mitgefühls
ausweiten, so dass er alle lebenden Geschöpfe und die ganze
Natur samt ihrer Schönheit umfasst. Nichts würde der
menschlichen Gesundheit so sehr zugute kommen und die*

*Chancen unseres Überlebens auf der Erde so erhöhen wie
die Entwicklung hin zu einer vegetarischen Ernährung.*

- Albert Einstein

Ayurveda plädiert generell für eine *sattvische* Ernährungsweise. Eine yogische Ernährung fördert *sattva* (Reinheit) und *ahimsa* (Gewaltlosigkeit). Tiere für die Ernährung zu töten ist nicht nur gewalttätig, sondern auch schädlich für die Umwelt und für alle hungernden Menschen auf der Erde. Es trägt zu weiterem Leiden bei. Erstaunlich viele Menschen betrachten Fisch nicht als Fleisch. Doch Fische sind in der Tat Tiere und können bei der Tötung Schmerz empfinden. Außerdem werden Angsthormone und andere toxische Stoffe in seinem Körper ausgeschüttet, die der Fleischesser in seinen Körper aufnimmt. Diese negative Gefühlsschwingung tritt dann in das Bewusstsein der Person über. Außerdem ist dieses Fleisch tot, enthält also keinerlei *prana* (Lebenskraft). Laut Ayurveda verursacht Fleisch daher *tamas* (Stumpfheit, Trägheit, Dunkelheit) in Geist und Körper.

Im alten indischen Epos *Mahabharata* gibt es zahlreiche Aussagen, die das Töten von Tieren verurteilen. „Wer kann grausamer und egoistischer sein als jemand, der seine Fleischlichkeit stärkt, indem er das Fleisch unschuldiger Tiere isst? Diejenigen, die ein gutes Gedächtnis, die Schönheit, langes Leben mit vollkommener Gesundheit und körperlicher, moralischer und seelischer Stärke wünschen, sollten sich der tierischen Nahrung enthalten." Abgesehen von den gesundheitlichen und ethischen Aspekten weist der vegetarische und vegane Ernährungsstil eine höhere spirituelle Qualität auf, die bei der Entfaltung unserer inneren Wertschätzung und Liebe für Gott hilfreich ist.

Veganer sein oder nicht sein

*Eine einzige gewerbliche Milchkuh produziert etwa
56 kg feuchten Mist täglich, was den Fäkalien von
20-40 Menschen entspricht. Das heißt, die 1,4
Millionen Milchkühe Kaliforniens produzieren so viel
Fäkalienabfall wie 28-56 Millionen Menschen.*

– US-Umweltschutzbehörde, Herbst 2001

Der traditionelle Ayurveda verwendet Milchprodukte sowohl
als Nahrung wie auch als Medizin. Leider ist unter den heutigen Bedingungen der Welt die kommerzielle Milchwirtschaft
zu einem Hauptverursacher der weltweiten Zerstörung und
des weltweiten Hungers geworden. Wenn die Verwendung von
Milchprodukten nicht gerade von gesundheitlicher Notwendigkeit diktiert wird, muss ernsthaft erwogen werden, den Verzehr
von Milchprodukten zu reduzieren oder ganz zu beenden.
Würden kommerzielle Massentierhaltung und Fleischverwen-
dung eliminiert werden, so könnte die Menschheit wieder die
traditionellen Landwirtschaftsmethoden kultivieren. In den
daraus sich ergebenden Ökosystemen spielen Kühe und Ziegen
eine vitale Rolle und werden mit der Liebe und Achtung behandelt, die ihnen gebührt. Dabei kämen Bauernhöfen und Farmen
mit organischer Milchprodukte-Erzeugung eine entscheidende
Bedeutung für die Bewahrung des Ökosystems zu.
Der Begriff „vegan" wurde 1944 von Donald Watson geprägt und
so definiert: „Veganism" (Veganismus) bezeichnet ein Ess- und
Lebensweise, die alle Formen der Ausbeutung und Grausamkeit
gegenüber dem Tierreich ausschließt und die Achtung des Lebens
einschließt. Er [der Begriff Veganismus] gilt für die Ernährung
mit Erzeugnissen des Pflanzenreichs unter Ausschluss von Fleisch,
Fisch, Geflügel, Eier, Honig, tierischer Milch und ihren Pro-

dukten. Er spricht sich für die Verwendung von Alternativen zu allen Nahrungsmitteln aus, die ganz oder teilweise von Tieren gewonnen wurden."

Veganismus postuliert nicht unbedingt nur die persönliche Reinheit oder das Ausscheren aus der Gesellschaft, sondern eher eine von Mitgefühl und Gerechtigkeitssinn getragene Achtsamkeit gegenüber der oft ignorierten Beziehung zu Tieren und zur Mutter Natur.

Der diätetisch-ökologische Fußabdruck

Wenn du den Planeten retten willst, dann musst du lediglich mit dem Fleischessen aufhören. Das ist das Einzige und das ist das Wichtigste, was du tun kannst. Es ist gewaltig, wenn du es bedenkst. Vegetarische Ernährung löst auf einen Schlag so viele Probleme: Ökologie, Hungersnot, Grausamkeit.

– Paul McCartney

Die vegane Ernährung ist die wirtschaftlich vernünftigste und umweltschonendste Ernährung und eine Methode, die menschliche Gattung überleben zu lassen. Im Kontext von Umweltschutz ist sie weitaus effizienter als die Fütterung von Tieren, die zur Fleischproduktion gehalten werden. Veganismus verringert substanziell die Mistmengen, die Umweltverschmutzung und die Entwaldung, wie sie von kommerzieller Viehhaltung verursacht werden.

Die folgenden Punkte wurden in der Zusammenfassung von Livestock's Long Shadow: Environmental Issues and Options (Der lange Schatten des Viehbestands: Umweltaspekte und Lösungen), ein Bericht von 2006, veröffentlicht von United Nations Food and Agriculture Organization, hervorgehoben:

Klimawandel: Mit steigenden Temperaturen und Meeresspiegeln, mit schmelzenden Eisdecken und Gletschern, mit veränderten Meeresströmungen und Wettermustern stellt der Klimawandel die größte Herausforderung für die menschliche Gattung dar. Die weltweite Massentierhaltung spielt dabei eine Hauptrolle, da sie für 18 Prozent der Treibhausgase, gemessen in Kohlendioxid-Äquivalent, verantwortlich ist; das bedeutet einen höheren Anteil als es Transport und Verkehr haben. Der Viehbestand ist auch für fast zwei Drittel (64 Prozent) der menschlich verursachten Ammoniak-Emissionen verantwortlich, die zu saurem Regen und zur Übersäuerung des Ökosystems signifikant beitragen.

Wasser: Die Massentierhaltung ist ein Hauptfaktor bei der Erhöhung des Wasserverbrauchs; 8 Prozent des weltweiten Wasserverbrauchs, größtenteils für die Bewässerung des Futtergetreides, fällt auf sie. Sie ist wahrscheinlich der größte flächenmäßige Verursacher von Wasserverschmutzung und Eutrophierung (extreme Nährstoffanreicherung), die zu „toten", sauerstofflosen Zonen an Gewässerrändern, zum Absterben von Korallenriffen, zu menschlichen Gesundheitsproblemen, zum Auftreten von Antibiotika-Resistenz und vielem anderen mehr führt. Die Hauptquellen der Verschmutzung sind dabei tierischer Mist, Antibiotika und Hormone, Chemikalien von Gerbereien, beim Futteranbau eingesetzte chemische Düngemittel und Pestizide, dazu Sedimente aus erodierten Weiden.

Degeneration der Umwelt: Die laufende Vergrößerung des Viehbestands führt zwangsläufig zu Entwaldung, besonders in Lateinamerika, wo Dschungel und Regenwald großflächig beseitigt werden – 70 Prozent von ehemals bewaldetem Gebiet im Amazonas-Becken z. B. wird jetzt von Viehweiden eingenommen, und Futtergetreide bedeckt einen großen Teil des restlichen Gebiets.

Artenvielfalt: Die Massentierhaltung kann in der Tat an erster Stelle für die Reduzierung der heimischen Artenvielfalt verantwortlich gemacht werden, da sie es ist, die primär zu Entwaldung, heruntergewirtschafteten Böden, Umweltverschmutzung, Klimawandel, Überfischung, Ablagerung von Sedimentstoffen in Ufer- und Küstenzonen beiträgt und die Invasion nicht-heimischer Tierarten fördert. "

Der Fleischverzehr steigt weltweit ständig. Die Vereinigten Staaten und China, die 25 Prozent der Weltbevölkerung umfassen, konsumieren zusammen 35 Prozent des weltweit vorhandenen Rindfleisches, über die Hälfte des gesamten Geflügels und 65 Prozent des gesamten Schweinefleisches. Brasilien und die Europäische Union zusammen (etwa 33 Prozent der Weltbevölkerung) konsumieren über 60 Prozent des weltweiten Rindfleisches, über 70 Prozent des weltweiten Geflügels und über 80 Prozent des weltweiten Schweinefleisches.

Zurzeit beherbergt der Planet nahezu 1 Milliarde Schweine, 1,3 Milliarden Rinder, 1,8 Milliarden Schafe und Ziegen sowie 13,5 Milliarden Hühner – also mehr als zwei Hühner pro Mann, Frau und Kind auf der Erde.

Wir haben große Ökosysteme massiv verändert und verbrauchen riesige Mengen an Ressourcen, um den expandierenden Viehbestand zu erhalten. Diese Tiere brauchen Futter und Wasser um zu überleben. Sie brauchen Weideland. Und diese Tiere produzieren enorme Mengen an Exkrementen.

Der ökologische Fußabdruck der Fleischproduktion ist alarmierend. Er reicht von der Zerstörung der Wälder in Mittel- und Südamerika zugunsten von Tierweiden bis zur Eliminierung von einheimischen Raubtieren, Raubvögeln und konkurrierenden

Arten in den USA. Fast ein Viertel des Fleisches weltweit, haut-
sächlich Rinder- und Hammelfleisch, hängt von einem Ökosystem, nämlich von Weiden ab. Da in den meisten Teilen der Welt
die Überweidung zur Norm geworden ist, wird das Weideland
über alle Maßen ausgeweitet.

Sieben Kilogramm Getreide werden benötigt, um ein Kilogramm Rindfleisch zu produzieren. Für Schweinefleisch gilt die
Gleichung 4-1, für Geflügel 2-1. Jedes Kilogramm Fleisch steht
für mehrere Kilo Getreide, die von Menschen direkt verzehrt
werden könnten, abgesehen von Wasser und Anbauflächen für
das Getreide. Um es vereinfacht auszudrücken: Das Rindfleisch
eines einzigen Hamburgers repräsentiert so viel Weizen, dass man
daraus fünf Laib Brot backen könnte.

Gewaltige Nahrungsmengen – um nicht das Wasser und die
Anbauflächen zur Produktion dieser Nahrung zu erwähnen –
könnten frei werden, wenn man die Fleischherstellung in beschei-
denem Maße verringerte. Reduzierte man z. B. die 670 Millionen
Tonnen Getreide, die weltweit ans Vieh verfüttert werden, um 10
Prozent, so könnte man mit dem derart gesparten Getreide 225
Millionen Menschen ernähren bzw. mit dem über die nächsten
drei Jahre zu erwartendem Bevölkerungswachstum Schritt halten.
Wenn jeder Amerikaner seinen Fleischverzehr um lediglich 10
Prozent einschränken würde, was ein Fleischgericht pro Woche
weniger bedeutete, könnte genug Getreide zur Ernährung von
50 Millionen Menschen bereitstehen – also für die geschätzte
Anzahl von Menschen in den USA, die täglich Hunger leiden.

Die riesige Menge an Mist, die vom Viehbestand produziert wird,
bedroht weltweit die Gewässer. In den USA, wo 130mal mehr
tierische als menschliche Ausscheidungen anfallen – 5 Tonnen
kommen auf jeden US-Bürger –, verursachen hauptsächlich Tier-
exkremente die Wasserverschmutzung. Und die Höfe und Farmen
mit Massentierhaltung werden auf der ganzen Welt immer größer.

Die jüngste Gesetzesvorlage des Iowa-Senators Tom Harkin zur Reform des Managements tierischer Ausscheidungen geht davon aus, dass eine rund 50.000 Morgen große Schweinefarm, die in Utah angelegt wird, mehr Unrat produziert als die Großstadt Los Angeles.

Laut amerikanischer Umweltschutzbehörde haben die Viehbestände die größten menschlich verursachten Methangas-Emissionen zur Folge. Methan ist ein starkes Treibhausgas, das primär zur Klimaveränderung beiträgt. Die Reduzierung, am besten die Beendigung des Fleischkonsums ist eine elementare Notwendigkeit für alle Menschen, die um die Umwelt und die Zukunft der Menschheit bangen.

Peter Singer stellte fest: „Wer behauptet, sich um das Wohlbefinden der Menschen und die Bewahrung unserer Umwelt zu sorgen, sollte Vegetarier werden. Auf diese Weise würde die Menge des zur Ernährung von Menschen anderswo benötigten Getreides vermehrt, die Umweltverschmutzung reduziert, Wasser und Energie gespart werden, und man würde aufhören, die Abholzung der Wälder zu fördern ... Wenn Nicht-Vegetarier sagen, ,menschliche Probleme haben Vorrang', kann ich mich nur fragen, was genau sie für die Menschen tun. Was bringt sie dazu, die verheerende, skrupellose Ausbeutung von landwirtschaftlichen Nutztieren nach wie vor zu unterstützen?"

Umweltfakten zum Fleisch- und Milchprodukte-Konsum

Die Menschheit hat nicht das Gewebe des Lebens gewebt.
Wir sind darin nur ein Faden. Was immer wir dem Gewebe

antun, tun wir uns selbst an. Alle Dinge sind miteinander
verbunden. Alle Dinge stehen untereinander in Verbindung.

– *Chief Seattle, 1854*

- Bevölkerung der Vereinigten Staaten: 243 Millionen [laut Zensus von 2010 rund 308 Millionen; Anm. d. Übers.].
- Anzahl der Menschen, die von dem Getreide und den Sojabohnen ernährt werden könnten, welche an die landwirtschaftlichen Nutztiere in den USA verfüttert werden: 1,3 Milliarden
- Heilige Nahrung der nordamerikanischen Indianer: Mais.
- Anteil von Mais, angebaut zum menschlichen Verzehr: 20%
- Anteil von Mais, angebaut zum tierischen Verbrauch: 80%
- Anteil von Hafer, angebaut zum tierischen Verbrauch: 95%
- Anteil von Eiweiß, verschwendet aufgrund von Getreideverfütterung an landwirtschaftlichen Viehbestand: 90%
- Anteil von Kohlehydraten, verschwendet aufgrund vonGetreideverfütterung an landwirtschaftlichen Viehbestand: 99%
- Anteil der ernährungswichtigen Faserstoffe, verschwendet aufgrund von Getreideverfütterung an landwirtschaftlichen Viehbestand: 100%
- Wie häufig stirbt ein Kind an Hunger? Alle 2 Sekunden.
- Wie viele Kartoffeln können auf einem Morgen Land produziert werden: 9500 kg
- Wie viel Rindfleisch kann auf einem Morgen Land produziert werden: 80 kg
- Anteil des landwirtschaftlich genutzten Bodens in den USA, das der Fleischproduktion dient: 56%
- Wie viel Getreide und Sojabohnen werden benötigt, um 1 Pfund Mastrindfleisch zu produzieren: 16 Pfund.
- Wie viel Protein (Getreide und Gemüse) wird an Hühner verfüttert, um 1 Pfund Hühnerfleisch-Protein zu produzieren: 5 Pfund.

- Wie viel Protein (Getreide und Gemüse) wird an Schweine verfüttert, um 1 Pfund Schweinefleisch-Protein zu produzieren: 7,5 Pfund.

- Anzahl der Kinder, die täglich verhungern: 40.000

- Anzahl der Vollvegetarier, die von der Fläche ernährt werden könnten, welche zur Ernährung von einer regelmäßig fleischkonsumierenden Person benötigt wird: 20

- Anzahl der Menschen, die dieses Jahr verhungern werden: 60 Millionen.

- Anzahl der Menschen, die gut von der Getreidemenge ernährt werden könnten, welche eingespart wird, wenn die Amerikaner ihren Fleischkonsum um 10% verringerten: 60 Millionen.

- Historische Ursache des Niedergangs vieler großer Zivilisationen: Auslaugung des Mutterbodens.

- Anteil des verlorenen Mutterbodens in den USA bis heute: 75 Prozent.

- Fläche des Getreideanbaulands in den USA, die jährlich durch Bodenerosion verloren geht: 16 000 qkm (Größe von Connecticut)

- Anteil von Mutterbodenverlust in den USA, direkt verursacht durch Massentierhaltung: 85%

- Anzahl der Quadratkilometer Wald in den USA, die insgesamt abgeholzt wurden, um Futteranbauland zum Zweck einer fleischorientierten Ernährung zu schaffen: 1 040 000 qkm

- Wie häufig verschwindet 1 Morgen Land mit US-amerikanischen Bäumen: alle 8 Sekunden.

- Baumbestandsfläche, die von jeder zur rein vegetarischen Ernährung übergehenden Person gerettet wird: 1 Morgen (ca. 4000 qm)

- Eine Hauptursache für die Zerstörung des tropischen Regenwaldes: die Fleischabhängigkeit der Industrienationen.

- Gegenwärtige Geschwindigkeit der Ausrottung von Pflanzen- und

Tierarten aufgrund der Zerstörung tropischer Regenwälder und vergleichbarer Habitate: 1000 Arten pro Jahr.

- Wer ist der Nutzer von mehr als der Hälfte des Wassers, das in Europa und Nordamerika insgesamt verbraucht wird? Die kommerzielle Massentierhaltung.

- Welche Wassermenge ist zur Produktion von 1 Pfund Weizen nötig? **100** Liter.

- Welche Wassermenge ist zur Produktion von 1 Pfund Fleisch nötig? **10 000** Liter.

- Kosten des Fleischanteils von einem Hamburger, wenn das von der Fleischindustrie verbrauchte Wasser *nicht* vom US-Steuerzahler subventioniert werden würde: $35 pro Pfund.

- Jetzige Kosten für ein Pfund Weizenprotein: $1.50

- Jetzige Kosten für ein Pfund Beefsteak-Protein: $15.40

- Kosten für ein Pfund Beefsteak-Protein, wenn die amerikanischen Steuerzahler den Wasserverbrauch der Fleischindustrie nicht mehr subventionierten: $89

- Zeitspanne, für die die Ölreserven ausreichen würden, wenn alle Menschen sich fleischreich ernährten: 13 Jahre.

- Zeitspanne, für die die Ölreserven ausreichen würden, wenn alle Menschen sich vegetarisch ernährten: 260 Jahre.

- Hauptgrund der US-militärischen Intervention im Persischen Golf: Abhängigkeit von ausländischem Öl.

- Täglich von den USA importierte Rohölmenge: 6.800.000 Barrel

- Rückgeführter Energieanteil (in Form von Nahrungsenergie pro verbrauchter fossiler Brennstoffenergie) bei der Energie- effizientesten Fleischaufzucht: 34.5%

- Rückgeführter Energieanteil (in Form von Nahrungsenergie pro verbrauchter fossiler Brennstoffenergie) bei Energie-effizientester Pflanzenaufzucht: 328%

- Menge der Sojabohnen, die von dem zur Produktion von ½ Kilo

Rindermastfleisch benötigten fossilen Brennstoff erzeugt werden können: 20 Kilo.

• Anteil der Rohmaterialien, die bei allen üblichen Produktionsprozessen zur Herstellung von moderner Fleischnahrung in den USA benötigt werden: 33%

• Anteil der Rohmaterialien, die in den USA bei allen gängigen Produktionsabläufen zur Herstellung von vollvegetarischer Nahrung benötigt werden: 2%

• Wie oft kommt es in den USA zu einem Herzinfarkt? Alle 25 Sekunden.

• Wie oft verläuft in den USA ein Herzinfarkt tödlich? Alle 45 Sekunden.

• Häufigste Todesursache in den USA: Herzinfarkt.

• Sterberisiko durch Herzinfarkt im allgemeinen Durchschnitt: 50%

• Sterberisiko durch Herzinfarkt beim durchschnittlichen Vegetarier: 15%

• Sterberisiko durch Herzinfarkt beim durchschnittlichen Vollveganer: 4%

Biologische Nahrung

Behandle die Erde gut. Sie ist dir nicht von deinen Eltern geschenkt worden – sie ist dir von deinen Kindern geliehen worden. Wir erben die Erde nicht von unseren Vorfahren, wir borgen sie von unseren Kindern.

– Sprichwort der nordamerikanischen Indianer

Vor vielen Jahren arbeitete die traditionelle Landwirtschaft mit Methoden, die die Rhythmen der Natur respektierten und nur die von der Natur bereitgestellten Stoffe verwendeten. Der heute

44

in der Landwirtschaft weitverbreitete Gebrauch von chemischen Düngemitteln, Pestiziden und Herbiziden hat das Gleichgewicht der Natur schwer gestört und bedroht nicht nur das Wohlbefinden unserer äußeren Umwelt, sondern auch der Innenwelt unseres Körpers.

Nachdem sie die verheerenden Auswirkungen bemerken konnten, sind viele Farmer und Bauern dazu übergegangen, Prinzipien der biologisch-organischen Landwirtschaft wieder einzuführen, welche die Bodenfruchtbarkeit erhöhen und die Harmonie der Natur wieder herstellen. Zu diesen Prinzipien gehören natürliche Düngung mit Kompost, Gülle und Mist, auch biodynamische Praktiken und Feldfruchtwechsel. Pflanzen, die auf ausgewogenen, fruchtbaren Böden wachsen, sind kräftig und gesund. Sie sind gegen Krankheit und Schädlingsbefall genauso resistent wie gesunde und glückliche Menschen gegen Krankheit.

Pestizide und chemischer Dünger sind unnötig in der Landwirtschaft. Sie wirken sich auf das Leben in der Erde und auf die Gesundheit der Pflanzen zerstörerisch aus. Reste der giftigen Pestizide und Herbizide in unseren Nahrungsmitteln häufen sich im menschlichen Körpergewebe an. Sie finden sich auch in den Gewässern, über die sich ihre Giftigkeit in der ganzen Natur ausbreitet. Weltweit werden ca. 2,5 Milliarden Kilo Pestizide jährlich eingesetzt.

Zertifizierte biologisch-organische Nahrungsmittel sind von Chemikalien gänzlich unbelastet und werden nach der Ernte nicht bestrahlt. Um als ausdrücklich "biologisch" gelten zu können, müssen die Erzeugnisse auf Böden kultiviert sein, die nachgewiesenermaßen frei von Schwermetallen sind. Es gibt wissenschaftliche Beweise dafür, dass die Anhäufung solcher toxischer Substanzen im Körper zu einer ganzen Reihe verschiedener Gesundheitsprobleme führen kann, u. a. zu geschwächtem Immunsystem, Krebs, Allergien, Erkrankungen des Autoimmunsystems, beeinträchtigter Fruchtbarkeit und Zeugungsfähigkeit, sowie Geburtsdefekten. Jedes Jahr erkranken ca. fünf Millionen Menschen an Pestizid-Vergiftungen. Dazu sterben jährlich 10.000 Personen an diesen Giften. Studien zeigten, dass die Lebensspanne bei modern-konventionellen Landbau betreibenden Bauern bedeutend kürzer ist als bei Bauern, die organischen Anbau pflegen.

Zurzeit sind viele nicht-biologische Nahrungsmittel im Handel genmanipuliert. Genetisch modifizierte bzw. manipulierte Organismen (GMOs) stellen eine große Gefahr für Mensch und Ökosystem dar. Viele Tierarten, wie der Monarch-Falter, stehen wegen GMOs kurz vor der Ausrottung. Für Vegetarier bringen die GMOs noch ein zusätzliches Problem mit sich: die genmanipulierten Organismen entstehen häufig durch Spleißen tierischer DNA-Sequenzen. Es wird bereits behauptet, dass genmanipulierte Nahrung schließlich auch die menschliche DNA verändern wird. Da die Genmanipulation eine Kreation der jüngsten Zeit ist, lassen sich deren Langzeitfolgen kaum abschätzen.

In Indien wie in anderen Schwellen- und Entwicklungsländern werben westliche GMO- und Pestizid-Hersteller aggressiv für einen massiven Einsatz von chemischen Substanzen in der Landwirtschaft. Diese führen zu massiver Bodenauslaugung und Wasserverschmutzung. Viele Insekten entwickeln verstärkte Resistenz gegen die Pestizide, so dass manchmal auch riesige Mengen davon ineffizient bleiben. Aus diesen Gründen erhalten zahllose Bauern Jahr für Jahr nur geringe oder gar keine Ernteergebnisse. Da diese Bauern sich bei jenen Chemiefirmen tief verschuldet hatten, beginnen sie die Hoffnung zu verlieren. Unglücklicherweise begeht dann eine große Zahl von Bauern Selbstmord – sie trinken die Pestizide jener Firmen. Die sozialen Auswirkungen sind weitreichend: Ganze Familien sind betroffen und kommen täglich um. Amma ist deswegen sehr besorgt und tut alles, um den Bauern und ihren Familien zu helfen. Wenn wir biologische, nicht-genmanipulierte Nahrung auswählen, tragen wir unseren Teil dazu bei, um diese tragische Situation schließlich zu beenden.

Zertifizierte biologisch-organische Nahrungsmittel besitzen viel höheren Ernährungswert als nicht-biologische; der Konsument bekommt also mehr für sein Geld. Viele Menschen stellen auch fest, dass biologische Nahrungsmittel (Vollwertkost) besser schmecken. Sie besitzen mehr Lebenskraft (*prana*) als kommerziell erzeugte, nicht vollwertige Nahrungsmittel. Darum kann man sagen: Ein erster Schritt zu persönlichem Wachstum und globaler Gesundheit besteht darin, sich biologisch-organisch zu ernähren.

„Die Natur schenkt den Menschen ihren ganzen Reichtum. So wie die Natur bereit ist uns zu helfen, sollten auch wir bereit sein, ihr zu helfen. Erst dann kann die Harmonie zwischen Natur und Mensch wieder entstehen." - Amma

Nahrung als Gebet

Nicht die kleinste Nahrungsmenge, die wir zu uns nehmen, entstand allein durch unsere Anstrengung. Was in Form von Nahrung zu uns kommt, ist der mühevollen Arbeit unserer Schwestern und Brüdern, ist dem Reichtum der Natur und dem Mitgefühl Gottes zu verdanken. Auch wenn wir eine Million Dollar besitzen, brauchen wir nach wie vor Nahrung, um unseren Hunger zu stillen. Schließlich können wir nicht Dollarnoten essen. Deshalb sollten wir nie etwas essen, ohne zuvor mit einem Gefühl der Demut und Dankbarkeit zu beten. Betrachte dein Essen als die Göttin Lakshmi (die Göttin des Wohlstands) und nehme es voll Hingabe und Verehrung entgegen. Nahrung ist Brahman (das Höchste Sein). Nimm das Essen als Gottes Prasad, als gesegnetes Geschenk zu dir.

– Amma

Amma erinnert uns ständig daran, dass wir nicht der Körper sind – wir sind Atman (das Höchste Selbst). Warum sollten wir uns also um eine gesunde Ernährung bekümmern? – Dieser Körper ist ein Vehikel zum Transport der Seele. Wir würden unseren Wagen auch nicht mit Benzin auftanken, das mit Schmutz vermischt ist.

Genauso sollten wir überlegen, mit welchem Kraftstoff wir unser Seelenvehikel auffüllen.

Gleichzeitig sollten wir vermeiden, unsere Ernährungsweise so ernst zu nehmen, dass wir die Dankbarkeit für die Nahrung, die uns jeweils gegeben wird, vergessen. Unsere Gedanken und Einstellungen während der Mahlzeit beeinflussen die Verdauung und Nahrungsverwertung ebenso wie das Essen selbst. Wir sind gesegnet, wenn wir genügend Essen zur Ernährung und Kraftzufuhr haben. Millionen von Menschen haben das nicht.

Wir besitzen ein unendliches Möglichkeitspotenzial, uns selbst und den Planeten zu heilen, wenn wir nur einige simple Änderungen bei den Ernährungsgewohnheiten vornähmen. Amma hält uns immer wieder vor Augen, dass Mutter Natur erheblich aus dem Gleichgewicht geraten ist. Sie ermutigt uns dauernd, bei der Wiederherstellung des Gleichgewichts mitzuhelfen. Mögen wir alle mit Ihrer Gnade diese Balance innerlich und äußerlich wiederfinden.

Kapitel 4

Nahrung als Medizin

Ayurvedische Grundsätze beim Essen

Nachfolgend ein paar allgemeine Regeln, die beim Essen eingehalten werden sollten. Sie versprechen optimale Verdauung, Essensverwertung und Ausscheidung. Überesse dich nie. Die Hälfte des Magens sollte für Festes, ein Viertel für Flüssigkeit und der restliche Teil für die Bewegung der Luft sein. Je weniger Nahrung du zu dir nimmst, desto größere geistige Kontrolle wirst du haben. Schlafe oder meditiere nicht gleich nach dem Essen; wenn du es tust, kannst du die Nahrung nicht richtig verdauen. Wiederhole während des Essens ständig und still dein Mantra. Das reinigt das Essen und gleichzeitig deinen Geist.

– Amma

- Iss ungefähr bis zu drei Vierteln deiner Kapazität. Verlasse deinen Essensplatz weder sehr hungrig noch übersättigt.
- Vermeide es, erneut zu essen, solange das vorhergehende Mahl noch nicht verdaut ist. Lass etwa 3 - 6 Stunden zwischen den Mahlzeiten vergehen.
- Nimm das Essen in einer friedlichen und ruhigen Atmosphäre ein. Kein Arbeiten, Lesen oder Fernsehen während der Mahlzeiten. Vermeide es möglichst zu sprechen. Iss langsam und achtsam.
- Wähle das Essen unter dem Gesichtspunkt des geschmackli-

chen Ausgleichs. Ganz allgemein sollte die Ernährung die sechs Geschmacksrichtungen ausgewogen enthalten. Spezielle Empfehlungen können in diesem Buch beim Abschnitt über das Essen entsprechend des Konstitutionstyps gefunden werden. Ayurveda klassifiziert die Nahrung in sechs Geschmackskategorien: süß, sauer, salzig, bitter, scharf-pikant und zusammenziehend. Ayurvedische Ärzte empfehlen, alle sechs Geschmacksrichtungen in jeder Mahlzeit einzuschließen. Jede einzelne Geschmacksrichtung besitzt ausgleichende Qualität. Gibt es von jedem Geschmack etwas, so vermindert dies das heftige Verlangen und reguliert in gesunder Form Appetit und Verdauung. Die durchschnittliche nordamerikanische und europäische Ernährungsweise neigt stark zu süßen, sauren und salzigen Geschmacksrichtungen, unter Vernachlässigung der bitteren, scharf-pikanten und zusammenziehenden.

- Wähle *sattvische* Nahrung.

- Kaufe unbeschädigte, frische, jahreszeitgemäße Nahrung aus deiner Region.

- Joghurt, Käse, Quark und Buttermilch sollten abends vermieden werden.

- Folge den Regeln der Nahrungskombination (siehe weiter unten).

- Am besten kocht man nicht mit Honig, da er beim Kochen zu *ama* (Schadstoff im Darm) wird.

- Sitze nach dem Essen ein paar Minuten lang ruhig da, bevor du wieder tätig wirst.

- Folge angemessenen Essenszeiten: Frühstück zwischen 7-9 Uhr, Mittagessen zwischen 10-14 Uhr und Abendessen zwischen 16-18 Uhr.

- Wasche dir vor den Mahlzeiten Gesicht, Hände und Füße. Esse in einem separaten, aufgeräumten und sauberen Bereich. Die Umgebung sollte angenehm sein. Du solltest dich in einer bequemen Sitzposition befinden.

- Iss nur Gerichte, die von liebevollen Händen in liebevoller Art zubereitet wurden. Derart zubereitet, wird die vitale Qualität des Essens verstärkt.
- Kaue die Nahrung solange, bis sie gleichmäßig breiig ist, bevor du sie schluckst.
- Harte Teile sollten zu Beginn verzehrt werden, dann weichere, danach flüssige.
- Trinke weder kalte Getränke vor oder während des Essens noch große Mengen von Flüssigkeit. Ein paar Schlucke warmen Wassers zum Essen sind in Ordnung.
- Schwere Nachspeisen und reichhaltige Desserts sind nach den Mahlzeiten nicht ratsam und sollten gemieden werden.
- Der Genuss von sehr heißem Essen führt zu Schwäche. Kaltes und trockenes Essen führt zu verlangsamter Verdauung.
- Kein Reisen, keine anstrengenden Körperübungen, kein sexueller Verkehr in der Stunde nach der Mahlzeit, da dies die Verdauung beeinträchtigt. Doch Spazierengehen (10-20 Minuten) nach dem Essen kann für die Verdauung förderlich sein.
- Vermeide Essen, wenn du durstig, und Wasser, wenn du hungrig bist.
- Unterdrücke nicht den Appetit, da dies zu körperlichem Schmerz, Magersucht, Mattigkeit, Schwindelgefühl und allgemeiner Schwäche führt.
- Unterdrücke nicht den Durst, da das zu Allgemeinschwäche, Schwindel und Herzkrankheit führt.

Gesundheitsschädigende Essgewohnheiten

- Überessen
- Essen ohne Hunger
- Emotionales Essen

- Trinken von Saft oder zu viel Wasser während des Essens
- Trinken von eiskaltem Wasser zu allen möglichen Zeiten
- Essen bei Verstopfung oder emotionalem Aufruhr
- Essen zur falschen Tageszeit
- Essen von zu viel schwerer oder zu wenig leichter Nahrung
- Verzehr einer Vielzahl von Snacks (Obst ausgenommen) zwischen den Mahlzeiten Verzehr von unvereinbaren Nahrungskombinationen.

6 Arten von Ernährungs-Ungleichgewicht

1. Quantitativer Mangel: Unterernährung wegen ungenügender Nahrungsaufnahme.

2. Quantitatives Übermaß: Übermäßige Nahrungs- oder Wassermengen, zur falschen Zeit konsumiert; für die jeweilige Konstitution unangemessene Nahrung.

3. Qualitativer Mangel: Falsche Nahrungskombination, mit Fehlernährung als Konsequenz; Giftstoffe in der Nahrung und/oder Fehlen wichtiger Nährstoffe.

4. Qualitatives Übermaß: Emotional bedingtes Überessen; Verzehr von reichhaltiger und sehr fetter, gebratener oder für die Konstitution ungeeigneter Nahrung.

5. *Ama*-Produktion: Verzehr von guter, kombiniert mit inkompatibler Nahrung, was zu Schadstoffanreicherung im Darm und Unregelmäßigkeiten der Verdauung führt. Das schließt auch den Genuss von Nahrungsmitteln ein, die toxische Substanzen enthalten wie etwa Pestizide, Herbizide, Hormone und Antibiotika.

6. *Prakruti*-Störung: Genuss von Nahrung, die nicht zur jeweiligen Konstitution des Menschen passt, was verringertes *agni*

(Verdauungsfeuer), reduzierte Immunität und Erkrankung zur Folge haben kann.

Diese sechs Arten des Ungleichgewichts führen zur Verminderung von *agni* und zur Vermehrung von *ama* (Schadstoffen, Toxinen im Darm).

Sattvisches Essen

Der Mensch, der immer (sattvische) gesund-bekömmliche
Nahrung isst, erfreut sich eines regelmäßigen Lebenswandels,
ist den Sinnesobjekten nicht verhaftet, gibt und vergibt,
liebt die Wahrheit und dient anderen ohne Unbehagen.

– Vagbhata Sutrasthana

Ist die Nahrung rein, so ist der Geist rein. Das
schafft einen Freiraum fürs Erwachen, und es
fördert ein Erwachen, welches jede Ebene unserer
Gesundheit beeinflusst (Körper, Verstand, Seele).

– Chandogya Upanishad

Ayurveda unterstützt die *sattvische* Ernährungsweise. Die *rishis* gaben uns die Kriterien dieser Ernährungsweise. Es sind unter anderem:

1. Nahrungsmittel wachsen auf gesundem, fruchtbarem Boden.

2. Nahrungsmittel sind von anziehender Erscheinung (reif und üppig).

3. Nahrungsmittel sind vor Tieren geschützt (Insekten, Parasiten, Würmern, schädlichen Bakterien).

Zusätze für die moderne Gegenwart:
1. Nahrungsmittel, die ohne Pestizide, Herbizide, Fungizide,

chemische Düngemittel, Hormone, Antibiotika, Bestrahlung, genmanipulierte Organismen etc. angebaut werden. Das bedeutet auch, dass sie kultiviert werden, ohne die Erde oder ihre Bewohner zu schädigen (*ahimsa*).

2. Nahrung sollte unbeschädigt, frisch und nicht raffiniert, nicht eingedost, nicht konserviert usw. sein und keine chemischen Zusatzstoffe enthalten.

3. Tierische Nahrung ist tot, ist *tamasisch*, ohne *prana* (kosmische Lebensenergie). *Sattvische* Nahrung hat zwischen 75-90% Wassergehalt. Sie nährt das Leben, da sie voller *prana* ist.

Sattvische Nahrung verhindert die Entstehung freier Radikaler, weil sie große Mengen von Antioxidantien aufweist. Freie Radikale zerstören Enzyme und Aminosäuren, blockieren dazu noch andere Zell-Elemente und -Abläufe. Freie Radikale sind Moleküle, denen Elektronen fehlen. Sie entstehen im Körper durch Sauerstoff und erhitzte Fette oder Öle und sind gesundheitsschädlich. Gesundheit und Langlebigkeit hängen von der Aufnahme von genügend Wasser *und* von einer Nahrung ab, die reich an Antioxidantien ist.

Regeln der Kombination von Nahrungsmitteln

Iss nicht:	mit:
Bohnen	Früchten, Käse, Eiern, Fisch, Milch, Fleisch, Joghurt
Eier	Früchten, Bohnen, Käse, Fisch, *Kitcheri*, **Milch**, Fleisch, Joghurt
Getreide	Obst
Obst	**jeder anderer Nahrung;** ausgenommen sind Datteln u. Mandeln

Honig & *ghee*	in schlechten Gewichtsanteilen: vermeide 1Tl. Honig und 3Tl. *ghee* (1Tl. jeweils ist OK)
Heiße Getränke	Mangos, Käse, Fisch, Fleisch, Stärkemehl, Joghurt
Zitrone	Gurken, Milch, Tomaten, Joghurt
Melonen	jedem anderen Essen, einschließlich anderer Melonen
Milch	**Bananen**, Kirschen, Melonen, saurem Obst, Brot, Fisch, *Kitcheri* (Reis mit Linsen), Fleisch
Nachtschatten-gewächse	Gurken, Milchprodukte
Rettich	Bananen, Rosinen, Milch
Tapioka/Joghurt	Obst, Käse, Eier, Fisch, heißen Getränken, Fleisch, Milch, Nachtschattengewächsen

Die in Fettdruck aufgeführten Nahrungsmittel sind die schlechtesten Kombinationen und produzieren *ama*, d. h. Toxine im Körper.

Ayurveda empfiehlt, nicht mit Honig zu kochen. Honig wird beim Kochen zu klebrigem Leim, der sich an den Schleimhäuten anlegt und die groben wie feinen Kanäle verlegt, damit Giftstoffherstellung fördert. Roher Honig dagegen gilt als *amrita* (Nektar).

Ayurveda findet auch, dass pasteurisierte und homogenisierte Molkereiprodukte *ama* (Toxine) verursachen, und rät daher von ihnen ab. Hingegen empfiehlt Ayurveda den Genuss von rohen Milchprodukten, wobei die großindustriell hergestellten, mit Hormonen, Antibiotika und Steroiden versehenen Produkte zu vermeiden sind.

Die sechs Geschmacksrichtungen

Die sechs Geschmacksrichtungen gehen von der Wirkung auf den Gaumen aus. Jede Geschmacksrichtung besitzt spezifische therapeutische Eigenschaften. Das gilt für Nahrungsmittel, Kräuter und Mineralien. Die Geschmacksrichtungen *dosha*-gemäß zu kombinieren, das ist der Schlüssel zur Gesundheit. Jeder Geschmack wird von zwei der fünf großen Elemente regiert und verstärkt entweder die *doshas* oder schwächt sie ab.

1. **Süß:** besteht aus Wasser & Erde, verringert *vata* und *pitta*, vermehrt *kapha*.

   - Süße Früchte: Feigen, Trauben, Orangen, Datteln, Birnen
   - Viele Hülsenfrüchte: Bohnen, Linsen, Erbsen
   - Die meisten Getreidearten: Weizen, Reis, Mais, Gerste, das meiste Brot
   - Milch und süße Milchprodukte: süße Sahne, Ghee, Butter
   - Zucker in jeder Form: weißer, raffinierter Zucker, natürlicher Zucker, Honig
   - Einige Gemüsesorten, gekocht: stärkehaltige Knollengewächse wie Kartoffeln, Karotten, süße Kartoffeln, rote Rüben.

2. **Sauer:** besteht aus Erde & Feuer, vermindert *vata*, vermehrt *pitta* und *kapha*.

   - Saure Milchprodukte: Joghurt, Käse, Molke, saure Sahne.
   - Saure Zitrusfrüchte: Zitronen, saure Orangen
   - Fermentierte Lebensmittel: Sojasauce, Essig, Wein, Sauerkraut.

3. **Salzig:** besteht aus Wasser & Feuer, vermindert *vata*, vermehrt *pitta* und *kapha*.

   - Salz: Meersalz, Steinsalz
   - Salzige Nahrungsmittel: Seetang, salzig Eingelegtes, Chips

4. **Scharf:** besteht aus Feuer & Luft, vermindert *kapha*, vermehrt *pitta* und *vata*.

- Wenige Gemüse: Rettich, Zwiebeln
- Gewürze: Ingwer, Kümmel, Knoblauch, Chili, Senfkörner, schwarzer Pfeffer

5. **Bitter:** besteht aus Luft & Äther, vermindert *pitta* und *kapha*, vemehrt *vata*

- Einige Früchte: Oliven, Grapefruits
- Gemüse: Auberginen, Chicorée, bitterer Flaschenkürbis, Zucchini
- Grünes Blattgemüse: Spinat, Grünkohl, Rosenkohl
- Einige Gewürze: Bockshornklee-Samen, Gelbwurz

6. **Zusammenziehend:** besteht aus Luft & Erde, vermindert *pitta* und *kapha*

- Süßungsmittel: Honig
- Nüsse: Walnüsse, Haselnüsse, Cashewnüsse
- Hülsenfrüchte: Bohnen, Linsen
- Gemüse: Sprossen, Blattsalat, Rhabarber, grünes Blattgemüse, das meiste rohe Gemüse
- Früchte: Dattelpflaumen, Beeren, Granatäpfel, Äpfel (in gewissen Maßen) und unreifes Obst.

Vata wird durch süße, saure und salzige Geschmacksrichtungen verringert, auch durch schwere, ölige und heiße Gerichte. *Vata* wird durch scharfen, bitteren und zusammenziehenden Geschmack verstärkt, auch durch leichtes, trockenes und kaltes Essen.

Pitta wird durch süßen, bitteren und zusammenziehenden Geschmack in kalten, schweren und öligen Speisen verringert. *Pitta* wird durch scharfe, saure und salzige Aromata sowie durch heiße, leichte und trockene Speisen vermehrt.

Kapha wird durch scharfen, bitteren und zusammenziehenden Geschmack in leichten, trockenen und warmen Speisen verringert. *Kapha* wird durch süßes, saures und salziges Aroma verstärkt, auch durch schwere, ölige und kalte Speisen.

Kapitel 5

Konstitutionsgerechtes Essen

Die Vorzüge eines konstitutionsgerechten Essens

- Verbesserte Gesundheit, größere Jugendlichkeit und besseres Gedächtnis
- Mehr Energie, Ausdauer und Stärke
- Allmähliche Verringerung existierenden Ungleichgewichts
- Ungleichgewichts-Prävention
- Verbesserte Fähigkeit, mit Stress und Angst umzugehen
- Hilft auf lange Sicht Geld zu sparen; verbessert Schlaf und Konzentration
- Verbesserung von Verdauung, Metabolismus und Stuhlgang
- Gesündere Haut, reinerer Teint, verlangsamtes Altern
- Gesünderer Nachwuchs
- Stärkeres Immunsystem
- Gewichtsabnahme-Zunahme (je nach Bedarf); bessere Beherrschung
- Verbesserte Meditations- und Yogapraxis
- Insgesamt zufriedeneres Leben

Vata-beruhigende Nahrung

Gewöhnlich dauert die *vata*-Jahreszeit von November bis Februar (die kühle, windige Trockenperiode in Indien). In dieser Jahreszeit verstärken sich die *vata*-Qualitäten auf natürliche Art. Daher sollte man besonders darauf achten, zu dieser Zeit viele warme Speisen und Getränke zu sich zu nehmen, auch schwerere, öligere Nahrung. Nimm mehr von den süßen, sauren und salzigen Geschmacksarten, vermeide trockene, auch kalte Speisen oder Getränke. Iss insgesamt weniger Scharf-Pikantes, Bitteres und Zusammenziehendes.

Allgemeine Richtlinien:

- Trinke heißes Wasser (mit Zitrone oder Limette) während des Essens, um die Verdauung zu unterstützen.
- Bevorzuge gekochtes, warmes, ölig-fettes Essen.
- Bevorzuge frische, organischebiologische, heimisch angebaute Nahrung.
- Wähle verschiedene Nahrungsmittel mit allen sechs Geschmacksarten; verzehre sie abwechselnd.
- Iss mehr süßes Obst; nimm Obst auch als komplettes Menü.

Bevorzuge Nahrung mit folgenden Eigenschaften:

- Ölig, schwer, warm, süß, sauer und salzig.
- Getränke und Brühe: Mandelmilch, Aloe-Vera-Saft, Apfelmost, Saft von Aprikosen, Beeren (nicht Preiselbeeren), Karotten und Kirschen, Getreidetrunk, Traubensaft, Limonade, Mango-Saft, Miso-Suppe, Orangen-, Papaya-, Pfirsich- und Ananas-Saft, Reismilch, saure Säfte, Gemüsebrühe.
- Kräutertees: Ajowan, grüner Bancha-Tee, Kamille, Nelken, Schwarzwurz, Holunderblüten, Eukalyptus, Fenchel, Bockshornklee, Ingwer (frisch), Weißdorn, Wacholderbeeren, Lavendel, Zitronengras, Lakritze, Echter Eibisch, Haferstroh, Orangenschalen, Polei-Minze, Pfefferminze, Hagebutten, Safran, Salbei, Stechwinde, Sassafras, Grüne Minze.

- Würzen: Mango-Chutney, Rot-Algen, Gomasio (mit Meersalz gerösteter Sesam), Hijiki-Seegemüse (Sargassum), Seetang, Ketchup, Zitronen, Limetten, Limetten-Pickle, Mango-Pickle, Mayonnaise, Senf, Pickles, Schalotten, Meeresalgen, Essig.

- Milchprodukte (keine homogenisierte Milch!): Butter, geklärte Butter (*ghee*), Vollmilch (von Kuh und Ziege), Joghurt-Trunk (*lassi*), Käse (von Kuh und Ziege), frischer hausgemachter *paneer*-Käse, Hüttenkäse, saure Sahne, Joghurt.

- Nahrungsergänzungen: Aloe-Vera-Saft, Bienenpollen, Aminosäuren, Kalzium, Kupfer, Eisen, Magnesium, Gelee Royale, Spirulina-Algen, Blau-Grünalgen, Vitamine A, B, B12, C, D, E und essenzielle Fettsäuren, die in kaltgepresstem Öl von Hanfsamen, Nachtkerze, Samenkernen der schwarzen Johannisbeere, Flachssamen und im Gurkenkraut-Öl auftreten.

- Obst: reife, süß gekochte Äpfel, Apfelmus, Avocados, Bananen, Beeren, Kirschen, Kokosnuss, Datteln, Feigen, Grapefruit, Weintrauben, Kiwi, Zitronen, Limetten, Mangos, Melonen, Orangen, Papaya, Pfirsiche, Ananas, Pflaumen, Rosinen und Zwetschgen (in Wasser eingeweicht), Granatapfel, Rhabarber, Erdbeeren, Tamarinden.

- Getreide: ganzer Amarant, Haferschleim, Quinoa (Anden-Hirse), Seitan (Weizenfleisch), Essener Brot (aus gekeimtem Weizen), weißer Basmati-Reis.

- Hülsenfrüchte: Mung-Bohnen (*mung dal*), *tur dal, urad dal* (Brei aus indischen Linsen/Bohnen); Anmerkung: alle Hülsenfrüchte müssen gut gekocht sein.

- Nüsse: Mandeln (am besten eingeweicht und geschält), schwarze Maronen, Paranüsse, Cashewnüsse, Kokosnüsse, Haselnüsse, Makadam-Nüsse, Erdnüsse, Pekan-Nüsse, Pinienkerne, Pistazienkerne, Walnüsse.

- Öl: *Ghee*, Oliven- und Sonnenblumenöl sind besonders gut, die meisten anderen Öle sind grundsätzlich o.k.; verwende Kokos-, Sesam- und Avocado-Öl nur äußerlich.

* Samen: von Hanf, Chia (*salvia hispanica*), Flachs, Kürbis, Sesam, Sonnenblumen.

* Gewürze: Ajowan, Kombinationsgewürz, Mandelextrakt, Anis, Asant (Asafoetida), Basilikum, Lorbeer, Kardamom, Cayennepfeffer, Zimt, Nelken, Korianderblätter, Kümmel, Dillkraut, Fenchel, Bockshornklee (Fenugreek), Knoblauch, Ingwerwurzel (besonders frisch), Majoran, Minze, Senfkörner, Muskatnuss, Orangenschalen, Oregano, Paprika, Petersilie, Pfefferminze, Pfeffer, Mohnsamen, Rosemarin, Safran, Bohnenkraut, Grüne Minze, Stern-Anis, Estragon, Thymian, Gelbwurz, Vanillestäbchen, Wintergrün;

* Süßungsmittel: Stevie (süße Pflanze), Gerstenmalz, Fruktose, Fruchtsaftkonzentrate, Honig, *jaggery* (gelber bis brauner Rohroder Palmzucker in Klumpen), Molasse, Reis-Sirup, nicht-raffinierter Zucker, Apfelkraut und Zuckerrübensirup, naturbelassen.

* Gemüse: Schwarzrettich, Rotkohl und dunkles Blattgemüse (gegart und in Maßen), Spargel, rote Beete, Karotten, Korianderblätter, Gurken, grüner Fenchel, Knoblauch, grüne Bohnen, grüne Chili-Schoten, Lauch, Senfkraut, Okra-Schoten, Oliven (schwarz), Zwiebeln (gekocht), Pastinaken, Erbsen (gekocht), süße Kartoffeln, Kürbis, Rettich (gekocht), Steckrüben, Sommerkürbis, Wasserbrotwurzel, Wasserkresse, Zucchini.

Reduziere Nahrung mit diesen Eigenschaften:

* Trocken, leicht, kalt, stark gewürzt, bitter, zusammenziehend.
* Bohnen: Reduziere den Verzehr von Bohnen, die alle, außer Mung-Bohnen (*mung dal*), *vata* verstärken.
* Gemüse: Rohes Gemüse, Kreuzblütler, tiefgefrorene, eingedoste und gebratene Nahrung, Essensreste.
* Gewürze: Verwende weniger Chili-Schoten und roten Pfeffer.

- Getreide: Verwende weniger Roggen, Hafer, Mais, Hirse, und Gerste.
- Obst: Trockene, leichte oder adstringierende Früchte wie Äpfel, Birnen, Beeren und Trockenfrüchte.
- Milchprodukte: Homogenisierte Milch (auch Joghurt) mit Früchten, Gemüse.
- Vermeide alle gefrorenen/kalten Speisen und Getränke.

Pitta-beruhigende Nahrung

Die *Pitta*-Jahreszeit dauert von Juli bis Oktober (heiß und trocken), variierend je nach Gegend. Bevorzuge in dieser Periode mehr kühlende Speisen und Getränke. Nimm Nahrung mit süßem, bitterem und adstringierend-zusammenziehendem Aroma. Greife in dieser Jahreszeit auch öfters zu frischen süßen Früchten und zu Gemüse. Iss weniger scharf-pikante, saure und salzige Nahrung. Vermeide Joghurt, Käse, Tomaten, Essig und scharfe Gewürze, da sie alle *pitta* verstärken.

Bevorzuge Nahrung, die

- ölig, schwer, kalt, bitter, süß und zusammenziehend ist.
- Getränke: Mandelmilch in Maßen, Aloe-Vera-Saft, Apfel-, Aprikosen-, Beeren-, Kirschsaft, Getreidetrunk, Trauben-, Mango-, Gemüse-, Pfirsich-, Granatapfel-, Pflaumensaft, Reismilch.
- Kräutertees und Pflanzensud: Alfalfa, Bancha, Gerste, Brombeeren, Gurkenkraut, Klettenwurzel, Katzenminze, Kamille, Chicorée, Schwarzwurz, Löwenzahn, Fenchel, Ingwer (frisch), Hibiskus, Hopfen, Jasmin, *Kukicha*, Lavendel, Zitronenmelisse, Zitronengras, Lakritze, Echter Eibisch, Brennnessel, Haferstroh, Passionsblume, Pfefferminz, Himbeerblätter, roter Klee, Stechwinde, Grüne Minze, Erdbeerblätter, Veilchen, Wintergrün, Schafgarbe.

- Würzen: Chutney, Korianderblätter, Sprossen
- Molkereiprodukte: rohe sind am besten; ungesalzene Butter, Kuh- oder Ziegenkäse (weich, ungesalzen), *ghee*, Kuh- oder Ziegenvollmilch (vermeide homogenisierte Milch), *lassi*.
- Nahrungsergänzungen: Aloe-Vera-Saft, grüne Brauhefe, Kalzium, Magnesium, Zink, Spirulina-Algen, Blaualgen, Vitamin D, E und essenzielle Fettsäuren in kaltgepresstem Öl von Hanfsamen, Nachtkerzensamen, Schwarzen Johannisbeer-Kernen, Flachssamen, Gurkenkrautsamen; Molken-Proteinpulver als Eiweißergänzung (Isolat – verwende kein Konzentrat oder hydrolisiertes Eiweiß, da dies denaturiert ist).
- Früchte (reif und süß): Äpfel, Apfelmus, Aprikosen, Avocado, Beeren (süß), Kirschen, Kokosnüsse, Datteln, Feigen, Trauben (rot und violett), Mangos, süße Melonen, Orangen, Papaya, Birnen, Ananas, Pflaumen, Granatäpfel, Zwetschgen, Rosinen, Wassermelonen.
- Getreide: Amarant und Gerste (ganzes Korn), Müsli, Haferkleie, Hafer, Nudeln aus Vollweizenmehl, Dinkel, Essener-Brot (aus gekeimtem Weizen), Tapioka, weißer Basmati-Reis.
- Hülsenfrüchte: Adzuki-Bohnen, schwarze Bohnen, Schwarzaugen-Bohnen, Kichererbsen, Nierenbohnen, rote und braune Linsen, Lima-Bohnen, Mung-Bohnen, Gartenbohnen, Erbsen (getrocknet), Pinto-Bohnen, gespaltene Erbsen, weiße Bohnen. **Anmerkung**: Alle Hülsenfrüchte weich kochen.
- Nüsse: Mandeln (eingeweicht und geschält), Kokosnuss.
- Fett/Öl: *Ghee*, Olivenöl, Kokosöl.
- Samenkerne: Hanf, Flachs, Kürbis, Sonnenblumen.
- Gewürze: Basilikum (frisch), schwarzer Pfeffer und frischer Ingwer (maßvoll), Kardamom, Zimt, Koriander, Kümmel, Dill, Fenchel, Minze, Pfefferminze, Grüne Minze, Safran, Gelbwurz, Steinsalz.
- Süßungsmittel: Stevie, Gerstenmalz, Fruchtsaft, Ahornsirup, Reis-Sirup, Vollrohrzucker, Kandiszucker, Honig.

- Gemüse: Artischocken, Spargel, rote Beete, Bittermelone, Broccoli, Rosenkohl, Weißkohl, Karotten, Blumenkohl, Sellerie, Korianderblätter, Gurken, Löwenzahnblätter, Fenchel, grüne Bohnen, Blattkohl, grünes Blattgemüse, Lauch, Okra-Schoten, Oliven (schwarz), Zwiebeln (gekocht), Petersilie, Pastinaken, Erbsen, süße Kartoffeln, Kaktusfeigenblätter, Gartenkürbis, Steckrübe, Spaghetti-Kürbis, Sprossen, Winter- und Sommerkürbis, Wasserbrotwurzel, Weizengras, Zucchini.

Reduziere Nahrung mit diesen Eigenschaften:

- Trocken, leicht, warm, salzig, sehr gewürzt, sauer.
- Öle: Reduziere die Verwendung von Mandel-, Mais- und Sesamöl.
- Gewürze: Vermeide Chilis und Cayenne-Pfeffer
- Getreide: Verzehr von braunem Reis, Mais, Hirse und Roggen sollte verringert werden.
- Obst: Reduziere den Genuss von sauren Früchten wie saure Oliven, unreife Ananas oder Dattelpflaumen, saure Orangen und unreife Bananen.
- Süßungsmittel: Große Mengen von Honig sollten vermieden werden.
- Milchprodukte: Verwende weniger Käse, Joghurt, saure Sahne und saure Buttermilch (Bazillenkultur).

Kapha-beruhigende Nahrung

Die *Kapha*-Jahreszeit dauert von März bis Juni (feucht und kühl, Regenzeit), je nach Gegend. Nimm in dieser Jahreszeit leichte und ölige Nahrung zu dir. Nimm warme Speisen und Getränke. Iss Dinge, die scharfen, bitteren und zusammenziehenden Geschmack haben. Vermeide süße, salzige und saure Nahrung.

Bevorzuge folgende Nahrung:

- Trocken, warm, leicht, bitter, zusammenziehend.

- Getränke: Aloe-Vera-Saft, Apfelmost, Aprikosen-, Beerensaft, schwarzer Tee (gewürzt), Karotten-, Kirsch-, Preiselbeeren-Saft, Getreidetrunk, Trauben-, Mango-, Pfirsich-, Birnen-, Granatapfel-, Pflaumensaft.

- Kräuter-/Pflanzentee: Alfalfa, grüner Bancha-Tee, Gerste, Brombeere, Klettenwurzel, Kamille, Chicorée, Nelke, Zimt, Löwenzahn, Bockshornklee, Ingwer, Hibiskus, Jasmin, Wacholderbeeren, *Kukicha*, Lavendel, Zitronenmelisse, Zitronengras, Brennnessel, Passionsblume, Pfefferminze, Himbeerblätter, roter Klee, Sassafras, grüne Minze, Erdbeerblätter, Scheinbeeren, Schafgarbe, Maté-Tee.

- Gewürze: Schwarzer Pfeffer, Chilischoten, Chutney, Korianderblätter, Lappentang, *Hiziki* (braune Meerespflanzen: *Sargassum fusiforme*), Meerrettich, Zitrone, Senf (ohne Essig), Schalotten, Seetang, Sprossen.

- Milchprodukte: (Roh und biologisch) Hüttenkäse (aus fettreduzierter Ziegenmilch), *lassi* (Joghurt-Trunk), fettreduzierte Ziegenmilch. Vermeide homogenisierte Milchprodukte.

- Nahrungsergänzungen: Aloe Vera, Aminosäuren, Gerstengras, Bienenpollen, Brauhefe, Kupfer, Kalzium, Eisen, Magnesium, Zink, Gelee Royal, Spirulina-Algen, Blaualgen, Vitamin A, B, B12, C, D, E, essenzielle Fettsäuren aus kaltgepresstem Öl von Hanfsamen, Nachtkerzensamen, schwarzen Johannisbeer-Kernen, Flachssamen, Gurkenkrautsamen; Molken-Proteinpulver als Eiweißergänzung (Isolat – verwende kein Konzentrat oder hydrolisiertes Eiweiß).

- Früchte: Äpfel, Apfelmus, Aprikosen, Beeren, Kirschen, Preiselbeeren, Trockenfrüchte, Guava-Früchte, Pfirsiche, Birnen, Dattelpflaumen, Granatäpfel, Pflaumen, Rosinen.

- Getreide: Vollgerste, Buchweizen, Cerealien (trocken oder

gepufft), Mais (organisch, nicht genmanipuliert), Kuskus, Granola, Hirse, Müsli, Haferkleie, Hafer, Polenta, Quinoa (Anden-Hirse), Roggen, Basmati Reis, Dinkel, Essener Brot, Tapioka, Weizenkleie.

- Hülsenfrüchte: Adzuki-Bohnen, schwarze Bohnen, Schwarzaugen-Bohnen, Kichererbsen, Linsen (rot und braun), Lima-Bohnen, Mung-Bohnen, Gartenbohnen, Erbsen (getrocknet), Pinto-Bohnen, Spalterbsen, *tur dal*, weiße Bohnen. Alle sollten zusammen mit Gewürzen gut gekocht sein.
- Öle: *Ghee*, Senföl
- Samenkerne von: Hanf, *Chia (salvia hispanica*/Minzfamilie), Flachs, Puffmais, Kürbis, Sonnenblume.
- Gewürze: Alle Gewürze außer Salz, besonders frische Ingwerwurzeln.
- Süßungsmittel: Stevie, Fruchtsaft, Honig.
- Gemüse: Artischocken, Spargel, Rübenblätter, Rote Beete, Bittermelone, Broccoli, Kraut, Karotten, Blumenkohl, Sellerie, Korianderblätter, Mais, japanischer Rettich, Löwenzahnblätter, Auberginen, Fenchel, Knoblauch, grüne Bohnen, grüne Chilis, Meerrettich, Grünkohl, Kohlrabi, grüner Salatkopf, Lauch, Pilze, Senfblätter, Okra-Schoten, Zwiebel, Petersilie, Erbsen, Pfefferschoten, Kaktuspflaumen, Steckrüben, Spinat, Sprossen, Sommerkürbis, gekochte Tomaten, weiße Rüben und deren Blätter, Wasserkresse, Weizengras.

Reduziere Nahrung dieser Art:

- Ölig, kalt, schwer, süß, sauer.
- Nüsse: vermeide sie;
- Öle: Vermeide große Mengen jeglichen Öls.
- Gemüse: Gurken, süße Kartoffeln, Okra-Schoten, Tomaten.
- Würzen: Vermeide Salz und salziges Essen (Pickles, Chips).

- Getreide: Weizen, Reis
- Obst: Vermeide Trauben, Bananen, Feigen, Orangen, Limetten, Kokosnuss, Mangos, Ananas, Datteln, Melone.
- Süßungsmittel: Vermeide Zuckerprodukte
- Milchprodukte: Joghurt, Sahne, Eis, saure Sahne, Käse, Butter; von jedem übermäßigen Genuss von Vollmilch wird abgeraten.

Kapitel 6

Heilende Eigenschaften der Nahrung

Alle Welt bedarf der Nahrung. Sie ist die Quelle des Lebens für alle Wesen. Klarheit, Langlebigkeit, Intelligenz, Glück, Zufriedenheit, Kraft und Wissen beruhen samt und sonders auf der Nahrung.

– Charaka Samhita

Vitamine und Mineralien

Traditionellerweise unterstützt Ayurveda die Aufnahme von Vitaminen und Mineralien in Form von ganzheitlicher Nahrung, ist diese doch am leichtesten zu verdauen, zu verwerten und zu assimilieren. Jedes einzelne *dosha* verlangt nach jeweils unterschiedlichen Vitaminen und Mineralien. Ebenso kann jedes *dosha* unterschiedliche Mineral- und Vitaminmängel zeigen. Unsere Nahrung ist wegen Genmodifizierungen, vielen chemischen Beimischungen, Kunstdünger und Pestiziden sehr verarmt. Daher ist es unumgänglich, sie mit zusätzlichen Vitaminen und Mineralien zu ergänzen. *Vata dosha* neigt dazu, zu wenig Vitamin A, B, C, D und E, außerdem zu wenig Zink und Kalzium zu haben. *Pitta* neigt zum Mangel an Vitamin A, B und K sowie Kalzium und Eisen. *Kapha* mangelt es oft an Vitamin B6 und D. Dieser jetzige Abschnitt betrachtet die diversen Vitamine und Mineralien genauer und erklärt ihre Wirkung im Körper. Außerdem wird geprüft, in welchen Lebensmitteln die verschiedenen Vitamine und Mineralien natürlich vorkommen.

Vitamine und Mineralien sind organische Substanzen in der Nahrung. Der Körper benötigt sie für sein Funktionieren, für sein Wachstum und seine Entwicklung. Sie tragen wesentlich zum natürlichen physiologischen Gleichgewicht bei. Jedes Vitamin und Mineral hat eine besondere Rolle zu spielen und übt unterschiedliche Wirkungen auf die *doshas* aus.

Es gibt grundsätzlich zwei Vitaminarten: fettlösliche und wasserlösliche. Wenn wir Nahrung aufnehmen, die fettlösliche Vitamine enthält, werden diese in den Fettgeweben und in der Leber gespeichert, und zwar solange, bis sie benötigt werden; das mag von einigen Tagen bis zu sechs Monaten dauern. Sobald sie angefordert werden, transportieren besondere Trägersubstanzen sie dorthin, wo nach ihnen verlangt wird. Vitamin A, D, E und K sind alle fettlöslich.

Wasserlösliche Vitamine werden nicht im Körper gespeichert. Sie werden im Blut zur sofortigen Verwendung zirkuliert. Was der Körper nicht benötigt oder nicht verwenden kann, wird über den Urin ausgeschieden.

Wasserlösliche Vitamine müssen regelmäßig ersetzt werden. Sie umfassen Vitamin C, die B-Vitamine B1 (Thiamin), B2 (Riboflavin), B3 (Niacin), B6 (Pyridoxin), Folsäure, B12 (Cobalamin), Biotin und Pantothensäure. Der Körper ist zu zahlreichen Funktionen in der Lage. Doch eines vermag er nicht: Vitamine zu produzieren. Dazu dient die Nahrungsaufnahme. Der Körper entnimmt der Nahrung die benötigten Vitamine und Mineralien. Verschiedene Nahrungsmittel enthalten verschiedene Vitamine und Mineralien. Das ist der Grund, warum der Verzehr einer abwechslungsreichen und vielfältigen Nahrung dringlich nahegelegt wird.

Vitamine

Vitamin A (Beta-Carotin): Vitamin A findet sich in dunkelgrünem Gemüse, besonders in grünem Blattgemüse (Grünkohl, Markstammkohl, Spinat), in gelbem Obst und Gemüse (Orangen, Mangos, Kürbis, gelben Zucchini, Karotten, Süßkartoffeln, Yamswurzeln, Mais), Soja, Linsen, Kichererbsen und Milch. Bei Vitamin A-Mangel kann es zu trockener, rauer, juckender oder schuppiger Haut kommen; außerdem zu Falten, Hautpickeln, vorzeitigem Altern, Kopfschuppen, gespaltenen Nägeln, schlechtem Sehvermögen, brennenden und juckenden Augen und zu einer Verdickung der Augenhornhaut. Vitamin A ist nötig für die Augen, für Haut, Knochen und die Zähne, für Immunabwehr und Fortpflanzung. Ein Mangel daran tritt für gewöhnlich bei *vata* und *pitta doshas* auf.

Vitamin B1 (Thiamin): B1 findet sich in Reis, den meisten Vollkornsorten, Melasse, in den meisten Grüngemüsesorten, in Bohnen, Soja und Nüssen. B1 ist für die reguläre Nervenfunktion und die Energieherstellung durch Kohlenhydrat-Verbrennung nötig. Mangel daran kann zu schwachem Gedächtnis, schlechter Verdauung, Müdigkeit, Ödemen, Ohrenproblemen, Reizbarkeit, Herzschwäche und Störungen des Nervensystems führen. B1-Mangel kann alle drei *doshas* in Mitleidenschaft ziehen.

Vitamin B2 (Riboflavin): B2 tritt gewöhnlich auf in Hirse, Roggen, Mais, Soja, Vollweizen, Weizenkeim, Bohnen, Milch, Avocados, Hülsenfrüchten, Nüssen, Melasse und grünem Blattgemüse. B2 ist wichtig zur Verdauung und Assimilierung von Eiweiß, Kohlehydrat und Fett. Es trägt auch zu einer gesunden und lebendig leuchtenden Haut bei. Ein Mangel kann zu juckenden, brennenden und blutunterlaufenen Augen, zu Lichtempfindlichkeit, vorzeitigem Haarausfall, Ergrauen und zu Leberstörungen führen. B2-Mangel kommt häufiger in *pitta* vor, aber kann auch *vata* und *kapha* betreffen.

Vitamin B3 (Niacin): B3 findet sich in Weizen, Buchweizen, Gerste, Reis, schwarzen Bohnen, Sesamsamen, Nüssen, grünem Blattgemüse und Milch. B3 hilft dem Körper bei der Verwertung von Proteinen und Fetten, stärkt das Nervensystem, kräftigt die Haut und verbessert die Verdauung. B3-Mangel führt oft zu Müdigkeit und zur Schwächung geistiger Energie und Klarheit sowie des Nervensystems, zu schlechter Verdauung und niedrigem Blutdruck. Mängel betreffen meist *vata* und *pitta*, doch kann – wie überhaupt bei allen B Vitaminen – auch *kapha* betroffen sein.

Vitamin B5 (Pantothensäure): B5 kommt in jedem Vollkorn vor sowie in Mais, Bohnen und Kreuzblütler-Gemüse wie Broccoli, Kohl und Blumenkohl. B5 ist für die Verdauung von Nährstoffen und zur Herstellung neuer roter Blutzellen erforderlich. Sein Mangel kann zu geschwächten Abwehrkräften, vermehrtem Auftreten von Erkältungen und Infektionen, schlechter Verdauung und Nährstoffaufnahme, Nerven- und Herzstörungen, Muskelkrämpfen, Allergien und Haarausfall führen. B5-Mangel betrifft primär *vata* und sekundär *pitta*.

Vitamin B6 (Pyridoxin): B6 tritt in grünem Blattgemüse, Meerespflanzen, Erbsen, Sonnenblumenkernen, Walnüssen, Streuhefe, braunem Reis, Buchweizen, Bohnen, Karotten und Bananen auf. Es hilft bei der Assimilation und Verwendung von Eiweiß und Fett, unterstützt das Nerven- und Immunsystem, auch das Blut beim Transport von Sauerstoff zu den Körperzellen; es hilft beim Abbau von Kupfer und Eisen, verhindert einen Typ von Anämie und trägt zum Erhalt des normalen Blutzuckerspiegels bei. B6-Mangel kann zu geschwächter Verdauungstätigkeit und Abwehrkraft, zu hormonellem Ungleichgewicht, zu prämenstruellem Syndrom (PMS), Ekzemen, Blutarmut, Ödemen und trockener, juckender, schuppiger Kopfhaut führen. B6-Mangel betrifft primär *kapha* und sekundär *pitta*.

<u>Vitamin B7 (Biotin)</u>: Biotin tritt meist in Früchten auf; es assistiert bei der Synthese von Fett, Glykogen und Aminosäuren. Biotin findet sich auch im Getreidevollkorn, in Nüssen, Samenkernen, Sojabohnen, Hülsenfrüchten und Blumenkohl. Biotin-Mangel in der Ernährung kann zu Blutarmut, Depression, geschwächtem Metabolismus, vorzeitiger Kahlheit, schwachen Nebennieren, Testosteron-Störung und Hautentzündung führen. Allerdings ist solcher Mangel selten. Er berührt dann hauptsächlich *vata* und *pitta*.

<u>Vitamin B9 (Folsäure)</u>: B9 findet sich meist in Meerespflanzen, Kleinalgen, Getreidevollkorn, Blatt- und Wurzelgemüse, gekeimtem Korn, Soja, Joghurt, Weizen und Streuhefe. Sein Mangel führt zu Anämie, Magendarmbeschwerden und frühzeitigem Haarausfall. Er betrifft in der Regel *pitta*.

<u>Vitamin B12 (Cobalamin)</u>: B12 kommt vor in Spargel, Spirulina-, Clorella- und Blaualgen, in Miso, Tempeh, Streuhefe, Meerespflanzen (Hiziki, Wakame, Arame, Kombu, Lappentang, etc.), Alfalfa-Sprossen, nicht pasteurisierten Nahrungsmitteln, Erbsen und Okra-Schoten, Kartoffeln, Karotten, Petersilie, Weißkohl, Grünkohl, Mangold, Senfblätter, Bohnen, Mung-Bohnen, Tomaten, Paprikaschoten, in allen Beeren, Zitrusfrüchten, Melonen, Mangos, Papaya, Ananas, in allen Getreidesorten und Molkereiprodukten. B12 wird für die Herstellung und Erhaltung von roten Blutzellen, für ein gesundes Nervensystem, gesunde DNA, RNA und generelle Immunität benötigt. Sein Mangel kann zu nervösen und emotionalen Störungen, zu Depression, Lethargie, vorzeitigem Altern, zu Müdigkeit, Schlaflosigkeit, Stress, Schwächung des Immunsystems, schlechtem Gedächtnis und Konzentrationsmangel führen. B12-Mangel manifestiert sich in der Regel in *vata*.

<u>Vitamin C (Ascorbinsäure)</u>: Vitamin C tritt in allen Zitrusfrüchten, in allen Beeren und Keimsprossen, in Tomaten, Paprikaschoten, Weißkohl, Broccoli, Kiwis, Petersilie, Kartoffeln und Amarant auf. Vitamin C wird für die gesunde Immunfunktion, Verdauung und

Nahrungsassimilation benötigt, auch bei der Eisen-Aufnahme. Es enthält Antioxidantien, die gegen Zellbeschädigung schützen, das Immunsystem stärken und Körperkollagen bilden. Vitamin-C-Mangel kann Nebennierenschwäche, blutendes Zahnfleisch, schwache Abwehrkräfte, Schwermetallvergiftung und Fettsucht zur Folge haben. Der Mangel betrifft im allgemeinen *vata doshas*.

Vitamin D (Calcipherol): Die beste Vitamin-D-Quelle ist das Sonnenlicht! In der Nahrung findet sich Vitamin D in Flachs, grünem Blattgemüse und chlorophyllreicher Nahrung, in gekeimten Sonnenblumenkernen und Vollkorngetreide. Vitamin-D-Mangel kann zu mürben Knochen, Zähnen, Haaren und Nägeln führen. Der Mangel ist gewöhnlich mit *vata* und *kapha dosha* verbunden.

Vitamin E (Alpha-Tocopherol): Vitamin E tritt in Vollkorngetreide, grünem Blattgemüse, Nüssen, Samen, Milchprodukten (insbesondere Butter und Milch), Melasse, Weizengras, Sprossen, Spargel und Weizenkeimen auf. Sein Fehlen kann zu Schwächung von Muskeln, Herz und Nerven, zu schwachen Nebennieren und trockener Haut führen. Vitamin E-Mangel betrifft meistens *vata dosha*.

Vitamin F: Vitamin F findet sich in bestimmten Ölen – in Leinöl, Olivenöl, Flachs-Öl, Sojaöl und Distel-Öl. Die meisten Gemüse und Samen-Öle beinhalten Vitamin F. Ein Mangel an Vitamin F kann alle Arten von Störungen des Herzens, des Cholesterinspiegels und der weiblichen Fortpflanzungsfähigkeit, von Hautproblemen, Candida, Problemen mit Bluthochdruck, Blasenentzündung, Leberstörungen, missgebildeten *dhatus* (sieben Schichten von Körpergewebe) und mit diversen Darmstörungen nach sich ziehen. Vitamin-F-Mangel kann jedes *dosha* betreffen.

Vitamin K: Vitamin K findet sich in Milchprodukten, Melasse-Sirup, grünem Gemüse und Eiern. Fehlen von Vitamin K kann zu Haarausfall, Blutungen, Energiemangel, Allgemeinschwäche und frühzeitigem Altern beitragen. Ein Mangel beeinflusst gewöhnlich *pitta,* aber *vata* und *kapha* können ebenfalls betroffen sein.

Vitamin P (Bioflavon): Tritt in der weißen inneren Haut der Zitrusfrüchte auf, ebenso in Paprikaschoten, Buchweizen und schwarzen Korinthen. Es hat hervorragende abwehrstärkende Eigenschaften. Vitamin-P-Mangel ist äußerst selten.

Mineralien

Anmerkung: Alle Mineralmängel sind in erster Linie mit dem *vata dosha* verbunden, in zweiter (Linie) mit *pitta.*

Chrom: Chrom tritt primär in Vollkorngetreide auf. Dazu findet es sich in größeren Anteilen auch in roten Weintrauben, Bananen, Äpfeln, Kartoffeln, grünen Bohnen und Orangen. Zwar benötigen Menschen nur kleinste Mengen, doch sind diese geringen Mengen zur Regulierung des Blutzuckerspiegels erforderlich. Ein Fehlen kann Hypoglykämie, Arteriosklerose, Gedächtnisverlust und mangelnde Konzentration nach sich ziehen, dazu körperliche und geistige Müdigkeit sowie verzögertes oder verspätetes Wachstum (speziell der Muskeln).

Eisen: Eisen kommt in grünem Blattgemüse, Meerespflanzen, Petersilie, Vollkorn, Kartoffeln, Obst, Rosinen, Bohnen und Hülsenfrüchten, Samenkörnern, Nüssen und Milch vor. Es ist von wesentlicher Bedeutung für die Produktion roter Blutkörperchen, auch von Enzymen. Eisenmangel kann zu zahllosen Schwächen und Dysfunktionen führen – Anämie, Vitalitätsmangel, geistige Lethargie, brüchige Haare und Nägel, Kopfschmerzen, geringe Körperabwehr, trockene und juckende Haut, Kurzatmigkeit.

Jod: Jod findet sich in Jod-Salz, Meerespflanzen und Bohnen. Es ist für die Produktion des Schilddrüsenhormons und die Schilddrüsenregulierung notwendig. Ein Mangel kann zur thyreoidalen

Störung, zu Temperatur- und Gewichtsschwankungen, sowie zu Hauttrockenheit führen.

Kalium: Kalium findet sich in Bananen, Gemüse, Sesamsamen, Sonnenblumen- und Kürbiskernen, Milchprodukten, Trockenfrüchten und Orangen. Kalium unterstützt die gesunde Nerven- und Muskelfunktion. Es ist wichtig für das Gleichgewicht der Körperflüssigkeit und des Blutdrucks. Dazu reduziert es das Risiko von Nierensteinbildung. Der Mangel kann sich in Depression, Herzrhythmusstörungen, fehlender Verdauung, trockener Haut und genereller Schwäche auswirken.

Kalzium: Kalzium kommt in Milchprodukten, Meerespflanzen, grünem Blattgemüse, Nüssen und Samen, Trockenfrüchten, Spargel, Artischocken, Avocados, Broccoli, Tofu und Hafer vor. Kalzium-Mangel kann zu Schwächung von Haar, Knochen und Nägel, zu prämenstruellem Syndrom (PMS), Schlaflosigkeit, Muskelkrämpfen, zu Rachitis bei Kindern und Osteoporose bei Erwachsenen führen. Ein Zuviel an Kalzium kann Nierensteine, Kalzium-Ablagerungen und Verstopfung verursachen. Außerdem kann es die Eisenaufnahme behindern.

Kieselerde: Kieselerde findet sich im Schachtelhalm, in Vollkorn, Meersalz, Aprikosen, Erdbeeren, Sellerie, Gurken, Karotten und Meerespflanzen. Sie spielt bei der Knochenbildung und für den Erhalt der Jugendlichkeit dank ihrer Anti-Aging-Eigenschaften eine vitale Rolle. Kieselerde ist dazu einer der wichtigsten Bestandteile der Bindegewebe, einschließlich Knorpeln, Gefäßwänden, Sehnen und Bändern. Sie tritt auf in Thymusdrüse und Nebennieren, Leber, Milz und Bauchspeicheldrüse; außerdem in beträchtlichem Umfang in den Haaren. Sie fungiert als Verbindungsglied, das dem Kollagen und den elastischen Bindegeweben Stärke, Elastizität und Widerstandskraft gibt. Ihr kommt auch eine vitale Rolle hinsichtlich der Festigkeit von Knochen, Gefäßwänden, Haut, Zähnen, Zahnfleisch, Haaren und Nägeln zu. Sie wird manchmal bei der Behandlung von

Ekzemen und Schuppenflechte (Psoriasis) eingesetzt. Ein Mangel ist selten; falls er auftritt, kann er Brüchigkeit von Knochen, Nägeln und Haaren nach sich ziehen.

Kupfer: Kupfer kommt in Meerespflanzen (besonders Seetang), Hülsenfrüchten, Getreidekorn, Avocados, Rosinen, Samenkörnern und Nüssen vor. Es ist für die Assimilation von Eisen und anderen Mineralien nötig. Auch für die Herstellung von roten Blutzellen, Bindegewebe und Nervenfasern wird es benötigt. Ein Mangel kann zum Verlust von Haarfarbe und zu erschlaffter Haut führen. Dazu trägt er zu Osteoporose, Arthritis und rheumatoider Arthritis, zu Erkrankungen der Herzkranzgefäße, zu Darmkrebs und chronischen Problemen mit Knochen, Bindegewebe, Herz und Blutgefäßen bei.

Magnesium: Magnesium tritt in Vollkorngetreide, Mais, Soja, Nüssen, Samenkörnern, Linsen, Trockenfrüchten, Meerespflanzen, dunkelgrünem Blattgemüse, Äpfeln, Sellerie, Zitrusfrüchten, Milchprodukten und Aprikosen auf. Es hilft bei der Regulierung von Herzschlag, Muskel- und Nervenfunktion, sowie Knochenwachstum und -entwicklung. Ein Mangel daran kann zu Knochen-, Muskel- und Vitalitätsschwäche führen, zu Stressgefühl, Muskelreißen und -krämpfen, zu Herzarrhythmie.

Mangan: Mangan gibt es im Getreidevollkorn, im grünen Gemüse, in Meerespflanzen, Nüssen und Samen, Avocados und Blaubeeren. Es spielt eine wichtige Rolle bei der Knochenbildung, hilft bei der Enzymproduktion und trägt zur richtigen Gehirnfunktion bei. Sein Mangel kann zu Knochensubstanzverlust, -schmerz oder -schwäche, zu Gedächtnisschwäche und Diabetes führen.

Molybdän: Molybdän kommt in Hülsenfrüchten, Getreidekörnern und dunkelgrünem Blattgemüse vor. Es unterstützt vor allem Enzymproduktion und Verdauung. Außerdem hilft es, Eisenlagerung und -verwertung zu regulieren. Molybdän-Mangel kommt sehr selten vor.

Natriumchlorid (Salz): Natriumchlorid kommt hauptsächlich in Salz und Meerespflanzen vor. Der Körper braucht Natriumchlorid für den Metabolismus. Es hält auch den pH-Wert des Körpers stabil. Die Nieren achten genau auf die Salzmenge im Blut. Natriumchlorid fehlt zwar selten im Körper, doch kommt es gelegentlich vor, z. B. aufgrund von Diarrhöe, Erbrechen oder starkem Schwitzen. Dies kann dann zu metabolischer Alkalose (basische Entgleisung der Körperflüssigkeiten), verringertem Flüssigkeitsvolumen und zu Kaliumverlust über den Harn führen, was weitere Störungen des pH-Gleichgewichts nach sich zieht.

Phosphor: Phosphor tritt in Getreidevollkorn, Bohnen, Nüssen, Samen, Beeren, Orangen, Pfirsichen, Limetten, Warzenmelonen, Kiwis, Milchprodukten und allen Gemüsesorten auf. Zusammen mit Kalzium trägt es zur Bildung von Knochen, Zähnen und Haaren bei. Es wird auch zum richtigen Funktionieren von Muskeln und Nerven benötigt. Phosphormangel kann zu Verlust von Knochenzellen, zu Muskelschwäche, Müdigkeit und Magersucht führen. Doch kommt ein solcher Mangel selten vor. Zu große Phosphoraufnahme kann die Kalzium-Absorption verhindern.

Schwefel: Schwefel finden wir in Nüssen, Kohlsorten, Äpfeln, Preiselbeeren, Hülsenfrüchten, Zwiebeln und Bohnen. Schwefel kommt in jeder Körperzelle vor, dabei sehr konzentriert in Haaren, Haut und Nägeln. Oft wird er als „Schönheitselement" bezeichnet, da er die Eigenschaft hat, die Blutzirkulation anzuregen und Entzündungen zu hemmen. Seit Menschengedenken hat man Schwefelbäder genommen, die immer auch mit Langlebigkeit assoziiert wurden. Ein Schwefelmangel kann zu brüchigen Nägeln und Hautproblemen führen, wie Ekzeme und schilferige Haut.

Selen: Selen kommt in Vollkorngetreide, Bohnen, Tomaten, Broccoli und Paranüssen vor. Es ist für die richtige Schilddrüsenfunktion nötig und fungiert auch als Antioxidans, da es die Zellen vor Beschädigung schützt. Selenmangel ist äußerst rar, doch wenn er auftritt, kann er zu frühzeitigem Altern, erschlaffter Haut und trocken-schuppigem Haar führen.

<u>Zink</u>: Zink kommt in Kürbis- und Sonnenblumenkernen, Vollkorngetreide, Sojabohnen und dem meisten Gemüse vor. Zink unterstützt das Immun- und das Nervensystem. Er ist für die Verdauung äußerst wichtig und findet sich in über 100 verschiedenen Enzymen. Zinkmangel kann eine Verzögerung der sexuellen Entwicklung, des Wachstums und der Allgemeinentwicklung, dazu den Verlust des Geruchs- und Geschmackssinn sowie schwaches Selbstheilungsvermögen zur Folge haben. Außerdem kann es zu Nachtblindheit und anderen Augenschwächen, zu Erkältungs- und Infektionsanfälligkeit, zu Haarausfall und Knochenschwäche führen.

Obst

Im Allgemeinen sind alle Früchte süß oder sauer. Die dominierende *virya* (Energie) von Obst hat kühlende Qualität mit einem süßen *vipaka* (Nachverdauungs-Effekt). Die meisten Früchte verringern *vata* und *pitta* und vermehren *kapha*, obwohl es ein paar Ausnahmen gibt. Früchte gehören zu den ganz besonders *sattvischen* Nahrungsmitteln. Ihre *prabhava* (spezifischen Wirkungen) sind: durststillend, kühlend, heilkräftig, abführend, mild reinigend und nährend. Sie enthalten hauptsächlich Wasser, daneben Äther. Sie fördern die Herstellung von *rasa* (Blutplasma) und erzeugen Leichtigkeit und Reinheit im Körper. Am besten kombiniert man Obst nicht mit anderer Nahrung. Außerdem sollte man Obst aus der heimischen Gegend und zur angesagten Saison nehmen. Hier folgt eine detaillierte Liste von Früchten mit ihren Eigenschaften:

Ananas

Dosha: Vermindert *vata*, stärkt *pitta* und *kapha* (süße Sorten)

Rasa (Geschmack): süß, sauer
Virya (Energie): kühlend (süße Sorten), wärmend (saure Sorten)
Vipaka (Nachverdauungs-Effekt): süß, scharf
Prabhava (spezifische Wirkung): entwässernd, kühlend, abführend, verdauungsanregend, schweißtreibend.

Ernährungs-Information:

• Eine der Früchte, die das Immunsystem am meisten stärken. Sie besitzt ausgezeichnete antikarzinogene Eigenschaften, dazu großen Nährwert.

• Enthält Kohlenhydrate, Proteine, Fette und Wasser. Weist auch substanzielle Anteile an Kalzium, Phosphor, Eisen, Magnesium, Kalium, Natrium, Schwefel und Mangan auf.

• Ist ein großer Lieferant von Vitamin C sowie Vitamin A, B1 und B2.

• Hat entzündungshemmende Eigenschaften.

• Ananas-Enzyme sind zur Behandlung von rheumatischer Arthritis und zur Heilungsbeschleunigung bei Geweben eingesetzt worden, die durch physische Verletzung, Diabetes-Geschwüre oder chirurgische Eingriffe beschädigt wurden.

• Bromelain, ein Verdauungsenzym, findet sich in der rohen Ananas und im frisch gepressten Saft.

• Ananas-Enzyme wirken spezifisch, wenn sie Proteine zerlegen, Blutgerinnung hemmen und Belag von Arterienwänden entfernen. Untersuchungen legen nahe, dass Ananas-Enzyme bei Arterienverengung, wie etwa bei Angina Pectoris, die Durchblutung verbessern können.

• Wird verwendet, um Bronchitis und Halsentzündung zu behandeln. Sie wirkt abführend und hilft zur Beseitigung von Entzündungen im Verdauungstrakt.

• Sie ist wirksam bei der Behandlung von Arteriosklerose und Blutarmut.

- Sie ist ein ausgezeichnetes Tonikum für das Gehirn, wirkt gegen Erinnerungsverlust, Traurigkeit und Melancholie.
- Gleicht die Nachwirkungen von Alkohol aus.
- Reduziert die toxischen Wirkungen von Zigarettenrauch und Nikotin.

Äpfel

Dosha: Reduziert *pitta* und *kapha*, verstärkt *vata*
Rasa (Geschmack): süß, zusammenziehend, sauer
Virya (Energie): kühlend
Vipaka (Nachverdauungs-Effekt): süß
Prabhava (spezifische Wirkung): zusammenziehend, blutreinigend, kühlend.

Ernährungs-Information:

- Liefert ansehnliche Mengen von löslichem und unlöslichem Faserballast, dazu Kalium, Bor und etwas Vitamin C, sowie Beta-Carotin (in der Schale).
- Gute Zahnreinigung und Zahnfleischmassage durch saftige, nicht klebrige Faserstoffe.
- Wirkt alkalisierend.
- Enthält große Mengen an Pektin, das eine gesunde Darmflora fördert und Leber samt Gallenblase reinigt.
- Hat Nährwirkung für Milz, Pankreas und Magen.
- Senkt den Blut-Cholesterinspiegel, reduziert speziell das „schlechte" LDL-Cholesterin.
- Wirkt gegen Verstopfung und Diarrhöe. Die besondere Kombination von Fasern und Fruchtsäuren im Apfel ist vermutlich der Grund für seine Fähigkeit, der Verstopfung entgegenzuwirken. Das flüssigkeitsgelierende Pektin und die natürlichen antibakteriellen Eigenschaften erklären seine jahrhundertelange Verwendung bei Diarrhöe.

- Wird traditionellerweise verwendet bei Arthritis, Rheumatismus und Gicht. Äpfel verbessern die Verdauung und tragen zur Beseitigung von unerwünschten Stoffen im Körper bei, was bei Gelenkproblemen sehr förderlich ist. Die Fruchtsäuren im Apfel regen also die Verdauung an, und die Antioxidans-Wirkung des Bioflavonoids Quercetin mildert die Gelenkprobleme.

- Hilft bei anderen Problemen wie Diarrhöe, Darmbluten, Geschwüren, Zahnfleischbluten, Gallenblasenerkrankung, Entzündungen, hohem Cholesterinspiegel, Autointoxikation, Darmkatarrh, *pitta*- und *kapha*-Arten von Arthritis, Herpes, Übersäuerung, Schwermetallvergiftung, Strahlungsbelastung, Gastritis, Kolitis, Blutdruck-Unregelmäßigkeiten, Viren und anderen Infektionen.

Aprikosen

Dosha: Reduzieren *vata* und *kapha*, vermehren ganz leicht überstarkes *pitta*, sind relativ *tridoshic*.
Rasa (Geschmack): süß, sauer
Virya (Energie): wärmend
Vipaka (Nachverdauungs-Effekt): süß
Prabhava (spezifische Wirkung): durststillend, hustenlösend.

Ernährungs-Information:

- Außergewöhnlich hoher Beta-Carotin-Gehalt (vor allem frische, dunkel orangefarbene Aprikosen).

- Können Risiko von Herzerkrankung, Schlaganfall, Grauem Star und einigen Krebsarten mindern (wegen ihres hohen Beta-Carotin-Gehalts).

- Getrocknete Aprikosen enthalten viel Eisen und Kalium, verhindern und wirken gegen Verstopfung.

- Wirken gegen hohen Blutdruck (wegen hohem Kaliumgehalt).

- Enthalten große Menge löslicher Ballaststoffe.

- Regulieren Blutzuckerspiegel. Studien haben gezeigt, dass die Aufnahme von großen Mengen löslicher Ballaststoffe den Blutzucker und Energiepegel positiv beeinflusst, da sie die Verdauung verzögern. In der Weise tragen Aprikosen auch zur Vitalität bei.
- Verhindern Eisenmangel und senken Cholesterinspiegel.
- Lindern Fieber und Husten, wirken Muskel- und Nervenbeschwerden entgegen.

Avocados

Dosha: Reduzieren *vata* und *pitta*, verstärken *kapha*
Rasa (Geschmack): zusammenziehend
Virya (Energie): kühlend
Vipaka (Nachverdauungs-Effekt): süß
Prabhava (spezifische Wirkung): stärkend, nahrhaft, reizlindernd, weichmachend.

Ernährungs-Information:

- Eines der wichtigsten Nahrungsmittel im Kampf gegen Krebs.
- Hoher Gehalt an Vitamin E, ungesättigten Fettsäuren und Kalorien.
- Exzellente Proteinquelle; reich an Vitamin A, C, B-Komplex, Chlorophyll, Kohlehydrat, Kalzium, Phosphor, Kupfer und Kobalt.
- Enthalten Inosit in Spuren.
- Enthalten 14 Mineralien, die zur Regulierung der Körperfunktionen beitragen und Wachstum anregen.
- Ihre Fettsubstanzen sind für den Körper wohltuend, während tierische Fette Schaden zufügen.
- Kämpfen gegen die negative Auswirkungen einer Fleischkost an.
- Helfen bei Verdauungsproblemen, allgemeiner Schwäche, Rheumatismus, Hautentzündungen und Nierenproblemen.

- Normalisieren Funktionen der Leber und Pankreas.
- Helfen bei der Erneuerung roter Blutzellen und verhindern Anämie.

Bananen

Dosha: Reife Bananen vermindern *vata*, verstärken *pitta* und *kapha*; unreife Bananen vermindern *pitta* und *kapha*, verstärken *vata*.

Rasa (Geschmack): süß, sauer (reif), zusammenziehend (unreif)
Virya (Energie): wärmend
Vipaka (Nachverdauungs-Effekt): sauer
Prabhava (spezifische Wirkung): zusammenziehend, kühlend, abführend, nahrhaft, anregend, stärkend, aphrodisisch.

Ernährungs-Information:

- Hervorragende Quelle von Kalium, gleich ob reif oder unreif.
- Sehr reife Bananen haben hohen Zuckeranteil.
- Die Zuckerarten in Bananen werden leicht assimiliert; sie enthalten zahlreiche Vitamine und Mineralien.
- Reich an Stärke und löslichen Faserstoffen.
- Für Kinder und Kleinkinder leicht zu verdauen.
- Bananen eignen sich gut für Reduktionsdiäten, da sie den Hunger stillen und geringen Fettanteil haben.
- Regulieren hohen Blutdruck.
- Bananen sind eine gute Quelle natürlicher Energie. Die Stärke in weniger reifen Bananen wird langsamer verdaut. Gemeinsam mit den löslichen Faserstoffen liefert dies eine länger anhaltende Energie, als es bei den meisten anderen süßen Nahrungsmitteln der Fall ist; das kommt auch der Vitalität zugute.
- Stärken die *mamsa dhatu* (Muskelgewebe).

- Weniger reife Bananen wirken gegen Verstopfung, reife helfen gegen Diarrhöe.
- Reife Bananen können die Stimmung aufhellen und Schlaflosigkeit lindern. Sie sind bekannt für ihr stimulierendes Serotonin, das dazu auch die Serotonin-Vorläufer – Tryptophan und Vitamin B6 – anregt.
- Reife Bananen liefern ein rasch absorbierbares Kohlehydrat.
- Sie wirken gegen Blutarmut und erhöhten Blutdruck; schützen gegen Schlaganfall.
- Bananen nähren die natürlichen Acidophilus-Darmbakterien.
- Sie helfen bei nervösen Störungen, Alkoholismus, Herzstörungen, Hypoglykämie und schwachem Fortpflanzungs-System.

Beeren (gilt für alle Beeren)

Dosha: Verringern *pitta* und *kapha*, verstärken leicht *vata* (besonders trockene Beeren)
Rasa (Geschmack): süß, zusammenziehend (unreife Beeren), sauer
Virya (Energie): kühlend
Vipaka (Nachverdauungs-Effekt): scharf
Prabhava (spezifische Wirkung): kühlend, zusammenziehend, blutreinigend, blutstillend.

Ernährungs-Information:

- Enthalten beträchtliche Anteile an Eisen, Kupfer, Mangan, Zink, Molybdän, Kobalt, Nickel, Chrom, Fluor, Selen, Silikon, Rubidium, Aluminium, Bor, Brom und anderer Spurenelemente.
- Enthalten Elaidinsäurc, eine Substanz, die das Krebsrisiko sehr mindern kann.
- Sind exzellente Antioxidans-Quellen.
- Unreife Beeren wirken gegen übermäßigen Harndrang, unwillentlichen nächtlichen Samenerguss, sexuelle Schwäche und Diarrhöe. Beeren wirken auch als Leber-Tonikum.

- **Brombeeren** eignen sich hervorragend zur Blutbildung und helfen gegen Diarrhöe und Dysenterie. Sie wirken hervorragend gegen Kropf, Cholera, Hämorrhoiden und Insektenstiche. Sie können örtlich angewendet werden, um Brennen oder Stechen abklingen zu lassen. Brombeerborke ist bei örtlicher Anwendung besonders wirkungsvoll. Die Samen können zur Behandlung von Diabetes, Urinzucker, Dehydration oder übermäßigem Durst verwendet werden.

- **Himbeeren** sind relativ *tridoshic*. Sie können während der Schwangerschaft gegen morgendliches Erbrechen verwendet werden. Sie eignen sich sehr gut gegen blutendes Zahnfleisch und überstarke Menstruation. Wenn reif, sind sie großartig zur Blut- und Leberreinigung. Himbeerblätter ergeben einen guten Tee für Frauen. Himbeeren lindern die Gebärschmerzen, da sie den Muskeltonus der Gebärmutterwand kräftigen. Sie sind eine gute Quelle von Vitamin A und C und enthalten einige Mineralien und B-Vitamine. Sie wirken sehr gut bei Fettsucht, Gicht, Arthritis, Diabetes, Verstopfung, Bluthochdruck, Nieren- und Gallensteinen. Allerdings können größere Mengen als ein paar Handvoll Übelkeit und Erbrechen verursachen. Sie sollten nie zusammen mit Milchprodukten gegessen werden.

Birnen

Dosha: Vermindern *pitta* und *kapha*, verstärken *vata* und *kapha* (süße Sorten)
Rasa (Geschmack): süß, zusammenziehend
Virya (Energie): kühlend
Vipaka (Nachverdauungs-Effekt): süß, scharf
Prabhava (spezifische Wirkung): nahrhaft, reizlindernd, abführend, stärkend, fiebersenkend, hustendämpfend.

Ernährungs-Information:

- Guter Lieferant von Faserstoffen.

- Sehr gute Quelle von Vitamin C; dazu Kalzium, Kalium, Phosphor und viele andere Mineralien.
- Wirken gegen Lungenerkrankung und sind hervorragendes Tonikum für die Lungen.
- Wirken gegen Diarrhöe.
- Gut zur Rekonvaleszenz.
- Regen den Appetit an.
- Senken Fieber, wirken gegen Gallenblasenerkrankung und irreguläre Gallenabsonderung, gegen Übersäuerung, vergrößerte Leber, übermäßigen Durst und Flüssigkeitsmangel.
- Hervorragend als Abführmittel; wirkt bei Magenschwierigkeiten, Gicht und Hämorrhoiden.

Datteln

Dosha: Verringern *vata* und *pitta*, vermehren *kapha*. Getrocknete Datteln vermehren leicht *vata;*
Rasa (Geschmack): süß
Virya (Energie): kühlend
Vipaka (Nachverdauungs-Effekt): süß
Prabhava (spezifische Wirkung): nahrhafte Stärkung, aphrodisisch, stärkt die *dhatus* (Gewebe), reizlindernd, abführend, kühlend, Fiebermittel.

Ernährungs-Information:
- Reich an Kalzium, Magnesium, Phosphor und Kalium.
- Liefern beträchtliche Mengen an Ballaststoffen und Eisen.
- Zusammen mit Mandeln ergeben sie ein wunderbares *ojas*-Tonikum.
- Mit *ghee* oder Milch stellen sie ein hervorragendes Stärkungsmittel dar, besonders für das Nervensystem.
- Wirken gegen fiebrige Erkrankungen.

- Vitalisieren das Fortpflanzungssystem und stärken *ojas*.
- Wirken gegen alle Arten von Schäden und *vata*-Erkrankungen, insbesondere Auszehrung.
- Reinigen die Leber und den Verdauungstrakt, beseitigen Blockaden darin. Datteln sind ein sehr effektives Laxativum. Sie wirken auch gegen Infektionen und Darmentzündungen.
- Dank ihres hohen Phosphorgehalts lassen sie sich sehr gut bei zerebraler Schwäche verwenden.

Erdbeeren

Dosha: Verringern *vata* und *pitta*, vermehren sehr *kapha*
Rasa (Geschmack): süß, sauer
Virya (Energie): kühlend, wärmend (sauer)
Vipaka (Nachverdauungs-Effekt): süß, scharf (sauer)
Prabhava (spezifische Wirkung): kühlend, leicht zusammenziehend, blutreinigend, Magensäure bindend (Blätter, Tee), durststillend.

Ernährungs-Information:

- Eine der reichsten Quellen von Kalium und Vitamin A und C. Besitzen hohen Anteil an Natrium und leicht assimilierbarem Eisen. Enthalten einige B-Vitamine, Mineralien und Faserstoffe.
- Alkalisieren dank des hohen Natriumanteils.
- Besitzen starke Antioxidans- und antivirale Eigenschaften.
- Zerlegen Leber-Toxine und üben stärkende Wirkung auf Milz und Pankreas aus.
- Ein traditionelles harntreibendes Mittel mit hervorragendem Heilungseffekt auf die Nieren.
- Auch verwendet zur Linderung von Rheumatismus, Gicht, Bluthochdruck, Verstopfung und zahlreichen anderen *vata*-bezogenen Störungen.
- Wie Himbeeren schützen auch Erdbeeren gegen Viren.

- Wirken gegen und verhindern Krebs, schützen gegen DNA-Beschädigung, behandeln einfache Herpes, sind effektiv gegen Hautstörungen und lindern viele andere *pitta*-bezogene Störungen.
- Sind am besten alleine zu essen (können zwar mit anderen Früchten genossen werden, doch sind optimal allein).

Feigen

Dosha: Verringern *vata* und *pitta*, verstärken *kapha*. Getrocknete Feigen vermehren *vata*
Rasa (Geschmack): süß, zusammenziehend
Virya (Energie): kühlend
Vipaka (Nachverdauungs-Effekt): süß
Prabhava (spezifische Wirkung): nahrhaft, reizlindernd, abführend, antibakteriell.

Ernährungs-Information:

- Feigen sind sehr nahrhaft. Ihr hoher Mineralanteil ähnelt jenem der menschlichen Muttermilch.
- Getrocknete Feigen sind ebenfalls nährstoffreich, zeichnen sich durch hohe Anteile von Ballaststoffen, Kalium, Kalzium, Magnesium und Eisen aus.
- Feigen enthalten große Mengen von Protein, Kalzium, Eisen, Phosphor, Mangan, Natrium, Kalium und Vitamin A, B1 und B2. Schwarze Feigen enthalten außergewöhnlich viel Kalium.
- Weisen hohen Glukose-Anteil auf; Glukose ist einer der am leichtesten zu assimilierenden Fruchtzucker.
- Enthalten große Mengen an Pektin.
- Verhelfen zu Darmstabilität dank abführender und entwässernder Eigenschaften.
- Antioxidans, sehr gut verdaubar und blutreinigend.
- Kräftigen Zahnfleisch, Zähne und Zunge.

• Besitzen mehr Kalzium als Milch und mehr Kalium als Bananen.

• Stimulieren das Immunsystem.

• Hervorragend für die Leber; liefern dem Körper viel Energie.

• Wirken gegen Entzündungen des Harntrakts, Gallensteine, chronischen Husten, Lungen-, Leber- und Nierenschwächen. Effektiv gegen Hämorrhoiden und Darmkrebs. Helfen dabei, Spulwürmer auszuscheiden.

• Medizinische Untersuchungen zeigen, dass der Genuss von Feigen Krebsgeschwüre schrumpfen lässt.

Granatäpfel

Dosha: Vermindern *pitta* und *kapha*, vermehren *vata*. Die saure Sorte verstärken *pitta*.

Rasa (Geschmack): süß, zusammenziehend, sauer

Virya (Energie): kühlend (süße Sorte), wärmend (saure Sorte)

Vipaka (Nachverdauungs-Effekt): süß, scharf

Prabhava (spezifische Wirkung): zusammenziehend, blutreinigend, blutstillend, antiparasitisch (Schale).

Ernährungs-Information:

• Bilden neue rote Blutzellen.

• Haben beträchtlichen Anteil an Vitamin C.

• Helfen, toxische Gallenflüssigkeit auszuleiten und den Gallengang zu reinigen.

• Reinigen Leber und Blut.

• Helfen bei mangehafter Verdauung, Übersäuerung, Gallensteinen, Fieber, Fieberschüben bzw. malariaartigem Fieber, Diarrhöe, Amöben-Dysenterie, übermäßigem Schwitzen und vielen anderen Dysfunktionen des *pitta*-Typs.

• Granatäpfel sind auch für ihre Wirkung gegen Leukorrhöe (Weißfluss) und Bandwurm bekannt.

90

- Ebenfalls sehr gut für Herz, geistige Funktion und Verdauungssystem. Hervorragendes Herztonikum.

Grapefruit/Pampelmuse

Dosha: Vermindern *vata*, vermehren *pitta*, ausgewogen für *kapha*
Rasa (Geschmack): sauer
Virya (Energie): heiß
Vipaka (Nachverdauungs-Effekt): sauer
Prabhava (spezifische Wirkung): Stimulans, schleimlösend, zusammenziehend.

Ernährungs-Information:

- Haben wenige Kalorien und sind hervorragender Lieferant von Flavonoid, wasserlöslichen Faserstoffen, Kalium, Vitamin C und Folsäure. Enthalten viel Zitronensäure.
- Wie andere Zitrusfrüchte besitzen sie antikarzinogene Eigenschaften.
- Grapefruit-Pektin senkt den Cholesterinspiegel.
- Der Genuss einer Grapefruit ein bis zwei Stunden vor dem Schlafen hilft gegen Schlaflosigkeit.
- Wirken gegen Verstopfung und Steinbildung.
- Sehr gutes Mittel gegen Erkältungs- und Grippefieber.
- Gutes Mittel gegen Verhärtungen im körperlichen Gewebe, z. B. in der Leber oder in den Arterien.
- Reduzieren morgendlichen Schleim.
- Helfen gegen Gewichtsabnahme, da sie die Verdauung von Fetten und Zucker fördern.
- Stimulieren Leber und Enzymausschüttung der Bauchspeicheldrüse.
- Helfen bei zahlreichen kardiovaskularen Störungen.

• Die Samenkerne bilden ein natürliches Antibiotikum und wirken gegen Candida.

Kirschen

Dosha: Reduzieren *vata*, vermehren *kapha*, verstärken *pitta* sehr. Saure Kirschen vermindern *vata* und *kapha*, vermehren aber *pitta*.
Rasa (Geschmack): süß, sauer
Virya (Energie): wärmend
Vipaka (Nachverdauungs-Effekt): süß, sauer
Prabhava (spezifische Wirkung): blutreinigend.

Ernährungs-Information:

• Hoher Eisenanteil. Enthält dazu Vitamin A, Phosphor, Kalium und Kalzium.

• Alkalisieren und mineralisieren das Blut.

• Sind bekannt für ihr Säure-Neutralisierungsvermögen.

• Mildern Gicht durch Reduzierung der Säuren (insbesondere Harnsäure).

• Wegen ihres hohen Eisengehalts eignen sich Schwarzkirschen sehr gut zur Behandlung von Blutarmut.

• Wirken gut als Herz-Tonikum, als Blutbilder und generelles Entgiftungsmittel. Wirken auch gegen geistige Erschöpfung, Schlaflosigkeit, Stress, Leberstörungen, Augenproblemen, Lähmung, Arthritis, Rheumatismus und Fettsucht. Regulieren menstruellen Blutausfluss und die Ursachen des prämenstruellen Syndroms (PMS).

• Tonikum für Milz, Pankreas, Leber und Nieren.

Mandarinen

Dosha: Vermindern *vata* und *pitta*, verstärken *kapha*, wenn im Übermaß genossen.
Rasa (Geschmack): süß, sauer

Virya (Energie): kühlend
Vipaka (Nachverdauungs-Effekt): süß
Prabhava (spezifische Wirkung): kühlend, schleimlösend, stimulierend, durststillend.

Ernährungs-Information:

- Hoher Anteil an Phosphor, Magnesium, Kalzium, Vitamin C und vielen anderen Vitaminen.
- Wegen ihres hohen Phosphor- und Kalziumgehalts fördern sie die Bildung von *asthi dhatu* (Knochen- und Skelettgewebe).
- Ihr hoher Magnesiumgehalt stärkt Gelenke und Muskeln, ist gut für den Darm und das Nervensystem.
- Der hohe Vitamingehalt wirkt gegen Infektionen.
- Mandarinen regen den Appetit an und beruhigen den Magen.
- Hervorragend geeignet gegen Husten, Erbrechen und Schleimauswurf.

Mangos

Dosha: Verringern *vata* und *pitta*, verstärken *kapha*
Rasa (Geschmack): süß
Virya (Energie): wärmend
Vipaka (Nachverdauungs-Effekt): süß
Prabhava (spezifische Wirkung): reizlindernd, entwässernd, zusammenziehend, kühlend. Unreife Mangos sind sauer und zusammenziehend; sie verringern *kapha* und verstärken *pitta*. Im unreifen Zustand wird *virya* kühlend und *vipaka* scharf. Falls sie zu Chutney verarbeitet werden, bleibt *virya* wegen des dabei verwendeten Zuckers wärmend.

Ernährungs-Information:

- Reich an Vitamin A und C.
- Gute Quelle von Vitamin E und Eisen

- Reife Mangos enthalten viel Beta-Karotin.
- Sind sehr nahrhaft.
- Helfen gegen Magenübersäuerung.
- Wirken gegen nervöse oder schwache Verdauung, Verstopfung und allgemeine Schwäche.
- Eignen sich hervorragend zur Stärkung von Vitalität, Potenz, *shukra dhatu* (Samen) und bewirken schimmernde Haut.
- Mango-Schalen wirken gegen Darmprobleme wie Dysenterie, Diarrhöe und Hämorrhoiden.
- Sehr empfehlenswert während der Schwangerschaft. Bei der stillenden Mutter regen sie auch die Milchproduktion an.
- Trinkt man eine Tasse heiße Milch mit einem Teelöffel *ghee* eine Stunde nach Verzehr einer reifen Mango, so erhöht das die Stärke, Vitalität und Immunabwehr.
- Unreife, saure Mangos, verarbeitet zu Chutney und mit dem Essen eingenommen, erhöhen die Verdauungskraft.

Melonen

Dosha: Verringern *pitta*, verstärken *vata* und *kapha*.
Rasa (Geschmack): süß
Virya (Energie): kalt
Vipaka (Nachverdauungs-Effekt): süß
Prabhava (spezifische Wirkung): kühlend, fiebersenkend, entwässernd, aphrodisisch.

Ernährungs-Information:

- Sollten immer allein gegessen werden, da sie nicht gut zu anderen Nahrungsmitteln passen (auch nicht zu anderen Früchten). Nicht zur Nachtzeit essen.
- Liefern reichlich Kalium und Vitamin A, B und C.

- Die orangefarbenen Sorten enthalten außergewöhnlich viel Beta-Karotin.
- Sehr hoher Silikongehalt, besonders in der Schale.
- Reife Melonen sind erfrischend, alkalisierend, mineralisierend, wirken als Antioxidans und entwässernd.
- Blutgerinnungshemmend.
- Melonen sind exzellente Lieferanten von destilliertem Wasser mit den besten Mineralien.
- Sehr geeignet gegen Überhitzung und Hitzschlag, Fieber, Durst, Dehydrierung, durch Hitze hervorgerufene Reizbarkeit, Brennen beim Wasserlassen und jede Störung des *pitta*-Typs.
- Hervorragend zur Reinigung des Bluts und der Gewebezellen.
- Sehr gut gegen typhöses Fieber.

Orangen

Dosha: Vermindern *vata*, verstärken *kapha* und *pitta* (die saure Sorten oder wenn im Übermaß genossen)
Rasa (Geschmack): süß, sauer
Virya (Energie: wärmend
Vipaka (Nachverdauungs-Effekt): süß
Prabhava (spezifische Wirkung): stimulierend, schleimlösend, kühlend, appetitanregend, Mittel gegen Blähungen (Schale).

Ernährungs-Information:

- Orangen bilden die reichste Quelle an Vitamin C und Bio-Flavonoiden.
- Sie stärken die natürliche Immunabwehr des Körpers. Vitamin C spielt eine vitale Rolle für die Infektionsresistenz, sowohl als Antioxidans wie auch als unterstützender Faktor bei der Eisenabsorption.
- Antikarzinogen: In zahlreichen klinischen Studien zeigte sich, dass Patienten, die größere Mengen von Orangen oder anderen

Zitrusfrüchten essen, in geringerem Maß zu vielen Arten von Krebs neigten. Orangen sind bei Prävention und bei Behandlung von Krebs von wohltuender Wirkung.

- Das Pektin in Orangen hilft, den Cholesterinspiegel zu senken.
- Die Flavonoide und das Vitamin C fördern die Zellwandstärke und unterstützen damit die Blutzirkulation in den Kapillargefäßen.
- Sehr gut geeignet, um Übersäuerung, Verstopfung oder Darmträgheit zu behandeln.
- Wirken gegen Husten, Diabetes, Bronchitis, Leber- und Herzstörungen und Erbrechen.
- Harmonisieren den Magen.
- Sehr gute Blutreiniger.

Papayas

Dosha: Vermindern *vata*, stärken *kapha* und *pitta*
Rasa (Geschmack): süß, sauer
Virya (Energie): wärmend
Vipaka (Nachverdauungs-Effekt): süß
Prabhava (spezifische Wirkung): stimulierend, verdauungsunterstützend, stärkend, reizlindernd, abführend.

Ernährungs-Information:

- Reich an Vitamin A, B, C und D
- Reich an Kalzium, Phosphor und Eisen.
- Exzellent als Morgenmahlzeit, da sie großen Nährwert besitzen und leicht verdaubar sind.
- Hervorragende Nahrung für Kinder, da sie wachstumsfördernd sind.
- Die Papaya hat stark verdauungsfördernde Eigenschaften und magenregulierende Wirkung.

- Papayas helfen, das Verdauungssystem zu reinigen.
- Unterstützen die Aufrechterhaltung des Säure-Basen-Gleichgewichts im Körper.
- Werden zur Behandlung von Magengeschwüren und Fieber eingesetzt.
- Sehr gut während der Genesung.
- Großartig zur Behandlung von Pankreas und anderen Verdauungsschwierigkeiten, da sie den Zuckermetabolismus regulieren.
- Stimulieren Verdauungsenzyme.
- Gut gegen Husten und Lungenprobleme.
- Lokal angewendet können sie Hauterkrankungen wie Entzündung, Ekzeme und Hitzeausschlag behandeln.

Pfirsiche

Dosha: Vermindern *vata*, verstärken *kapha* und *pitta*
Rasa (Geschmack): süß, zusammenziehend, sauer
Virya (Energie): wärmend
Vipaka (Nachverdauungs-Effekt): süß, scharf
Prabhava (spezifische Wirkung): reizlindernd, abführend, kühlend.

Ernährungs-Information:
- Gute Quelle von Vitamin C und A, Kalium und Ballaststoffen.
- Nützlich bei Lungenschwäche, Leberinfektion, Krebs, Geschwüren, Herpes, Rheumabeschwerden, Bluthochdruck und Blutarmut.
- Unterstützen die Menstruation, die kindliche Entwicklung und die Rekonvaleszenz.
- Tragen zur Heilung beschädigter Körpergewebe bei.

Pflaumen

Dosha: Vermindern *vata* und *pitta*, verstärken *kapha*
Rasa (Geschmack): süß
Virya (Energie): kühlend
Vipaka (Nachverdauungs-Effekt): süß
Prabhava (spezifische Wirkung): kühlend, abführend, blutreinigend, durststillend.
Die chinesische schwarze Pflaume (umeboshi) dagegen ist sauer und zusammenziehend; *virya* ist mehr wärmend und *vipaka* scharf; sie verstärkt *pitta*. –
Pflaumen wirken verdauungsstimulierend, antibakteriell, antiparasitisch und hustendämpfend.

Ernährungs-Information:

- Reich an Magnesium, Natrium, Phosphor und Kalium. Weisen auch beträchtlichen Gehalt an Vitamin C auf.
- Liefern nützliche Menge an Eisen.
- Haben sehr gute abführende Wirkung.
- Sie sind hilfreich, um Leber und Verdauungssystem zu reinigen und von Verstopfungen zu befreien, auch um Darmentzündung und Darmgrippe zu überwinden.
- Aufgrund ihres hohen Phosphorgehalts bringen sie beim Einsatz gegen zerebrale Schwäche sehr gute Resultate.
- Hilfreich bei schwachem Immunsystem, Fieber und trockenem Husten.

Preiselbeeren

Dosha: Reduzieren *pitta*, stärken *vata* und *kapha*
Rasa (Geschmack): sauer, zusammenziehend
Virya (Energie): wärmend
Vipaka (Nachverdauungs-Effekt): scharf

Prabhava (spezifische Wirkung): diuretisch, blutreinigend, blutstillend.

Ernährungs-Information:

- Tragen zur Verhinderung und Behandlung von Harntrakt-Infektionen und Zystitis bei Frauen bei. Der am meisten verbreitete Bakterienstamm, der auch Infektionen des Harntrakts verursacht, *Escherichia coli (E. coli)*, wächst und vermehrt sich, indem er sich an den Wänden des Darms und der Blase anheftet. Eine nicht identifizierte Substanz in den Preiselbeeren blockiert dieses Anheften.

- Enthalten große Mengen an Vitamin C.

- Unterstützen die natürliche Immunabwehr des Körpers.

- Besitzen antifungizide und antivirale Eigenschaften.

- Verhindern Nierensteine; geringe Mengen von Preiselbeeren reduzieren den Kalzium-Anteil im Urin und verhindern so die Steinbildung.

- Sie wirken gegen *pitta*-Störungen wie Hautausschlag, unreines Blut, Harnbrennen und Ödeme.

Trauben (rote, violette und schwarze)

Dosha: Verringern *vata*, vermehren *pitta* und *kapha*
Rasa (Geschmack): süß
Virya (Energie): kühlend
Vipaka (Nachverdauungs-Effekt): süß

Trauben (grüne)

Dosha: Verringern *vata*, vermehren *pitta* und *kapha*
Rasa (Geschmack): sauer
Virya (Energie): heiß
Vipaka (Nachverdauungs-Effekt): scharf
Prabhava (spezifische Wirkung): kühlend, durststillend, nahrhaft, reizlindernd, entwässernd, blutstillend, abführend, aphrodisisch.

Ernährungs-Information:

- Haben große Mengen von Vitamin A, C und P (Bioflavonoid), enthalten das Spurenelement Selen.
- Hoher Wasser- und Magnesiumgehalt.
- Dunkle Trauben enthalten viel Eisen.
- In der ayurvedischen Medizin haben Weintrauben höchsten Stellenwert und werden in Hunderten von pflanzlichen Arzneien verwendet.
- Reduzieren Tumore dank ihrer blutreinigenden Wirkung und ihrer Kräftigung des Immunsystems.
- Wirken verjüngend bei Erkrankungen des *vata*-Typs und bei Körpern, die durch Krebs oder Immuninsuffizienz sehr beschädigt oder geschwächt wurden.
- Traubenzucker wird leicht verdaut und vom Blut assimiliert.
- Dienen als Stärkungsmittel, da sie alle *dhatus* (Gewebe) mineralisieren und verjüngen.
- Fördern die Darmtätigkeit, reinigen die Leber und unterstützen die Nierenfunktion.
- Wegen ihres hohen Wasseranteils können sie verhärtete Ablagerungen im ganzen Körper ausschwemmen.
- Besänftigen das Nervensystem.
- Wegen ihres hohen Eisengehalts sind sie sehr zur Blutbildung geeignet.
- Bringen sofortige Erleichterung bei Flüssigkeitsmangel, Fieber, brennender oder schmerzhafter Atmung.
- Sehr gut bei auszehrenden Erkrankungen des *vata*-Typs und entzündlichen Erkrankungen des *pitta*-Typs.
- Hervorragendes Stärkungsmittel für die Augen.
- Wirken gegen Übersäuerung, Gicht und Ödeme.
- Verhindern Zahnfleischerkrankungen und Zahnverfall.

- Reinigen alle *dhatus* und Drüsen.
- Rosinen haben ähnliche Wirkungen, verstärken dabei in geringerem Maß *kapha*, vermehren aber *vata* sehr.

Zitronen

Dosha: Vermindern *vata* und *kapha*, verstärken *pitta*.
Rasa (Geschmack): sauer, zusammenziehend
Virya (Energie): heiß
Vipaka (Nachverdauungs-Effekt): sauer
Prabhava (spezifische Wirkungsweise): abführend, schleimlösend, kühlend, zusammenziehend, durststillend, verdauungsanregend.

Ernährungs-Information:

- Eins der alkalireichsten Lebensmittel!
- Sehr reich an Zitronensäure und Vitamin C
- Enthalten Phosphor, Magnesium, Kalium, Natrium und Kalzium.
- Sind antiseptisch und schützen vor Gärung in Magen und Darm.
- Können alle Mikroben zerstören und Resistenz gegen Keime schaffen.
- Hervorragend geeignet gegen Fieber und Grippe, auch zur inneren Reinigung des Körpers.
- Unterstützen die Assimilation und die Kalzium-Retention im Körper.
- Sehr gut gegen alle Arten von Lungenkrankheiten.
- Zusammen mit Salz wirken Zitronen gegen Hitzschlag.
- Stoppen Blutungen von Lunge, Nieren, Uterus und Magendarmtrakt.
- Als immunstimulierendes Mittel wirken sie sehr gut gegen Skorbut, Fieber und Entzündungen.
- Wunderbar für alle Arten von *vata*-Erkrankungen wie Rheumatismus, Arthritis, Gicht, Neuralgien.

- Wirken gegen viele *pitta*-Dysfunktionen wie toxisches Blut, Hautprobleme, Entzündungen, Leber- und Pankreasstörungen, Gallensteine.

Gemüse

Gemüse weist viele unterschiedliche Geschmacksrichtungen auf, doch im Durchschnitt ist es süß. Daneben gibt es eine ganze Reihe bitterer Gemüsesorten. Generell ist Gemüse von *sattvischem* Charakter (obgleich nicht so *sattvisch* wie Obst), aber es findet sich auch eine ganze Zahl *rajasischen* Gemüses. Wurzelgemüse ist meist schwer und nahrhaft, vermindert in der Regel *vata*, verstärkt *kapha* und bleibt relativ neutral hinsichtlich *pitta*. Doch gibt es etliche Gemüsearten, die *vata* vermehren, etwa Kohl, Blumenkohl, Broccoli und Sellerie. Dank seines leichteren Charakters verringert dunkles Blattgemüse *kapha* und *pitta* und verstärkt *vata*. Dunkles Blattgemüse eignet sich hervorragend zur Blutreinigung, ist aber, trotz großer Anteile an Vitaminen und Mineralien, nicht nährstofffreich. Im Allgemeinen benötigen Menschen mit *vata*-Konstitution gekochtes oder gedünstetes Gemüse mit Öl und Gewürzen. *Pitta*-Konstitutionen brauchen ein Gleichgewicht von rohem und gedünstetem Gemüse, das nicht zu sehr gewürzt ist. Auch frisch gepresste Gemüsesäfte tun *pitta* gut. Für *Kapha*-Personen ist gekochtes oder gedünstetes und gewürztes Gemüse am besten. *Kapha*-Typen brauchen *sattvische* Nahrung; deshalb ist biologisches, aus der Region stammendes und saisonales Gemüse optimal.

Artischocken

Dosha: Vermindern *pitta* und *kapha*, große Mengen verstärken *vata*

Rasa (Geschmack): süß, zusammenziehend

Virya (Energie): wärmend
Vipaka (Nachverdauungs-Effekt): süß
Prabhava (spezifische Wirkung): blutreinigend, blutstillend, entwässernd.

Ernährungs-Information:

- Große Mengen von Kalzium, Magnesium, Mangan, Phosphor, Eisen und Niacin.
- Enthalten einen großen Anteil an Vitamin C und stärken daher das Immunsystem.
- Sind hervorragend zur Reinigung von Leber und Gallenblase.
- Vermindern menstruelle Blutung.
- Senken Cholesterinspiegel.
- Guter Lieferant von Ballaststoff.

Auberginen

(Anmerkung: Im ayurvedischen Traktat *Charaka Samhita* wird die Aubergine als Frucht, nicht als Gemüse aufgeführt. Doch wird sie im vorliegenden Buch wegen des heutigen Wortgebrauchs im Abschnitt Gemüse beschrieben.)
Dosha: Die runde Sorte vermindert *vata* und *kapha*, verstärkt *pitta*; die länglich schmale Sorte vermehrt *vata* und *kapha*
Rasa (Geschmack): scharf, zusammenziehend, bitter
Virya (Energie): wärmend
Vipaka (Nachverdauungs-Effekt): scharf
Prabhava (spezifische Wirkung): reizstillend, nahrhaft, leicht abführend, entwässernd, antikarzinogen, Anti-Krampfmittel.

Ernährungs-Information:

- Hilfreich bei Herz- und Fiebererkrankungen.
- Hilft bei schwachen oder getrübten Augen, hohem Cholesterinspiegel, Arteriosklerose, Krämpfen und Epilepsie.

- Hilfreich zur arteriellen Erneuerung.
- Sinnvoll bei Dysenterie.
- Regen das Immunsystem an.
- Da sie zur Familie der Nachtschattengewächse gehören, können sie Allergien, Bedingungen des *pitta*-Typs und Arthritis verstärken, Entzündungen und Säurebildung verursachen.

Bittermelonen

Dosha: Vermindern *pitta* und *kapha*, vermehren *vata*
Rasa (Geschmack): bitter
Virya (Energie): kalt
Vipaka (Nachverdauungs-Effekt): scharf
Prabhava (spezifische Wirkung): blutreinigend, fieberverhütend, Magensäure neutralisierend, antiparasitisch.

Ernährungs-Information:

- Haben sehr hohen Gehalt von Vitamin C.
- Wie die meisten bitteren Nahrungsmittel sind auch sie ausgezeichnet zur Reinigung von Leber, Galle, Blut und Lymphe.
- Eins der am besten geeigneten Nahrungsmittel bei Diabetes und alle Arten von Nierenproblemen, da sie die Glukose-Toleranz erhöhen, ohne den Insulinspiegel im Blut zu erhöhen.
- Hilfreich gegen Würmer im Darm.
- Haben ausgezeichnete Immunsystem-stärkende Eigenschaften und wirken gegen vorhandene Immunstörungen.
- Hilfreich zur Gewichtsreduzierung.
- Verkleinern Tumore.
- Wirken gegen Fieber, Diarrhöe, und Blutarmut.

Blumenkohl

Dosha: Vermindert *pitta* und *kapha*, vermehrt *vata*

Rasa (Geschmack): süß, zusammenziehend
Virya (Energie): kühlend
Vipaka (Nachverdauungs-Effekt): scharf
Prabhava (spezifische Wirkung): reizstillend, nahrhaft.

Ernährungs-Information:

- Hoher Anteil an Vitaminen und Mineralien
- Großartig geeignet zur Gewichtsabnahme.
- Reinigt Leber, Gallenblase und Magen-Darmtrakt.
- Reduziert das Krebsrisiko, besonders Krebs von Dickdarm und Magen.
- Hervorragend bei Diabetes und Nierenschwäche.
- Stärkt Immunabwehr

Broccoli

Dosha: Verringert *pitta* und *kapha*, verstärkt *vata*, besonders wenn roh verzehrt
Rasa (Geschmack): süß, scharf, leicht bitter
Virya (Energie): kühlend
Vipaka (Nachverdauungs-Effekt): scharf
Prabhava (spezifische Wirkung): antikarzinogen; Immunstimulans.

Ernährungs-Information:

- Exzellenter Lieferant von Vitamin A, C und E, sowie von Kalzium und mehreren anderen Mineralien.
- Antikarzinogen
- Stärkt Immunabwehr.
- Sehr gut bei allen Erkrankungen, die mit den Augen zusammenhängen.
- Reinigt und verjüngt Leber und Gallenblase.
- Guter Chlorophyll-Lieferant.

- Wirkt gegen übermäßige Hitzestörungen (*pitta*).
- Entgiftet Blut und Haut.

Grüne Erbsen

Dosha: Reduzieren *pitta* und *kapha*, verstärken *vata*
Rasa (Geschmack): zusammenziehend
Virya (Energie): kühlend
Vipaka (Nachverdauungs-Effekt): scharf
Prabhava (spezifische Wirkung): blutreinigend, zusammenziehend.

Ernährungs-Information:

- Guter Lieferant von Faserstoffen, Eiweiß, Kalzium, Phosphor und Vitamin A und B-Komplex.
- Ausgezeichnet für Blutreinigung und Regulierung des Blutzuckerspiegels.
- Wohltuende Wirkung auf Leber, Milz, Pankreas und Magen.
- Hilfreich zur Verhinderung von Dickdarm- und Blinddarmentzündung sowie Magengeschwüren.
- Senken Cholesterinspiegel und Blutdruck.
- Besitzen antikarzinogene Eigenschaften.
- Bieten Proteine mit wenig Kalorien.

Grüner Blattsalat

Dosha: Vermindert *pitta*, verstärkt *vata* und *kapha*
Rasa (Geschmack): süß, zusammenziehend
Virya (Energie): kühlend
Vipaka (Nachverdauungs-Effekt): süß, scharf
Prabhava (spezifische Wirkung): zusammenziehend, entwässernd, blutreinigend.

Ernährungs-Information:

- Grüner Blattsalat wirkt kühlend, beruhigend und klärend für Geist und Gefühl.
- Hilft, innere und äußere Hitzegefühle zu besänftigen.
- Hervorragend zur Nervenberuhigung.
- Trägt zur Reinigung des Blutes und der Lymphflüssigkeit bei.

Grünkohl

Dosha: Vermindert *pitta* und *kapha*, verstärkt *vata* (besonders wenn roh gegessen)
Rasa (Geschmack): zusammenziehend
Virya (Energie): kühlend
Vipaka (Nachverdauungs-Effekt): scharf
Prabhava (spezifische Wirkung): blutreinigend, antikarzinogen.

Ernährungs-Information:

- Eine der Gemüsesorten, die am stärksten blutreinigend und antikarzinogen wirken. Wirkt gegen jede Art von Krebs: Lunge, Magen-Darmtrakt, Brust, Speiseröhre, Mund-Gaumen, Blase, Prostata etc.
- Hervorragend für Leber und Gallenblase.
- Enthält Lutein und Zeaxanthin, die beide die Augen stärken, dazu Auftreten von Altersflecken und Dickdarm-Krebsrisiko reduzieren.
- Hohe Anteile an Chlorophyll, Vitamin A und C, Riboflavin, Niacin, Kalzium, Magnesium, Eisen, Schwefel, Natrium, Kalium und Phosphor.
- Verglichen mit anderem Gemüse ist das Kalzium im Grünkohl am leichtesten zu assimilieren.

Gurken

Dosha: Vermindern *vata* und *pitta*, verstärken *kapha*
Rasa (Geschmack): süß, zusammenziehend
Virya (Energie): kühlend
Vipaka (Nachverdauungs-Effekt): süß
Prabhava (spezifische Wirkung): kühlend, entwässernd.

Ernährungs-Information:

• Gurken unterstützen den Körper dabei, Vitamine zu absorbieren, besonders wenn sie mit Zitronensaft, Pfeffer und Salz zubereitet sind.

• Stillen Durst und hemmen Entzündungen des Harntrakts, helfen bei unzureichendem Wasserlassen sowie bei Milz- und Magenbeschwerden.

• Enthalten Erepsin, ein eiweißspaltendes Verdauungsenzym, das auch dazu beiträgt, den Darm von Toxinen und Parasiten, wie etwa Bandwürmer, zu reinigen.

• In Scheiben auf die Haut gelegt können sie kleine Wunder bewirken, auch Ausschlag und Brandwunden lindern.

• Reinigen das Blut, beseitigen Akne und lassen Hautentzündungen abklingen.

• Treiben Schleim und Hitze aus der Lunge.

Karotten

Dosha: Vermindern *vata* und *kapha*, verstärken *pitta*
Rasa (Geschmack): süß, zusammenziehend
Virya (Energie): die Karotte wirkt erwärmend, der Karottensaft kühlend
Vipaka (Nachverdauungs-Effekt): süß, scharf
Prabhava (spezifische Wirkung): reizlindernd, nahrhaft, verdauungsanregend, entwässernd, blutreinigend, antiseptisch.

Ernährungs-Information:

- Exzellente Quelle von Kalzium und Vitamin A, C und D
- Verbessern den Blutdurchfluss und tragen zur Blutneubildung bei.
- Sehr gut geeignet bei allen problematischen Leberbedingungen.
- Hervorragend gegen zahlreiche Leiden, einschließlich Rachitis, Gicht, Kolitis, Verstopfung, Arthritis, Ödeme, Gelbsucht, Hepatitis, Herzkrankheit, Haut- und Dickdarmprobleme.
- Ausgezeichnet gegen Krebs, insbesondere Lungen- oder Dickdarmkrebs.
- Helfen, die Knochen zu stärken und tragen zur Gesundung von Zähnen, Augen und Haaren bei.
- Karottensaft eignet sich sehr gut gegen Hämorrhoiden und alle Arten von Krebs.

Kartoffeln

Dosha: Vermindern *pitta* und *kapha*, verstärken *vata*.
(Anmerkung: In *ghee* und Gewürzen gebratene Kartoffeln vermindern zwar *vata,* doch gehören sie zur Familie der Nachtschattengewächse und werden daher, bei übermäßigem Verzehr, *vata* und *pitta* bis zu gewissem Grad verstärken.)
Rasa (Geschmack): zusammenziehend, süß
Virya (Energie): kühlend
Vipaka (Nachverdauungs-Effekt): süß
Prabhava (spezifische Wirkung): nahrhaft, stärkend, entwässernd.

Ernährungs-Information:

- Enthalten beträchtliche Menge an Kalium und helfen den Blutdruck zu senken.
- Vermindern Übersäuerung, bringen den Basen-Haushalt ins Gleichgewicht, lindern Geschwüre von Magen und Zwölffingerdarm.
- Gute antikarzinogene und stärkende Nahrung.

- Hemmen Entzündungen, außer bei Arthritis.
- Hilfreich zur Vermehrung der Brustmilch.
- Der rohe Saft ist antibakteriell.
- Reduzieren Diarrhöe.
- Kartoffeln gehören zu den Nachtschattengewächsen und könnten bei Personen mit Lebensmittelallergien allergische Reaktionen hervorrufen.

Kohl

Dosha: Vermindert *pitta* und *kapha,* verstärkt *vata*
Rasa (Geschmack): süß, zusammenziehende
Virya (Energie): kühlend
Vipaka (Nachverdauungs-Effekt): scharf
Prabhava (spezifische Wirkung): blutreinigend, antikarzinogen.

Ernährungs-Information:

- Große Mengen an Kalzium und Schwefel, Vitamin A und C, neben zahlreichen anderen Mineralien.
- Hervorragend gegen blutende Magengeschwüre. Studien zeigen, dass Kohl sehr geeignet ist, Darmkrebs zu behandeln und zu verhindern.
- Reguliert die Milz, Bauchspeicheldrüse und Magen; wirkt gegen Unterleibsschmerz, -krämpfe und -geschwüre.
- Lindert Verstopfung und beseitigt Gifte des Darms.
- Wirkt gegen Depression und Reizbarkeit.
- Im alten Rom wurde Kohl als Mittel gegen Kater benutzt.
- Gut bei Hautproblemen wie Ekzemen, Ausschlag und Hitzebläschen.
- Hilfreich zur Heilung von Entzündungen und zur Stärkung der Körperabwehr.
- Antibakteriell und antiviral.

- Gut verwendbar bei Rheumatismus, Eiterfluss, Augenkrankheiten, Asthma, Tuberkulose und mangelhafter Immunabwehr.

Kürbisse:
Eichelkürbis und Butternusskürbis

Dosha: Balancieren alle drei *doshas*
Rasa (Geschmack): süß, zusammenziehend
Virya (Energie): kühlend
Vipaka (Nachverdauungs-Effekt): scharf
Prabhava (spezifische Wirkung): nahrhaft, schleimlösend, reizlindernd.

Ernährungs-Information:

- Hoher Vitamin A-Gehalt.
- Ein nahrhaftes Tonikum gegen allgemeine Erschöpfung und Schwäche.
- Gut gegen trockenen Husten und Kehlkopfentzündung
- Hilft, den Blutzuckerspiegel zu regulieren.

Winterkürbisse

Dosha: Vermindert *vata* und *pitta*, verstärkt *kapha*
Rasa (Geschmack): süß, zusammenziehend
Virya (Energie): wärmend
Vipaka (Nachverdauungs-Effekt): scharf
Prabhava (spezifische Wirkung): reizlindernd, schleimlösend.

Ernährungs-Information:

- Bietet dieselben ernährungsmäßigen Pluspunkte wie alle anderen Kürbissorten.
- Ist eine nahrhafte Stärkung, die zur Kräftigung und zum Aufbau des Körpers beiträgt.

Meerespflanzen (Arame-Tang, Agar-Rotalgen, Flügeltang,

Blasentang, Lappentang, Hiziki-Braunalgen, Knorpeltang, Seetang, Kombu-Tang, Nori-Algen, Braunalge Postelsia palmaeformis, Wakame-Braunalge)

Dosha: Reduzieren *vata* und *pitta*, verstärken *kapha*, wenn im Übermaß verzehrt.

Rasa (Geschmack): salzig, zusammenziehend

Virya (Energie): kühlend

Vipaka (Nachverdauungs-Effekt): süß

Prabhava (spezifische Wirkung): blutreinigend.

Ernährungs-Information:

* Enthalten große Mengen vonan allen wesentlichen Spurenelementen und ionischen Mineralien. Meerespflanzen besitzen mehr Vitamine und Mineralien als alle anderen Nahrungsmitteln.

* Sie haben sehr hohen Eiweißgehalt (bis zu 38%) und Eisenanteil.

* Sie ernähren das Blut und das Blutplasma.

* Wirken gegen Ödeme.

* Entfernen Staus im Körper und lassen Tumore und Zysten abklingen.

* Besitzen zahlreiche altershemmende Eigenschaften.

* Reduzieren Cholesterin.

* Stärken Verdauung und wirken gegen Fettsucht.

* Eliminieren Schwermetalle und radioaktive Schadstoffe.

* Wirken als Antibiotikum.

* Hervorragend geeignet bei Unterfunktion der Schilddrüse.

* Agar-Meeralgen beseitigen Giftstoffe und radioaktive Schadstoffe; sie sind auch eine sehr gute Quelle von Vitamin K.

* Hijiki und Wakame enthalten die höchste Kalzium-Menge unter den Meerespflanzen. Eine Tasse Hijiki hat mehr Kalzium und Eisen als eine Tasse Milch, ist dazu reich an Eiweiß und Vitamin A und B-Komplex.

- Arame-Tang wirkt sehr gut auf das weibliche Fortpflanzungssystem dank seines hohen Anteils an Vitamin A und Vitamin-B-Komplex sowie Jod, Kalzium und Eisen.
- Kelp-Seetang und Knorpeltang sind ausgezeichnete Lieferanten von Kalzium, Kalium, Magnesium und Eisen; sie bewähren sich bei Schilddrüsenproblemen.
- Nori-Algen besitzen viel Eiweiß und Vitamin B1, B2, B6, B12, C und E. Sie helfen bei Prostata- und Schilddrüsenbeschwerden.

Okra-Schoten

Dosha: Tridoshic
Rasa (Geschmack): süß, zusammenziehend
Virya (Energie): kühlend
Vipaka (Nachverdauungs-Effekt): süß
Prabhava (spezifische Wirkung): entwässernd, reizlindernd, aufweichend, blutreinigend, aphrodisisch, stärkend.

Ernährungs-Information:

- Sehr gut gegen schwierige, schmerzhafte oder brennende Miktion (Wasserlassen).
- Enthält große Menge an Beta-Karotin, Vitamin-B-Komplex und Vitamin C.
- Wirkt gegen Fieber, Magengeschwüre, Diarrhöe, Dysenterie und zahlreiche andere Darmprobleme wie etwa spastischer Dickdarm, Divertikulitis und Verstopfung.
- Geeignet gegen Spermatorrhöe, Leukorrhöe, Gonorrhöe, etc.

Pilze

Dosha: Vermindern *pitta* und *kapha*, vermehren *vata*
Rasa (Geschmack): süß, zusammenziehend
Virya (Energie): wärmend
Vipaka (Nachverdauungs-Effekt): scharf

Prabhava (spezifische Wirkung): entwässernd, zusammenziehend, blutstillend.

Ernährungs-Information:

- Pilze enthalten kein Chlorophyll wie andere Gemüse und haben *tamasische* Eigenschaft.
- Sie sind für eine yogische oder ayurvedische Ernährungsweise generell nicht empfehlenswert.
- Man stellte fest, dass Pilze Toxine absorbieren und dann eliminieren.
- Sie sind hilfreich gegen Ödeme, Fettsucht und hohen Cholesterinspiegel.
- Neuere Untersuchungen zeigten, dass medizinische Pilze auch im Kampf gegen Krebs eingesetzt werden könnten. Die traditionelle chinesische Medizin hat seit Tausenden von Jahren Pilze gegen Krebs eingesetzt.
- Ihre Geschichte belegt auch, dass Pilze Antitumor- Eigenschaften haben und dazu Langlebigkeit fördern können (besonders die *reishi*-Sorten).
- Pilze enthalten viel Eiweiß, Zink und Vitamin B2.

Rettiche

Dosha: Vermindern *vata* und *kapha*, verstärken *pitta*
Rasa (Geschmack): scharf, zusammenziehend.
Virya (Energie): wärmend
Vipaka (Nachverdauungs-Effekt): scharf
Prabhava (spezifische Wirkung): appetit- und verdauungsanregend, schleimlösend, hustenhemmend, entwässernd, antiparasitisch.

Ernährungs-Information:

- Enthalten beträchtliche Mengen von Spurenelementen, Kalium und Vitamin A, B-Komplex und C.

- Helfen, schweres Essen oder umfangreiche Mahlzeiten zu verdauen.
- Wirken ausgezeichnet gegen Erkältung, Grippe, Infektion des Atmungssystems, Kehlkopfentzündung, Nebenhöhlenentzündung und Immunschwäche.
- Antibakteriell, antifungizid.
- Reinigen Leber und Gallenblase und helfen, Gallensteine aufzulösen.
- Helfen, Würmer aus dem Darm zu treiben.

Rote Beete

Dosha: Vermindern *vata*, verstärken *pitta* und *kapha* (wenn im Übermaß genossen)
Rasa (Geschmack): süß
Virya (Energie): wärmend
Vipaka (Nachverdauungs-Effekt): süß
Prabhava (spezifische Wirkung): blutreinigend, reizstillend, abführend, stärkend.

Ernährungs-Information:
- Besitzen etwas Vitamin A, B und C.
- Gute Quelle von Kalzium, Eisen, Magnesium und Phosphor.
- Hervorragend als Blutbilder und Bluttonikum.
- Gut für gesunde Menstruation.
- Ausgezeichnet für Herz und Blutkreislauf.
- Der Saft der roten Beete ist eine noch stärkere Arznei als die roten Beete selbst und wirkt hervorragend bei allen Schwächen des *vata*-Typs.
- Die Blätter der roten Beete sind geeignet, lymphatisches System, Leber und Gallenblase zu reinigen.

- Hilfreich bei Verdauungsproblemen und Blutarmut, da sie neue rote Blutkörperchen bilden.

Sellerie

Dosha: Vermindert *pitta* und *kapha*, vermehrt *vata*
Rasa (Geschmack): süß, salzig, zusammenziehend
Virya (Energie): kühlend
Vipaka (Nachverdauungs-Effekt): scharf
Prabhava (spezifische Wirkung): zusammenziehend, nervenstärkend, entwässernd.

Ernährungs-Information:

- Sellerie unterstützt die Klärung von Verstand und Gefühl, schärft die geistige Wahrnehmung und ist für Meditation hilfreich. Er ist artverwandt mit *brahmi* und *gotu kola* (zwei ayurvedische Kräuter, die für Geist, Gedächtnis und Meditation hilfreich sind).
- Exzellente Quelle von Mineralien, die von allen *doshas* benötigt werden.
- Hilft bei Schwindelgefühl, Kopfschmerz, Arthritis, Rheumatismus, Gicht, Nebennierenschwäche, Diabetes, Nierensteinen, Gewichtsverlust und vielen Krebsarten. Auch gut zur Senkung des Blutdrucks und zum Stressabbau.
- Sehr gut zur Blutreinigung und Verdauungsanregung.
- Wird auch zur Behandlung von Kater und Kopfschmerzen angewendet.
- Hilfreich zur Leberheilung und bei Nierenproblemen; sehr gut bei urogenitalen Entzündungen.
- Gut für die Nerven.

Senfblätter

Dosha: Reduzieren *vata* (gekocht) und *kapha*, verstärken leicht *pitta*

Rasa (Geschmack): bitter, scharf
Virya (Energie): wärmend
Vipaka (Nachverdauungs-Effekt): scharf
Prabhava (spezifische Wirkung): anregend, schleimlösend.

Ernährungs-Information:

- Enthalten viel Kalzium, Eisen, Niacin und Vitamin A.
- Hilfreich für die Funktion des Dickdarms.
- Wie Grünkohl sind auch Senfblätter stark antikarzinogen.
- Gut für Knochen, Zähne und Haare.
- Die Senfkörner helfen, Schleim und übermäßiges *kapha* im Körper zu beseitigen.

Spargel

Dosha: Ausgewogen für alle drei *doshas*
Rasa (Geschmack): süß, bitter, zusammenziehend
Virya (Energie): kühlend
Vipaka (Nachverdauungs-Effekt): süß
Prabhava (spezifische Wirkung): blutreinigend, leicht abführend, reizstillend, stärkend, aphrodisisch, mild sedierend, entwässernd.

Ernährungs-Information:

- Hat reichliche Mengen an Kalium und Zink, sowie Vitamin A, B-Komplex, C und E.
- Sehr gut für die Leber und bei starker *pitta*-Kondition.
- Vermindert Verstopfung.
- Da er hohen Glutathion-Gehalt hat, wirkt er ausgezeichnet als Antikarzinogen.
- Gut bei Blutungsproblemen und Infektionen des Harntrakts sowie des Fortpflanzungssystems (einschließlich Herpes, Geschlechtskrankheiten usw.)
- Hilfreich zur Ausschwemmung von Harngries.

- Senkt Fieber, reduziert Ödeme, Gicht und Arthritis. Wasser, in dem Spargel gekocht wurde, hilft gegen Rheumatismus.

Spinat

Dosha: Reduziert *kapha*, vermehrt *vata* und *pitta*
Rasa (Geschmack): süß, zusammenziehend, bitter und scharf, je nach Sorte und Zubereitungsart
Virya (Energie): kühlend
Vipaka (Nachverdauungs-Effekt): süß oder scharf
Prabhava (spezifische Wirkung): blutreinigend, reizstillend, abführend, kühlend.

Ernährungs-Information:

- Spinat sollte bei Vergrößerung der Prostata, bei Gallen- oder Nierensteinen, Lebererkrankung oder arthritischen Beschwerden nicht gegessen werden.
- Enthält hohen Betrag an Vitamin C, Beta-Karotin, Kalzium und Phosphor.
- Im Gegensatz zur volkstümlichen Meinung besitzt Spinat nicht mehr Eisen als andere dunkelgrüne Blattgemüse.
- Ist wohltuend für die Lungen und hilft bei chronischem Husten.
- Spinat beruhigt die Schleimhäute und ist hilfreich zur Linderung von Fieber, Brennen in der Lunge und trockenem Husten.
- Spinat ist exzellent zur Blutreinigung. Er tut dem Magen und der Leber (der gesunden!) gut.
- Hilft bei Vitamin-, Mineral- und Blutmangel, wie etwa Anämie.
- Hilfreich bei Erkrankungen des Darmtrakts.

Süßkartoffeln und Yamswurzeln

Dosha: Vermindern *vata* und *pitta*, verstärken *kapha*
Rasa (Geschmack): süß, zusammenziehend

Virya (Energie): kühlend
Vipaka (Nachverdauungs-Effekt): süß
Prabhava (spezifische Wirkung): nahrhaft.

Ernährungs-Information:
Süßkartoffeln

- Enthalten große Mengen an Beta-Karotin und Vitamin A und C.
- Ausgezeichnete Nahrung gegen allgemeine Schwäche und Erschöpfung, zur Rekonvaleszenz und bei schwachem Immunsystem.
- Hoher Anteil von Antioxidantien.
- Gut für Milz, Pankreas, Nieren und Magen. Besonders gut für die Lunge.
- Ausgezeichnet zur Prävention aller Arten von Krebs.

Tomaten – gelb

Dosha: Verstärken alle *doshas*
Rasa (Geschmack): süß, sauer
Virya (Energie): wärmend
Vipaka (Nachverdauungs-Effekt): scharf
Prabhava (spezifische Wirkung): kühlend.

Tomaten – rot

Dosha: (Roh) verstärken alle *doshas*; (gekocht) o.k. für *vata* und *kapha*
Rasa (Geschmack): sauer, zusammenziehend
Virya (Energie): wärmend
Vipaka (Nachverdauungs-Effekt): scharf
Prabhava (spezifische Wirkung): kühlend.

Ernährungs-Information (alle Tomaten):

- Rohe Tomaten erwärmen den Magen und den Darm.

- Gedünstete oder geschmorte Tomaten reduzieren *vata* und *kapha*, vermehren *pitta*.
- Hoher Lycopin-Gehalt. Lycopin ist gut für Blut, Herz und Kreislauf. Es wirkt auch gegen zu hohen oder zu niedrigen Cholesterinspiegel, hohen Blutdruck und andere stressbezogene Beschwerden.
- Gekochte Tomaten entfernen Hitze aus dem Körper und helfen beim Entgiften des Blutes.
- Enthalten ansehnliche Mengen an Kalium, dazu Vitamin A, B-Komplex und C.
- Gut geeignet bei Krebs und Blinddarmentzündung.
- Tomaten sind Nachtschattengewächse und haben wärmende Qualität. Sie sollten bei bereits vorhandener Übersäuerung, bei Ischias-Beschwerden, Arthritis, Entzündung, Nieren- und Gallensteinen, vergrößerter Prostata und Giftstoffen im Blut vermieden werden.

Weiße Rüben

Dosha: Vermindern *kapha*, verstärken *vata* und *pitta*
Rasa (Geschmack): scharf, zusammenziehend
Virya (Energie): wärmend
Vipaka (Nachverdauungs-Effekt): scharf
Prabhava (spezifische Wirkung): blutreinigend.

Ernährungs-Information:

- Reich an Vitamin C
- Enthalten Vitamin B-Komplex, Kalium, Kalzium und mehrere Spurenelemente.
- Sehr gut zur Reinigung von Leber, Gallenblase, Lymphe und Blut.
- Stillen Blutungen.
- Dämmen Arthritis vom *pitta*- und *kapha*-Typ ein.
- Wirken gegen Nierensteine, Fettsucht, Gicht und exzessiver Schleimbildung.

• Haben antikarzinogene Eigenschaften.

Yamswurzeln
• Verjüngen das weibliche Fortpflanzungssystem.
• Hilfreich zum Ausgleich des Östrogenspiegels.
• Regulieren die Menstruation und tragen dazu bei, eine Fehlgeburt zu vermeiden.
• Hervorragend gegen Arthritis und Asthma.
• Tragen zur Entgiftung von Schwermetallen bei.
• Wirken gegen Erschlaffung, Stress und stressbezogene Gesundheitsbeschwerden.

Zucchini

Dosha: Vermindert *vata* und *pitta*, vermehrt *kapha*
Rasa (Geschmack): süß, zusammenziehend
Virya (Energie): kühlend
Vipaka (Nachverdauungs-Effekt): scharf
Prabhava (spezifische Wirkung): entwässernd, blutreinigend, kühlend, schleimlösend.

Ernährungs-Information:
• Hervorragend geeignet, um äußerer und innerer Körperhitze entgegenzuwirken.
• Stärkt die Körpergewebe.
• Gut zur Behandlung von allgemeiner Schwäche.

Zwiebeln

Dosha: Gekocht reduzieren sie *vata* und *kapha*, vermehren *pitta*; roh reduzieren sie *kapha*, vermehren *vata* und *pitta*.
Rasa (Geschmack): (gekocht) süß; (roh) scharf-beißend
Virya (Energie): erhitzend
Vipaka (Nachverdauungs-Effekt): (gekocht) süß; (roh) scharf

Prabhava (spezifische Wirkung): stimulierend, schweißtreibend, aphrodisisch, schleimlösend.

Ernährungs-Information:

- Stärken die Immunabwehr, wirken gegen Erkältung, Grippe und allgemeine Schwäche.
- Hilfreich bei sexueller Schwäche und Erschöpfung.
- Geben Erleichterung bei Blut- und Lymphstockung.
- Tragen zur Beseitigung von Schwermetallvergiftung bei.
- Eliminieren Parasiten.
- Vermehren Aminosäuren, verstärken Eiweißverbrennung.

Getreide

Getreide bringt generell die *doshas* ins Gleichgewicht. Die Getreidearten sind meist von *sattvischer* Natur. Geschmack und *vipaka* (Nachverdauungs-Effekt) sind süß. Sie sind neutral hinsichtlich der Temperatur. Je nachdem wie sie zubereitet werden, wirken sie kühlend oder wärmend. Insgesamt eignet sich Getreide für alle Konstitutionstypen und alle Klimazonen. Es liefert einen leicht verdaubaren Ballaststoff, der zur Stuhlbildung beiträgt. Getreide gehört zum Erdelement und hat einen hohen Nährwert; daher speist es alle *dhatus*. Zusammen mit Hülsenfrüchten enthält Getreidekorn alle Nährstoffe – Kohlehydrate, Proteine, Fette, Vitamine, Mineralien und Ballaststoffe. Das ist der Grund, weshalb *Kitcheri* (Mung-Bohnen und Basmati Reis) das Grundnahrungsmittel der ayurvedischen Diät ist.

Amaranth (ähnelt der Hirse)

Dosha: Reduziert *pitta* und *kapha*, verstärkt *vata,* wenn im Übermaß genossen.

Rasa (Geschmack): süß, bitter

Virya (Energie): kühlend
Vipaka (Nachverdauungs-Effekt): süß
Prabhava (spezifische Wirkung): entwässernd, reizlindernd.

Ernährungs-Information:
- Enthält Vitamin C und bis zu 18% Protein.
- Hervorragender Lieferant von Kalzium (hat mehr davon als Milch).
- Enthält die Aminosäuren Lysin und Methionin.
- Sehr gut zur Genesung und zum Behandeln von Lungenbeschwerden.

Buchweizen

Dosha: Verringert *kapha*, vermehrt *vata* und *pitta*
Rasa (Geschmack): zusammenziehend
Virya (Energie): wärmend
Vipaka (Nachverdauungs-Effekt): süß
Prabhava (spezifische Wirkung): entwässernd, reizlindernd.

Ernährungs-Information:
- Enthält bis zu 100% mehr Kalzium als andere Getreidesorten.
- Enthält große Mengen an Vitamin E und Vitamin B-Komplex.
- Lieferant von acht lebenswichtigen Aminosäuren.
- Gut geeignet für Menschen mit Gluten-Sensitivität.
- Trägt zur Blut- und Gewebebildung bei.
- Neutralisiert Säuregehalt und Giftstoffe im Körper, doch kann *pitta*-Entzündungen (besonders die der Haut) verschlimmern.
- Enthält Rutin, ein Flavanoid, das hervorragend für Blut und Kreislauf ist. Rutin wirkt den Auswirkungen von Bestrahlung entgegen.
- In Japan wird Buchweizen als Stärkungsmittel für die Nieren genutzt.

Gerste

Dosha: Reduziert *pitta* und *kapha*, vermehrt *vata*, wenn im Übermaß verzehrt.
Rasa (Geschmack): süß, zusammenziehend
Virya (Energie): kühlend
Vipaka (Nachverdauungs-Effekt): süß
Prabhava (spezifische Wirkung): entwässernd, reizlindernd.

Ernährungs-Information:

- Gute Quelle von Eiweiß, dazu Kalzium, Phosphor und Eisen.
- Sehr gut zur Genesung und zum Behandeln von Lungenbeschwerden.
- Lindert Husten, Durst, Fieber, Ödeme und Arthritis.
- Ist blutungshemmend.
- Hervorragend für die Leber und zur Nierenstärkung.
- Hat wohltuende Wirkung bei Diarrhöe; reguliert Cholesterinspiegel.
- Hilft bei der Absorption von Nährstoffen.
- Beseitigt Giftstoffe, Schleim und übermäßiges Körperfett.

Hafer

Dosha: Reduziert *pitta* und *vata*, verstärkt *kapha*
Rasa (Geschmack): süß
Virya (Energie): kühlend
Vipaka (Nachverdauungs-Effekt): süß
Prabhava (spezifische Wirkung): lindernd, beruhigend, abführend.

Ernährungs-Information:

- Sehr guter Lieferant von Eisen, Vitamin-B-Komplex und Vitamin E.
- Nahrhaftes Lebensmittel während der Genesung.

- Beruhigend für Geist und Nerven.
- Hafer lindert Stress und Spannung so wie ein Adaptogen.
- Kräftigt alle Gewebe, insbesondere die des Fortpflanzungssystems.
- Hilft, den Glucose-Spiegel im Blut diabetischer Patienten zu normalisieren.
- Verlangsamt die Schilddrüsenfunktion.
- Hilft, den Cholesterinspiegel zu regulieren.
- Enthält sehr gut verdaubares Protein.
- Hilft, Tabakabhängigkeit einzudämmen.

Hirse

Dosha: Vermindert *kapha*, vermehrt leicht *vata* und *pitta*
Rasa (Geschmack): süß
Virya (Energie): wärmend
Vipaka (Nachverdauungs-Effekt): süß
Prabhava (spezifische Wirkung): entwässernd, reizlindernd.

Ernährungs-Information:

- Hoher Anteil von Kalium und Vitamin-B-Komplex. Hoher Eiweißgehalt. Besitzt die größte Menge an lebenswichtigen Aminosäuren im Vergleich mit allen anderen Getreidesorten.
- Enthält beträchtliche Menge von Eisen, Lecithin und Cholin. Hat mehr Eisen als anderes Getreide.
- Hervorragendes Nahrungsmittel, das auch bei Rekonvaleszenz sehr hilfreich ist.
- Verhindert Gallensteine und ist bei der Behandlung von Kolitis, Magengeschwüren und Harngangs-Erkrankungen nützlich.
- Gut für Milz, Pankreas und Magen.
- Hilft, gestörten Blutzuckerhaushalt zu regulieren.
- Ist das am leichtesten zu verdauende Getreide.

Mais

Dosha: Vermindert *kapha*, vermehrt bei Übermengen *vata* und verstärkt *pitta*
Rasa (Geschmack): süß, zusammenziehend
Virya (Energie): wärmend
Vipaka (Nachverdauungs-Effekt): süß, kräftig-streng
Prabhava (spezifische Wirkung): entwässernd.

Ernährungs-Information:

* Exzellente Quelle von Kalium, Phosphor, Eisen, Zink, Magnesium, Ballaststoffen und Vitamin A, C und B-Komplex.
* Mais ist hilfreich bei Gelbsucht, Hepatitis, Gallensteinen, Harngangs-Entzündungen und Ödemen.
* Vermehrt die Lebenskraft (*qi* oder *prana*) im Blut; wird bei Behandlung von Herzerkrankung, sexueller Schwäche und Appetitlosigkeit verwendet.
* Fördert den Gallenfluss.
* Fördert Gewichtszunahme und Muskel- wie Knochenbildung.
* Gutes Stärkungsmittel für die Nerven.
* Mais ist heutzutage meist genetisch modifiziert (Gen-Mais); man achte also darauf, dass der Mais wirklich biologisch-organisch ist!
* Man sollte unbedingt Mais vermeiden, wenn Verdauungsbeschwerden, Allergien oder Fettsucht vorliegen.

Quinoa (Anden-Hirse)

Dosha: Reduziert *kapha*, verstärkt *vata* und *pitta*, wenn im Übermaß genossen; in Ordnung, wenn maßvoll genommen
Rasa (Geschmack): süß
Virya (Energie): wärmend
Vipaka (Nachverdauungs-Effekt): süß

Prabhava (spezifische Wirkung): entwässernd, reizlindernd, nahrhaft.

Ernährungs-Information:

- Quinoa besitzt mehr Kalzium als Milch, dazu große Mengen von Lysin, Eisen, Phosphor, Vitamin B-Komplex und Vitamin E.
- Hat den höchsten Protein-Gehalt unter allen Getreidearten. Die Weltgesundheits-Organisation erklärte Quinoa hinsichtlich des Eiweißgehalts als zumindest gleichwertig mit Milch.
- Hervorragend zur Stärkung der Nieren und Nebennieren.
- Hervorragend für Herz und Kreislauf.
- Ist ein vollständiges Eiweiß und zeigt ein Aminosäure-Profil, das dem der Milch ähnelt.

Reis

Dosha: Tridoshic, vermehrt *kaph*a, wenn im Übermaß verzehrt
Rasa (Geschmack): süß, zusammenziehend
Virya (Energie): kühlend, neutral
Vipaka (Nachverdauungs-Effekt): süß
Prabhava (spezifische Wirkung): kräftigend, reizlindernd, nahrhaft, abführend.

Ernährungs-Information:

- Hoher Anteil von Vitamin-B-Komplex.
- Sehr gut zur Förderung einer gesunden Verdauung.
- Gut für Geist und Nerven
- Lindert Husten, Durst, Fieber, Ödeme und Arthritis.
- Harmonisiert Milz, Pankreas und Magen.
- Trägt dazu bei, Giftstoffe aus dem Körper zu entfernen.
- Weißer Basmati-Reis ist die am leichtesten zu verdauende Reissorte.
- Brauner Reis besitzt unter allen Getreidearten die größte Band-

breite an Vitaminen des B-Komplex, ist aber schwerer zu verdauen und zu assimilieren (er ist am besten geeignet für Menschen mit sehr viel *agni*).

Roggen

Dosha: Vermindert *pitta* und *kapha*, vermehrt *vata*
Rasa (Geschmack): zusammenziehend
Virya (Energie): wärmend
Vipaka (Nachverdauungs-Effekt): scharf-herb
Prabhava (spezifische Wirkung): entwässernd.

Ernährungs-Information:

- Roggen hat eine ansehnliche Menge Eiweiß, elf B-Vitamine, Eisen und andere Mineralien.
- Hervorragend für *kapha*-Typen, da es unter allen anderen Getreidearten die größte Menge Lysin liefert und zum Abnehmen beiträgt.
- Bildet Muskelgewebe und fördert Energie und Ausdauer.
- Gut für die Leberfunktion.

Weizen

Dosha: Vermindert *pitta* und *vata*, verstärkt *kapha*
Rasa (Geschmack): süß, zusammenziehend
Virya (Energie): kühlend
Vipaka (Nachverdauungs-Effekt): süß
Prabhava (spezifische Wirkung): nahrhaft, aphrodisisch.

Ernährungs-Information:

- Sehr gut geeignet, alle *dhatus* zu nähren (sieben Ebenen von Zellen: Lymphe, Blut, Muskeln, Fett, Knochen, Knochenmark und Nerven, Fortpflanzungsorgane).
- Lindert Husten, Durst, Fieber, Ödeme und Arthritis.

- Seine *sattvische* Qualität macht ihn sehr gut geeignet für Meditation und Yoga.
- Reduziert körperlichen und geistigen Stress.
- Regt Leber, Milz, Pankreas und Magen an.
- Das beste Getreide für *vata*-Typen.

Zwar ist Weizen eine der nahrhaftesten Getreidesorten, doch reagieren viele Menschen sensitiv oder allergisch auf Weizengluten. In *kapha*-Typen kann Weizen *ama* hervorrufen. Weizen sollte vermieden werden, wenn Toxine oder entzündliche Bedingungen wie Arthritis, Rheumatismus, Gicht, etc. gegeben sind. Weißes, raffiniertes Weizenmehl ist *tamasisch* (leblos, schwer) und verstopft den Körper mit Giftstoffen. Es ist am besten, wenn man nur nicht raffiniertes Vollweizenmehl verwendet.

„Kamut" ist ein (altägyptischer) Verwandter des Weizens, der diesen für Menschen mit Weizenempfindlichkeit oder -allergie häufig ersetzen kann. Allerdings besitzt Kamut noch eine beträchtliche Menge von Gluten, daher sollten Personen, die unter Zöliakie, also Gluten-Unverträglichkeit leiden, auch Kamut vermeiden.

Hülsenfrüchte

Hülsenfrüchte haben vornehmlich süße und zusammenziehende Qualität. Im Allgemeinen vermindern sie *pitta* und *kapha*. Häufig verursachen sie Blähungen, verstärken also *vata;* davon ausgenommen sind Mung- und Sojabohnen. Die meisten Hülsenfrüchte sind *rajasisch* (energetisierend) und stimulieren Körper, Geist und Sinne. Sie sind großartig, wenn stagnierende Energie bewegt werden soll. Außer den Mung- und Sojabohnen sind Hülsenfrüchte traditionellerweise nicht Teil einer yogischen Diät. Mungbohnen sind *sattvischer* Natur und werden deshalb oft in Mung-Dal-Suppe oder in *Kitcheri* verwendet. Hülsenfrüchte und Getreide ergeben zusammen eine sehr gute Kombination, die das komplette Eiweißspektrum mit allen lebenswichtigen Aminosäuren enthält. Da Bohnen aus den Elementen Erde und Luft bestehen, sind sie schwer verdauen. Darum ist es wichtig, sie sehr gut zu kochen, dabei Gewürze und leichtes Öl oder Fett (wie *ghee*) zu verwenden.

Adzuki-Bohnen

Dosha: Vermindern *pitta* und *kapha*, verstärken *vata* bei übermäßigem Verzehr
Rasa (Geschmack): süß, zusammenziehend
Virya (Energie): kühlend/neutral
Vipaka (Nachverdauungs-Effekt): scharf
Prabhava (spezifische Wirkung): entwässernd, kurativ, herzstärkend.

Ernährungs-Information:

• Sehr gut für Herz, Blut und Kreislauf.

• Gut zur Krankheitsgenesung und für die kindliche Entwicklung.

• Entgiften den Körper und beseitigen übermäßige Hitze (innerlich wie äußerlich).

• Reinigen das Blut und vermindern Schwellungen.

• Gut für Erkrankungen der verstärkten *pitta-kapha*-Art, wie etwa Leukorrhöe, Gelbsucht, Aszites (Bauchwassersucht), Diarrhöe, Ödeme, Furunkel, Fettsucht, etc.

• Stark entwässernde Eigenschaft macht sie gut geeignet für die Nieren.

• Adzuki-Bohnen sind leichter zu verdauen als die meisten anderen Bohnen.

Erdnüsse

Dosha: Verstärken alle *doshas*; in Ordnung für *vata* und gelegentlich *kapha*

Rasa (Geschmack): süß, zusammenziehend
Virya (Energie): wärmend
Vipaka (Nachverdauungs-Effekt): süß
Prabhava (spezifische Wirkung): stärkend, abführend.

Ernährungs-Information:

- Enthalten großen Anteil an Vitamin-B-Komplex.
- Hervorragender Protein-Lieferant.
- Nierenstärkend.
- Gut für die Laktation.
- Hilfreich zur Erleichterung von Verstopfung.
- **Vorsicht:** Erdnüsse stehen an der Spitze der Liste von Lebensmittel-Allergenen. Menschen mit schwacher Leber, Candida albicans, Krebs, schwachem Immunsystem, Verdauungsstörungen, Entzündungen, Arthritis, Rheumatismus und Gicht sollten Erdnüsse vermeiden. - Erdnüsse gehören mit zu den am stärksten mit Chemikalien belasteten Nahrungsmitteln. Sie werden oft direkt neben der mit äußerst giftigen Chemikalien besprühten Baumwolle angebaut. Das US-amerikanische Landwirtschaftsministerium bezeichnete überdies eine geringe Menge von Aflatoxin, einen krebsverursachenden Schimmelpilz, in Erdnüssen und Erdnussprodukten als zulässig. Dieses Toxin ruft freie Radikale hervor, beschädigt Nervengewebe, schwächt die Abwehrkräfte und bedroht die allgemeine Gesundheit des Körpers.

Kichererbsen

Dosha: Vermindern *pitta* und *kapha*, verstärken *vata*
Rasa (Geschmack): süß
Virya (Energie): kühlend
Vipaka (Nachverdauungs-Effekt): streng-scharf
Prabhava (spezifische Wirkung): entwässern, nahrhaft, aphrodisisch, zusammenziehend.

Ernährungs-Information:

- Enthalten Kalzium, Kalium, Eisen und Vitamin A und C.
- Stärken und vermehren die Energie.
- Sie sind gut für das Fortpflanzungssystem und wirken gegen allgemeine Schwäche.
- Stärkend für das Gehirn.
- Unterstützen die Funktion von Milz, Pankreas, Magen und Herz.

Kidney-, weiße Navy- und rote Pinto-Bohnen

Dosha: Reduzieren *pitta* und *kapha*, verstärken *vata*
Rasa (Geschmack): zusammenziehend; weiße Bohnen sind süßlich
Virya (Energie): wärmend; rote Bohnen sind kühlend
Vipaka (Nachverdauungs-Effekt): scharf
Prabhava (spezifische Wirkung): nahrhaft, aphrodisisch, Herz stärkend.

Ernährungs-Information:

- Reich an Nährstoffen, Eiweiß und Ballast.
- Sehr gut geeignet zur Heilung aller Arten von Blutungsstörung.
- Lindern Durst, Fieber und alle Typen von übermäßigen *pitta*-Bedingungen.
- Kidney-Bohnen reduzieren Schwellungen und Ödeme.

Linsen

Dosha: Reduzieren *pitta* und *kapha*, verstärken *vata,* falls im Übermaß genossen oder zu wenig gekocht.
Rasa (Geschmack): süß, zusammenziehend
Virya (Energie): kühlend, außer roten Linsen, die wärmend sind und *pitta* verschlechtern können.

Vipaka (Nachverdauungs-Effekt): süß, außer roten Linsen, deren Effekt scharf ist.

Prabhava (spezifische Wirkung): nahrhaft, leicht entwässernd.

Ernährungs-Information:

- Große Mengen an Kalzium, Magnesium, Phosphor, Schwefel, Eiweiß und Vitamin A.
- Hervorragend zur Vitalitätssteigerung.
- Sehr gut für Nieren und Nebennieren.
- Da sie keinen Schwefel enthalten, verursachen sie nicht so viel Blähungen wie Bohnen.
- Tragen zur Reduzierung von Cholesterin- und Blutzuckerspiegel bei.
- Vermindern hohen Blutdruck.
- Verhinderung von Hämorrhoiden durch Darmregulierung.

Linsenbohnen

Dosha: Vermindert *pitta*, verstärkt *vata* sehr und *kapha* leicht
Rasa (Geschmack): süß, zusammenziehend
Virya (Energie): kühlend
Vipaka (Nachverdauungs-Effekt): süß
Prabhava (spezifische Wirkung): nahrhaft, lindernd wegen Schleimstoffen, aphrodisisch, nervenstärkend, stimulierend für die Laktation.

Ernährungs-Information:

- Ausgezeichnet zur Linderung von Diarrhöe, Dysenterie, Verstopfung und anderen Erkrankungen des Verdauungssystems.
- Gut gegen allgemeine Schwäche und Erschöpfung.
- Wohltuend bei Leberbeschwerden, Hämorrhoiden, Arthritis, Blasenentzündung, Gicht und Rheumatismus.

• Stärkend für das Fortpflanzungssystem, da sie Samenzellen vermehren und die Laktation anregen.

Mung-Bohnen

Dosha: Tridoshic
Rasa (Geschmack): süß, zusammenziehend
Virya (Energie): kühlend
Vipaka (Nachverdauungs-Effekt): süß
Prabhava (spezifische Wirkung): kühlend, fiebersenkend, magenberuhigend, blutstillend.

Ernährungs-Information:

• Von allen Hülsenfrüchten am leichtesten zu verdauen.

• Hervorragend geeignet bei Krankheitsgenesung.

• Gut für Leber, Nieren und Gallenblase.

• Wirken fiebrigen Erkrankungen, Fieber, schwachem Immunsystem, Verdauungserkrankungen und Krebs entgegen.

• Sehr gut zur Entgiftung.

• Aus weich gekochten Mung-Bohnen kann eine Paste hergestellt werden, die äußerlich bei Brandwunden, Ausschlag, wunden Stellen, Brustdrüsen-Entzündung, entzündeten Gelenken, geschwollenen Brüsten etc. verwendet werden kann.

Sojabohnen

Dosha: Vermindern alle *doshas*; vermehren *pitta,* falls im Übermaß gegessen
Rasa (Geschmack): süß, zusammenziehend
Virya (Energie): kühlend
Vipaka (Nachverdauungs-Effekt): scharf
Prabhava (spezifische Wirkung): entwässernd, reizlindernd.

Ernährungs-Information:
- Ausgezeichnete Eiweißquelle, dazu Kalzium und Magnesium.
- Enthält Beta-Karotin, Vitamin B1, B2 und B3.
- Sojabohnen sind leichter verdaubar als Tofu.
- Gleichen weiblichen Hormonspiegel aus.
- Gut für die Funktion der Bauchspeicheldrüse.
- Mildern die Wirkung der Menopause.
- Haben antikarzinogene Eigenschaften.
- Verlangsamen Osteoporose.
- Stärken Nieren und Nebennieren.
- Gute Quelle von Eisen – hilfreich bei Anämie und anderen Blutschwächen.
- Verbessern Kreislauf und helfen bei Entgiftung.

(*Anmerkung:* Auch Sojabohnen sind oft genmodifiziert. Daher auf biologischen Sojabohnen bestehen.)

Tempeh (fermentierte Sojabohnen)

Dosha: Verringert alle *doshas*
Rasa (Geschmack): süß, zusammenziehend
Virya (Energie): kühlend
Vipaka (Nachverdauungs-Effekt): scharf
Prabhava (spezifische Wirkung): entwässernd, reizlindernd.

Ernährungs-Information:
- Exzellente Quelle von leicht verdaubarem Eiweiß.
- Eine der besten Quellen von Vitamin B12.
- Verstärkt die natürliche Energie des Körpers.
- Guter Lieferant von Omega3-Fettsäuren.
- Gut für die allgemeine Gesundheit und Abwehrkraft.

- Wegen seiner Fermentierung ist Tempeh leichter verdaulich als andere Sojaprodukte.

Nüsse und Samenkerne

Die meisten Nüsse und Samenkerne vermindern *vata* und verstärken *pitta* und *kapha*. Fast alle Nüsse und Samenkerne sind süßen Geschmacks und wärmend. Sie ergeben eine sehr nervenstärkende Nahrung, sind nahrhaft, kräftigend und verjüngend. Unter allen pflanzlichen Produkten stellen Nüsse und Samenkerne die beste Quelle von Eiweiß und Fett dar. Sie kräftigen die Nerven-, Fortpflanzungs- und Fettgewebe und bilden gutes Blut und gute Muskeln. Sie passen bestens zu einer yogischen Diät, da sie eine *sattvische ojas*-bildende Qualität besitzen.

Cashewnüsse

Dosha: Vermindern *vata*, vermehren *pitta* und verstärken *kapha* sehr
Rasa (Geschmack): süß
Virya (Energie): wärmend
Vipaka (Nachverdauungs-Effekt): süß
Prabhava (spezifische Wirkung): nahrhaft, nervenstärkend, schleimlösend.

Ernährungs-Information:

- Ausgezeichnete Eiweißquelle: 20% Eiweiß.
- Hoher Anteil an Vitamin A, Kalium und Magnesium.
- Nahrhaftes Stärkungsmittel für das Tiefengewebe.

Flachssamen

Dosha: Vermindern *vata* und *kapha*, vermehren leicht *pitta*
Rasa (Geschmack): süß, zusammenziehend

Virya (Energie): neutral
Vipaka (Nachverdauungs-Effekt): süß
Prabhava (spezifische Wirkung): entzündungs- und virenhemmend, antifungizid, antibakteriell.

Ernährungs-Information:

- Enthalten hohen Betrag an lebenswichtigen Fettsäuren.
- Gut gegen Verlegung der Bronchien und Verstopfung.
- Tonisierend für Magen und Dickdarm.
- Stärken wegen ihres hohen Gehalts von Linolsäuren das Immunsystem.
- Helfen, Krebs zu verhindern und Verlegungen zu den Herzkranzgefäßen zu beseitigen.
- Lindern rheumatische Arthritis und andere entzündliche Bedingungen.

Hanfsamen

Dosha: Tridoshic, verstärken leicht *pitta*, falls im Übermaß gegessen
Rasa (Geschmack): süß, zusammenziehend
Virya (Energie): wärmend
Vipaka (Nachverdauungs-Effekt): süß
Prabhava (spezifische Wirkung): nahrhaft, tonisierend.

Ernährungs-Information:

- Große Mengen von allen Aminosäuren.
- Hervorragende Eiweißquelle.
- Enthalten große Menge an Ballaststoffen.
- Helfen gegen Verstopfung und bei der Beseitigung von (schlechtverdautem) *ama* aus dem Dickdarm.
- Stärken Nervengewebe und tragen zur Bildung gesunden Blutes bei.

- Verbessern die Gesundheit von Haut, Knochen, Zähnen, Nägeln und Haaren.
- Helfen bei entzündlichen Bedingungen, wie etwa Arthritis.
- Hanfsamen-Öl hat zahlreiche Heilwirkungen, da es große Mengen der Omega-Säuren 3, 6 und 9 enthält.

Haselnüsse

Dosha: Vermindern *vata*, verstärken *pitta* und *kapha*
Rasa (Geschmack): süß, zusammenziehend
Virya (Energie): wärmend
Vipaka (Nachverdauungs-Effekt): süß
Prabhava (spezifische Wirkung): nahrhaft, tonisierend.

Ernährungs-Information:

- Besitzen aufbauende Eigenschaften und wirken chronischer Müdigkeit entgegen.
- Gut gegen Hypoglykämie und Candida.
- Zerkleinert wirken sie gut gegen chronischen Husten.
- Nach Mandeln die zweitgrößte Quelle von Kalzium.

Kokosnüsse

Dosha: Reduzieren *vata* und *pitta;* verstärken *kapha*
Rasa (Geschmack): süß
Virya (Energie): kühlend
Vipaka (Nachverdauungs-Effekt): süß
Prabhava (spezifische Wirkung): kühlend, entwässernd, reizlindernd, weichmachend und befeuchtend.

Ernährungs-Information:

- Haben generelle nährende Qualität.
- Tragen zur Bildung von Fett und Muskelgewebe bei.
- Wirken Schwäche, bedingt durch Fehlernährung, entgegen.

- Wirken tonisierend auf das Herz, jedoch nicht bei hohem Cholesterinspiegel.
- Wasser von grünen Kokosnüssen stillt Durst und wirkt gegen Verstopfung.

Kürbiskerne

Dosha: tridoshic; bei zu großem Verzehr reduzieren sie *pitta* und *kapha*, verstärken *vata*
Rasa (Geschmack): süß, bitter
Virya (Energie): wärmend
Vipaka (Nachverdauungs-Effekt): süß
Prabhava (spezifische Wirkung): antiparasitisch, Anti-Wurmmittel

Ernährungs-Information:

- Enthalten viel Eiweiß, etwas Kalzium und B-Vitamine.
- Gute Quelle von Omega-3-Fettsäuren, Eisen, Zink, Phosphor und Vitamin A
- Ausgezeichnet zur Beseitigung von Parasiten und Würmern (Bandwurm, Madenwurm, Spulwurm).
- Gut geeignet zur Behandlung von Gicht.
- Kürbiskerne haben Heilwirkung für Leber, Galle, Dickdarm, Milz, Pankreas, Magen und Prostata.

Lotus–Samen

Dosha: Reduzieren *pitta* und *vata*; verstärken *kapha*
Rasa (Geschmack): süß, zusammenziehend
Virya (Energie): wärmend
Vipaka (Nachverdauungs-Effekt): süß
Prabhava (spezifische Wirkung): nahrhaft, tonisierend, beruhigend, aphrodisisch, verjüngend.

Ernährungs-Information:

- Lotus-Samen enthalten bis zu 20% Protein.
- Ausgezeichnet zur Stärkung von *ojas*.
- Sehr gutes Mittel zur Kräftigung des Fortpflanzungssystems.
- Gut gegen Unfruchtbarkeit oder Libido-Schwäche.
- Stärken die Nieren und Nebennieren, verbessern Vitalität und Wohlbefinden.
- Liefern Nährstoffe für Herz und Nerven.

Mandeln

Dosha: Vermindern *vata*, vermehren *pitta* und *kapha*
Rasa (Geschmack): süß, bitter
Virya (Energie): wärmend
Vipaka (Nachverdauungs-Effekt): süß
Prabhava (spezifische Wirkung): nahrhaft, reizlindernd, nerven-beruhigend, aphrodisisch, abführend, verjüngend.

Ernährungs-Information:

- Gute Eiweißquelle (18% Eiweiß), dazu Kalzium, Magnesium, Eisen, Phosphor, Kalium und Vitamin B-Komplex.
- Enthalten hohen Anteil von Alpha-Tocopherol (Vitamin E).
- Sehr gut für Geist und Nerven; vermindern Stress.
- Stärken Nieren, Nebennieren und Fortpflanzungssystem.
- Wirken Allgemeinschwäche entgegen.
- Sehr gut während der Rekonvaleszenz und für die Entwicklung des Kindes.
- Hervorragendes Stärkungsmittel für Lunge und Herz.
- Enthalten antikarzinogene Proteasehemmer (sie unterbrechen den Vermehrungszyklus von Viren) und Phytosterole (pflanzliche Sterine mit positiver Wirkung auf die Gesundheit).
- Es sind die einzigen alkalisch wirkenden Nüsse.

Paranüsse

Dosha: Vermindern *vata*, verstärken *pitta* leicht und *kapha* sehr
Rasa (Geschmack): süß, zusammenziehend
Virya (Energie): wärmend
Vipaka (Nachverdauungs-Effekt): süß
Prabhava (spezifische Wirkung): nahrhaft, stärkend.

Ernährungs-Information:

* Sie gehören zu den ganz wenigen Nüssen, die eine substanzielle Menge von Vitamin C besitzen.
* Sehr gute Quelle von Kalzium und gesunden Fetten.
* Haben antikarzinogene und Tumor-eindämmende Eigenschaften

Pecan-Nüsse

Dosha: Reduzieren *vata*, verstärken *pitta* und *kapha*
Rasa (Geschmack): süß, zusammenziehend
Virya (Energie): wärmend
Vipaka (Nachverdauungs-Effekt): süß
Prabhava (spezifische Wirkung): nahrhaft, aphrodisisch, abführend, nervenstärkend.

Ernährungs-Information:

* Gute Quelle von Kalium und Vitamin A.
* Hervorragend für Blut, Knochenmark und Nervengewebe.
* Stärkend für das Fortpflanzungssystem.
* Wirken als Laxativum, besonders bei Kindern und älteren Menschen.
* Erneuern Energie und Vitalität.

Pinienkerne

Dosha: Reduzieren *vata*, verstärken *pitta* und *kapha*

Rasa (Geschmack): süß, zusammenziehend
Virya (Energie): wärmend
Vipaka (Nachverdauungs-Effekt): süß
Prabhava (spezifische Wirkung): nahrhaft, tonisierend, verjüngend, reizlindernd.

Ernährungs-Information:

• Stärkend für die Nerven und das Fortpflanzungssystem.

• Reduzieren Stress und Angst.

• Gute Nahrung bei Erschöpfung, Tuberkulose und allgemeiner Auszehrung.

• Ausgezeichnet zur Rekonvaleszenz.

• Haben heilenden Effekt auf die Lungen.

• Wirken gegen Schwindel und Erkrankungen des *vata*-Typs, wie etwa Arthritis und Rheumatismus.

Pistazien

Dosha: Reduzieren *vata*, verstärken *pitta* und *kapha*
Rasa (Geschmack): süß, zusammenziehend
Virya (Energie): wärmend
Vipaka (Nachverdauungs-Effekt): süß
Prabhava (spezifische Wirkung): tonisierend, beruhigend, nervenstärkend.

Ernährungs-Information:

• Reich an Eisen, Kalium, Phosphor und Magnesium.

• Enthalten beträchtliche Mengen an Eiweiß, Kalzium und Vitamin A.

• Ausgezeichnet bei Blutarmut, Nervenschwäche und genereller Erschöpfung.

• Stärkend für die Muskelgewebe.

• Helfen, die vitale Energie des ganzen Körpers zu erneuern.

- Reduzieren Bluthochdruck.
- Reinigen Leber, Nieren und Blut.
- Wirken gegen Konstipation.

Sesamsamen

Dosha: Reduzieren *vata*, verstärken *pitta* und *kapha*
Rasa (Geschmack): süß, zusammenziehend, bitter
Virya (Energie): wärmend
Vipaka (Nachverdauungs-Effekt): scharf-herb
Prabhava (spezifische Wirkung): nahrhaft, tonisierend, verjüngend.

Ernährungs-Information:

- Hoher Anteil von Vitamin E, Eisen, Phosphor, Niacin, Thiamin und den Aminosäuren Methionin und Tryptophan.
- Exzellente Quelle von Kalzium; doch sollte man die Samen einweichen, damit das Kalzium vom Körper aufgenommen werden kann.
- Sesamsamen enthält etwa 35% Eiweiß, mehr als alle anderen Nüsse und Samen.
- Nährt alle *dhatus.*
- Ausgezeichnet für jedes innere Organ. Sehr gut zur Rekonvaleszenz.
- Tragen zum Wachstum von Haut, Knochen, Haaren, Zähnen, Nägeln usw. bei.
- Wirken allgemeiner Schwäche und Mangelernährung entgegen.
- Bilden *ojas* und kräftigen das Immunsystem.
- Sesammilch lindert Darmerkrankungen wie Kolitis, Gastritis, schlechte Verdauung, Verstopfung und Sodbrennen.
- Großartig bei allen Arten von *vata*-Beschwerden.

- Sesamöl ist äußerst wohltuend für alle *doshas* und spielt eine vitale Rolle bei ayurvedischen Behandlungen.

Sonnenblumenkerne

Dosha: Tridoshic
Rasa (Geschmack): süß, zusammenziehend
Virya (Energie): kühlend/neutral
Vipaka (Nachverdauungs-Effekt): süß
Prabhava (spezifische Wirkung): nahrhaft, tonisierend.

Ernährungs-Information:

- Sehr gut bei Behandlung von fiebrigen oder infektiösen Erkrankungen.
- Stärkend für das Fortpflanzungssystem und die Lungen. Insgesamt ein Energie- und Stärkungsmittel.
- Reinigen das lymphatische System von Toxinen.
- Geben Erleichterung bei Konstipation.
- Großer Lieferant von Eiweiß – mehr als Rindfleisch.
- Enthalten große Mengen von Kalzium, Phosphor, Eisen und Vitamin A, B-Komplex, D und E.
- Verjüngend für Milz und Pankreas.

Walnüsse

Dosha: Reduzieren *vata*, verstärken *pitta* und *kapha*
Rasa (Geschmack): süß
Virya (Energie): wärmend
Vipaka (Nachverdauungs-Effekt): süß
Prabhava (spezifische Wirkung): nahrhaft, aphrodisisch, abführend, nervenstärkend; die unreife grüne Außenschale ist antiparasitisch.

Ernährungs-Information:

- Hoher Anteil an Omega-3-Fettsäuren, Kalium, Magnesium und Vitamin A.
- Sehr gut für Blut, Knochenmark und Nervengewebe.
- Tonisierend sowohl für männliches wie weibliches Fortpflanzungssystem; besonders wirksam bei Impotenz oder ungewollten nächtlichen Samenergüssen.
- Besitzen abführende Eigenschaft, insbesondere für ältere Menschen.
- Wirken gegen Parasiten und Würmern.
- Lindern Schwellungen, Entzündungen und Schmerz.
- Senken den Cholesterinspiegel.

Milchprodukte

Milchprodukte können die nahrhaftesten Lebensmittel sein. Doch können sie auch äußerst toxisch sein. Heutzutage werden in allen Phasen der kommerziellen Herstellung von Molkereiprodukten chemische Stoffe eingesetzt – künstlicher Dünger, Pestizide, Herbizide, Hormone, Konservierungsstoffe. Außerdem wirkt sich die Pasteurisierung und Homogenisierung auf die menschliche Gesundheit negativ, nämlich toxisch aus. Diese Art von Molkereiprodukten zu konsumieren ist nicht ratsam. Wir müssen wirklich darauf achten, dass die ausgewählten Produkte von Tieren kommen, die nicht mit Hormonen und Antibiotika behandelt und die mit organischem Getreide und Gras gefüttert wurden, die außerdem auf freier Weide liefen. Milchprodukte sind am bekömmlichsten, wenn sie roh genossen werden (nicht pasteurisiert und homogenisiert). Als allgemeine Regel gilt: Milchprodukte sollten von Tieren kommen, die mit Liebe und Verständnis, aber nicht grausam und unwissend behandelt werden. Das wird garantieren, dass die verzehrten Produkte von reiner, *sattvischer* Natur sind.

Im Allgemeinen sind Molkereiprodukte süß und kühlend. Sie verringern *vata* und *pitta*, verstärken *kapha*. Produkte von gut behandelten Tieren gehören zu den Lebensmitteln, die am stärksten *sattvisch* sind. Sie nähren alle *dhatus* und sind hervorragend zur Förderung von Ruhe und Geistesklarheit. Das ist auch der Grund, warum sie eine derart wichtige Rolle in der traditionellen yogischen Ernährung spielen. Milchprodukte helfen gegen Abmagerung, Schwäche, Auszehrung und sexueller Schwäche. Sie bewähren sich sehr während der Rekonvaleszenz. Es ist die beste Nahrung zur Bildung von *ojas*.

Milchprodukte sind kontraindiziert, wenn sich Giftstoffe im Körper, besonders im Dickdarm und in der Lunge, befinden. Noch etwas kommt hinzu: Wegen niedriger Qualitätsstandards bei der Produktion entwickeln immer mehr Menschen Empfindlichkeit oder Unverträglichkeit gegenüber Milchprodukten. Es empfiehlt sich, einen ayurvedischen Praktiker zu konsultieren, um zu klären, ob und welche Milchprodukte für die eigene Konstitution zuträglich sind.

Man muss auch daran denken, dass Milchprodukte nicht zusammen mit gewissen anderen Nahrungsmitteln genossen werden sollten, denn die Kombination kann zu schlechter Verdauung, schwacher Assimilierung und Schadstoffbelastung im Körper führen. Milchprodukte passen nicht gut zu Fleisch, Fisch, Hefe, Obst, Nüssen, grünem Blattgemüse und Nachtschattengewächsen (Tomaten, Kartoffeln, Paprikaschoten, Auberginen). Milchprodukte sollten maßvoll genossen werden, und die passende Art von Milch (Büffel, Kuh, Ziege, Schaf usw.) und Form (Milch, Buttermilch, Käse, Joghurt usw.) sollten für die je individuelle Konstitution gewählt werden.

Butter

Dosha: Vermindert *pitta* und *vata*, vermehrt *kapha*

Rasa (Geschmack): süß
Virya (Energie): kühlend
Vipaka (Nachverdauungs-Effekt): scharf
Prabhava (spezifische Wirkung): nahrhaft, aphrodisisch.

Ernährungs-Information:

- Exzellent als nährendes, stärkendes und körperverjüngendes Lebensmittel.
- Gut zur Genesung von Krankheit und bei allgemeinem Schwächezustand.
- Verbessert die Verdauung.
- Verbessert die Hautfarbe.
- Wirkt sexueller Schwäche entgegen.
- Hilft, Hämorrhoiden, Lähmungserscheinungen und Bronchitis zu heilen.
- Gut für alle Typen von *vata*- und *pitta*-Beschwerden.
- Beste Verwendung bei jungen Heranwachsenden und älteren Menschen.

Buttermilch

Dosha: Reduziert *vata*, verstärkt *pitta* and *kapha*
Rasa (Geschmack): süß, sauer
Virya (Energie): kühlend
Vipaka (Nachverdauungs-Effekt): süß
Prabhava (spezifische Wirkung): entwässernd, verdauungsstimulierend, zusammenziehend.

Ernährungs-Information:

- Hervorragend gegen Verdauungsstörungen und schlechter Absorption aufgrund von niedrigem *agni*.
- Gut bei Abmagerung, zur Rekonvaleszenz und bei allgemeiner Schwäche.

- Hilfreich bei Ödemen, Hämorrhoiden, Magersucht, Blutarmut und Blutschwäche.
- Tonikum für die Milz.

Ghee (Geklärte Butter)

Dosha: Reduziert *vata* und *pitta,* verstärkt *kapha* bei Übermaß
Rasa (Geschmack): süß
Virya (Energie): kühlend
Vipaka (Nachverdauungs-Effekt): süß
Prabhava (spezifische Wirkung): stärkend, linderndes Emolliens, säurebindend, verjüngend, nahrhaft, aphrodisisch.

Ernährungs-Information:

- Exzellent bei Schwäche und zur Krankheitsgenesung.
- Bildet alle *dhatus,* dabei besonders das Reproduktionsgewebe.
- Erhöht geistige Klarheit und Intelligenz.
- Wenn zum Essen zugefügt, unterstützt Ghee die Assimilierung der Nahrung.
- Bildet *ojas.*
- Wirkt positiv auf die Haut, die Leber, die Stimmqualität, die Nieren, das Gehirn und die Nerven. Ghee verbessert auch das Sehvermögen und die motorischen Funktionen.
- Harmonisiert alle *agnis* (Verdauungsfeuer) des Körpers.
- Fördert Langlebigkeit und Vitalität.
- Hervorragend bei schwachem Immunsystem, Fieber und den meisten *vata-pitta*-Bescherden.
- Ghee wird als Transportmittel für die Arzneikräuter verwendet – es befördert die Wirkstoffe und die Energie zu allen *dhatus.*
- Ghee ist das beste Fett, das man nehmen kann.

Joghurt

Dosha: Süßer Joghurt reduziert *vata* und *pitta*, verstärkt *kapha*; saurer Joghurt reduziert *vata*, verstärkt *pitta* und *kapha* wie auch *ama*. Süßer und saurer Joghurt haben also ganz unterschiedliche Wirkungen.

Rasa (Geschmack): süß, sauer
Virya (Energie): kühlend
Vipaka (Nachverdauungs-Effekt): süß
Prabhava (spezifische Wirkung): verdauungsanregend, nahrhaft, adstringierend.

Ernährungs-Information:

• Hervorragend bei Schwäche und zur Genesung.

• Stärkt alle *dhatus,* insbesondere die Fortpflanzungsgewebe.

• Fördert die Verdauung anderer Nahrung.

• Regt gesunde Darmflora und -bakterien an.

• Hilft bei der Auflösung von bösartigen Tumoren und Krebs.

• Gut bei schwacher Immunabwehr, Grippe, Erkältung, Diarrhöe, Magersucht, Anämie, Cholesterin und Infektionen im Verdauungssystem.

• Molke reinigt die *nadis* und verbessert Appetit und geistige Klarheit.

• Lassi (Joghurt mit Wasser und Gewürzen gemischt) fördert die Verdauung für die drei *doshas. Vata-* und *pitta*-Personen sollten Joghurt und Wasser zu gleichen Mengen mischen. *Kapha*-Menschen sollten einen Teil Joghurt mit drei Teilen Wasser vermengen. Ingwer, Zimt, Kardamom, schwarzer Pfeffer und Safran können für alle Konstitutions-Typen zugefügt werden.

Käse

Dosha: Hartkäse reduziert alle *doshas*, doch ist er für *vata* etwas schwer zu verdauen, und er wird *pitta* verstärken, falls im Übermaß verzehrt. Weichkäse reduziert *vata* und *pitta* und verstärkt *kapha*. Ziegenkäse in Maßen ist für alle *doshas* in Ordnung.

Rasa (Geschmack): süß, sauer

Virya (Energie): wärmend

Vipaka (Nachverdauungs-Effekt): sauer

Prabhava (spezifische Wirkung): nahrhaft, zusammenziehend,

Ernährungs-Information:

* Hervorragend bei Behandlung von Diarrhöe und Blutungsstörungen.
* Bildet alle Körpergewebe.
* Stärkt *ojas* und die Fortpflanzungsorgane.

Kefir

Dosha: Reduziert *vata*, verstärkt *pitta* und *kapha*

Rasa (Geschmack): sauer

Virya (Energie): wärmend

Vipaka (Nachverdauungs-Effekt): sauer

Prabhava (spezifische Wirkung): verdauungsanregend.

Ernährungs-Information:

* Verstärkt das Verdauungsfeuer und die Nahrungsabsorption.
* Gut bei geringem Appetit und Magersucht.
* Bekommt am besten, wenn er pur (oder mit Gewürzen) genommen wird, ohne Zucker oder Früchte.

Milch

Dosha: Reduziert *vata* und *pitta*, verstärkt *kapha*

Rasa (Geschmack): süß

Virya (Energie): kühlend
Vipaka (Nachverdauungs-Effekt): süß
Prabhava (spezifische Wirkung): *sattvisch*, verjüngend, nahrhaft, aphrodisisch, beruhigend, abführend.

Ernährungs-Information:

• Ausgezeichnet bei Schwäche und zur Krankheitsgenesung.

• Bildet alle *dhatus,* speziell das Gewebe der Fortpflanzungsorgane.

• Fördert Langlebigkeit und Erneuerung.

• Wirkt Erschöpfung und Benommenheit entgegen.

• Nährt die Haut; kann auch äußerlich eingesetzt werden.

• Stärkend für Magen und Lunge.

• Gut bei Behandlung von trockenem Husten, Halsschmerzen, Fieber und Durst

• Dämmt Blutungen ein.

• Sehr gut bei fast allen *pitta*-bezogenen Beschwerden.

• Sehr gut für ältere Menschen und Debile.

• Bildet *ojas* und ist wunderbar für Geist, Gedächtnis, Hirn und Nerven.

• Der nachfolgende Trunk ist für *kapha* gut bekömmlich: Koche rohe Milch für ein paar Minuten. Füge Ingwer, Zimt und Kardamom hinzu. Trinke die heiße Milch.

• Milch, mit nervenstärkenden Kräutern (*Brahmi, Jatamansi* etc.) gekocht, fördert Schlaf und wirkt gegen Schlaflosigkeit und nervöse Anspannung.

Sahne

Dosha: Reduziert *vata* und *pitta*, verstärkt *kapha*
Rasa (Geschmack): süß
Virya (Energie): kühlend
Vipaka (Nachverdauungs-Effekt): süß

Prabhava (spezifische Wirkung): verjüngend, nahrhaft, aphrodisisch, beruhigend, abführend.

Ernährungs-Information:

• Ausgezeichnet bei Schwäche und zur Rekonvaleszenz.

• Bildet alle *dhatus,* insbesondere Gewebe des Fortpflanzungssystems.

• Stärkt Lunge und Magen.

• Wirkt gegen trockenen Husten, Blutung, Fieber, Durst und alle Arten der *vata-pitta*-Beschwerden.

Speiseeis

Dosha: Reduziert *pitta*, verstärkt *vata* und *kapha;* verstärkt auch *ama* in allen Körpern.
Rasa (Geschmack): süß
Virya (Energie): kühlend
Vipaka (Nachverdauungs-Effekt): süß
Prabhava (spezifische Wirkung): Keine!

Ernährungs-Information:

• Kalte Milchprodukte mit Zucker sind nicht gesund. Sie bewirken in sowohl im Körper wie im Geist Stagnation und *ama* (Giftstoffe). Sie sollten vermieden werden!

• Eiscreme schwächt das Verdauungsfeuer. Sie ist besonders schädlich bei TB, allen *kapha*-bezogenen Beschwerden, *ama*, Fieber, Konstipation, Alkoholsucht, Zuckerabhängigkeit und Störungen von Milz, Pankreas und Verdauungssystem.

• Täglicher Eiskonsum kann zu Hypoglykämie, Diabetes, Toxizität von Lymphe und Blut, Zysten und Tumoren führen.

• Gefrorener Joghurt hat ähnliche Eigenschaften wie Eis, abgesehen vom fehlenden Zucker.

• Mittlerweile gibt es Alternativen zum Eis, hergestellt aus Reis,

Cashewnüssen und Kokosmilch. Sie stellen eine gesündere Variante dar. Doch gelten auch hier die ayurvedischen Richtlinien zur Kombination von Nahrungsmitteln. Und Maßhalten ist ratsam.

Öle

Öle schmecken im Allgemeinen entweder süß oder nichtssagend, und sie sind entweder wärmend oder kühlend. Alle Öle vermindern *vata* und die meisten vermehren *pitta* und *kapha*. Öle können sowohl innerlich wie äußerlich verwendet werden. Sie sind ein integraler Teil von ayurvedischen Therapien. So spielen Öle z. B. im ayurvedischen Reinigungsprogramm *panchakarma* eine wichtige Rolle. Sie werden häufig zur Massage benutzt, um Haut und Muskeln weich und elastisch zu machen. Sie fördern auch die Entgiftung und das Abschwellen von Geweben. Wenn sie durch die Haut aufgesogen werden, nähren sie die Tiefengewebe und den Dickdarm. Sie sind sehr hilfreich bei *vata*-Beschwerden. Öle sollten vermieden werden, wenn *ama* im System vorliegt, besonders wenn das Blut toxisch ist. Ölmassagen sind nicht angezeigt bei Krebs, da sie die Giftstoffe zirkulieren lassen würden.

Avocado-Öl

Dosha: Reduziert *vata* und *pitta*, verstärkt *kapha*
Rasa (Geschmack): süß
Virya (Energie): kühlend
Vipaka (Nachverdauungs-Effekt): süß
Prabhava (spezifische Wirkung): nahrhaft, lindernd, stärkend.

Ernährungs-Information:

• Avocado-Öl besitzt dieselben Eigenschaften wie die Frucht. Es ist sogar noch nahrhafter.
• Hoher Vitamin E-Anteil. Es enthält auch eine große Menge einfach ungesättigter Fettsäuren und Kalorien.

- Exzellent Quelle von Protein, Chlorophyll, Kohlehydraten, Kalzium, Phosphor, Kupfer, Kobalt, Vitamin A und Vitamin B-Komplex.
- Liefert Spuren von Inosit.
- Enthält 14 Mineralien, die körperliche Funktionen regulieren und Wachstum anregen.
- Großartig für Salate. Das Öl nicht zum Kochen verwenden.
- Stärkt Muskeln und Leber.
- Hervorragend zur Ernährung der Haut und der Gelenke.
- Wird von der Haut leicht absorbiert.
- Eins der wichtigsten Nahrungsmittel zur Bekämpfung von Krebs.
- Die Fettsubstanzen haben einen wohltuenden Einfluss auf den Körper, tierische Fette dagegen schädigende Wirkung.
- Wirkt den Negativeffekten einer Fleischernährung entgegen.
- Hilfreich bei Verdauungsstörungen, allgemeiner Schwäche, Rheumatismus, Hautinfektionen und Nierenproblemen.
- Normalisiert Leber- und Pankreasfunktion.
- Unterstützt die Regeneration von roten Blutzellen und trägt zur Verhinderung von Blutarmut bei.

Färberdistel-Öl (Saflor)

Dosha: Reduziert *vata,* verstärkt leicht *pitta* und *kapha*
Rasa (Geschmack): süß, zusammenziehend
Virya (Energie): wärmend
Vipaka (Nachverdauungs-Effekt): scharf
Prabhava (spezifische Wirkung): abführend, menstruationsfördernd.

Ernährungs-Information:
- Besitzt Abwehr stärkende Eigenschaften.

- Als Massageöl ist es für *kapha* dank seines leichten Charakters in Ordnung.
- Verbessert die Blutzirkulation und tut dem Blut und dem Nervensystem gut, wenn zur Massage verwendet.
- Zu ayurvedischem Kochen oder Heiltherapien wird es aufgrund der Tradition nicht so häufig verwendet.
- Das ölsäurereiche Distel-Öl enthält bis zu 80% einfach ungesättigte Fettsäuren, was es sehr hitzebeständig und zum Kochen und Braten gut geeignet macht.

Flachs-Öl

Dosha: Reduziert *vata* und *kapha*, verstärkt *pitta*; vermehrt überschüssiges *kapha*
Rasa (Geschmack): süß
Virya (Energie): wärmend
Vipaka (Nachverdauungs-Effekt): scharf
Prabhava (spezifische Wirkung): schleimlösend, wirkt als Gleitmittel, abführend.

Ernährungs-Information:

- Hervorragende Quelle von essenziellen Omega-3-Fettsäuren.
- Beseitigt überschüssigen Schleim aus dem Körper.
- Reguliert den weiblichen Hormonhaushalt.
- Hilft, den Dickdarm zu reinigen. Sehr gut bei Halsschmerzen und Husten.

Kokosöl

Dosha: Reduziert *vata* und *pitta*, verstärkt *kapha*
Rasa (Geschmack): süß
Virya (Energie): kühlend
Vipaka (Nachverdauungs-Effekt): süß

Prabhava (spezifische Wirkung): weichmachend, kühlend, stärkend.

Ernährungs-Information:

• Hervorragend zur Reduzierung von überschüssigem *pitta*, da es leicht assimiliert wird.
• Nährt die Haut und macht sie weich.
• Hemmt entzündliche Hautbedingungen wie Psoriasis,
• Ekzeme, Sonnenbrand, rissige Lippen und Sprödigkeit.
• Wirkt gegen trockenen Husten, Fieber, Brennen in der Lunge und andere Hitzestörungen.
• Kräftigt die reproduktiven Gewebe.

Maisöl

Dosha: Verstärkt *vata* und *pitta*, reduziert *kapha*
Rasa (Geschmack): süß, zusammenziehend
Virya (Energie): wärmend
Vipaka (Nachverdauungs-Effekt): scharf
Prabhava (spezifische Wirkung): beruhigend, lindernd, entwässernd.

Ernährungs-Information:

• Gibt Erleichterung bei schwieriger Miktion.
• Nährt die Haut sehr gut; großartig zur Massage.
• Wenn nicht biologisch und genmanipuliert, ist die Verwendung von Mais und Maisprodukten nicht ratsam!

Mandel-Öl

Dosha: Reduziert *vata*, verstärkt *pitta* und *kapha*
Rasa (Geschmack): süß, manchmal bitter
Virya (Energie): wärmend
Vipaka (Nachverdauungs-Effekt): süß

Prabhava (spezifische Wirkung): schleimlösend, nahrhaft, lindernd,
nervenstärkend, Libidostärkend, abführend, verjüngend.

Ernährungs-Information:

- Enthält hohe Beträge an Alpha-Tocopherol (Vitamin E).
- Beruhigt Haut und Muskeln.
- Innerlich eingenommen ist es ein gutes Laxativum.
- Gibt bei Muskelverspannungen und –schmerzen Linderung.
- Reduziert Dehnungsstreifen und Falten.
- Gibt Erleichterung bei Husten, Lungenschwindsucht und Nierenschrumpfung.

Olivenöl

Dosha: Reduziert *vata* und *pitta*, verstärkt überschüssiges *kapha*
Rasa (Geschmack): süß
Virya (Energie): kühlend
Vipaka (Nachverdauungs-Effekt): süß
Prabhava (spezifische Wirkung): mild abführend.

Ernährungs-Information:

- Hoher Vitamin-E-Gehalt.
- Wunderbar für die Leber und Gallenblase: Es weicht Gallensteine auf und schwemmt sie aus.
- Reduziert Cholesterin und macht sich sehr gut zu Salaten und Gemüse.
- Großartig zur Massage.
- Stabilisiert Blutdruck und reguliert Diabetes.
- Hervorragend zum Kochen – es ist eins der stabilsten Öle.

Rizinusöl

Dosha: Reduziert *vata* und *pitta*, verstärkt überschüssiges *kapha*
Rasa (Geschmack): süß, bitter
Virya (Energie): wärmend
Vipaka (Nachverdauungs-Effekt): süß
Prabhava (spezifische Wirkung): stark abführend, krampflösend, schmerzstillend.

Ernährungs-Information:

- Reinigt die Kanäle, beseitigt *ama*.
- Hervorragend gegen Verstopfung, Epilepsie, Arthritis, Nerven- und Muskelschmerzen.
- Äußerliche Ölkompressen heilen Wunden, Verstauchungen, Blutergüsse, Geschwüre und verschiedene Verletzungen.
- Äußerliche Packungen können Tumorgeschwulste und Schwellungen entgiften, Schmerzen und menstruelle
- Krämpfe lindern.
- Das beste Öl, das *vata* zur Reinigung und Ausleitung einnehmen kann. Es wird gesagt, dass, sobald Rizinusöl den Körper betritt, alle *vata*-Störungen verschwinden.
- Innerlich hilft es gegen vergrößerte Prostata, Fieber, Hernie und Schmerzen/Schwellungen in Hüftgegend, Genitalien, Bauchraum und am Rücken.

Senföl

Dosha: Reduziert *vata* und *kapha*, verstärkt *pitta*
Rasa (Geschmack): scharf
Virya (Energie): wärmend
Vipaka (Nachverdauungs-Effekt): scharf
Prabhava (spezifische Wirkung): stimulierend, heilend.

Ernährungs-Information:

- Ausgezeichnet für die meisten *vata* und *kapha*-bezogenen Störungen.
- Sehr gut sowohl für den inneren wie den äußeren Gebrauch.
- Lindert Husten, Erkältung, Verstopfung, Gelenk- und Gliederschwere, Arthritis, Rheumatismus, Bauchschmerzen und Verrenkungen.
- Lockert den Schleim in der Lunge.
- Lässt Entzündungen abklingen.

Sesamöl

Dosha: Reduziert *vata*, verstärkt *pitta* und *kapha* (leicht)
Rasa (Geschmack): süß, bitter
Virya (Energie): wärmend
Vipaka (Nachverdauungs-Effekt): süß
Prabhava (spezifische Wirkung): verjüngend, tonisierend, beruhigend, abführend, nahrhaft.

Ernährungs-Information:

- Sesamöl gilt als das beste Öl, besonders für *vata*.
- In Ayurveda wird es wegen seiner Fähigkeit, tief in die Haut einzudringen, gewöhnlich zur Massage verwendet.
- Nährt und entgiftet alle *dhatus*.
- Ist zu vermeiden, wenn übermäßige *pitta*-Bedingungen vorliegen, speziell auf der Haut.
- Nährt und reduziert *vata*.
- Wird verwendet, um Parasiten zu beseitigen.
- Es wird gesagt, dass hochwertiges, richtig verarbeitetes Sesamöl dazu beiträgt, nahezu jede Krankheit (innerlich und äußerlich) zu heilen.

- Hilfreich für Lungen, Nieren, Gehirn, Nervensystem und Muskeln.
- Verbessert Augen, Stimmqualität, Haare, Zähne, Knochen, Nägel und Hautteint. Gut für Kinder und ältere Menschen.
- Wirkt gut bei Stress, Schwäche, zur Rekonvaleszenz, bei Krämpfen, Verspannungen, Konstipation und Husten.
- Hervorragend in einer yogischen Diät.
- Stärkt das Immunsystem und bildet *ojas*.
- Ein gutes Antioxidans.

Sonnenblumenöl

Dosha: Relativ *tridoshic*; wird *kapha* übermäßig verstärken
Rasa (Geschmack): süß, zusammenziehend
Virya (Energie): kühlend
Vipaka (Nachverdauungs-Effekt): süß
Prabhava (spezifische Wirkung): nahrhaft.

Ernährungs-Information:
- Enthält hohen Betrag von essenziellen Omega-3-Fettsäuren. Hoher Vitamin-E-Gehalt.
- Sollte nicht zum Kochen verwendet werden.
- Großartig für die Haut.
- Lindert Sonnenbrand, Ausschlag und übermäßige Hitze.
- Äußerlich angewendet ist es gut für die Lunge und gegen Husten.

Süßungsmittel

Süßungsmittel vermindern *vata* und *pitta* und verstärken *kapha*. Im Übermaß genommen verstärken und stören alle Süßungsmittel die *doshas*. Die meisten Süßungsmittel wirken tonisierend, schmerzlindernd, entwässernd, abführend, konservierend, küh-

lend und beruhigend. Sie sind gut geeignet bei Allgemeinschwäche und zur Kräfteerneuerung. Viele ayurvedische Heilrezepte
verwenden ein Süßungsmittel als Basis, so z. B. Chyawanaprash,
das manchmal Honig mit Ghee beinhaltet. Hochwertiger
biologisch-organischer Zucker wird die Körpergewebe nähren,
während raffinierter, künstlicher und lebloser Zucker für den
Körper giftig ist.

Agavensirup

Dosha: Reduziert *vata* und *pitta,* verstärkt *kapha* leicht
Rasa (Geschmack): süß
Virya (Energie): wärmend
Vipaka (Nachverdauungs-Effekt): süß

Ernährungs-Information:

- Bildet Körpergewebe.
- Er hat unter allen Zuckerarten die geringste Auswirkung auf den
  Blutzuckerspiegel.
- Hilfreich zur Regulierung der Insulinproduktion.

Ahornsirup

Dosha: Reduziert *pitta*, verstärkt *vata*, falls im Übermaß genossen,
und verstärkt *kapha*
Rasa (Geschmack): süß
Virya (Energie): kühlend
Vipaka (Nachverdauungs-Effekt): süß
Prabhava (spezifische Wirkung): nahrhaft, lindernd.

Ernährungs-Information:

- Hochwertiger biologisch-organischer Ahornsirup ist eines der
  besten Süßungsmittel.
- Wohltuend bei Husten, Fieber und Hitzewallungen.

• Schenkt Erleichterung bei vielen Störungen aufgrund von vermehrtem *vata* und *pitta*.

Vorsicht: Genauso wie weißer Zucker kann Ahornsirup Insulin- und Adrenalin-Reaktionen hervorrufen. Außerdem sollte er vermieden werden, wenn Candida, Parasiten, Tumore, Zysten, Polypen, Myome, Krebs oder Immunschwäche vorliegen.

Fruchtzucker

Dosha: Reduziert *vata* und *pitta*, verstärkt *kapha*
Rasa (Geschmack): süß
Virya (Energie): kalt
Vipaka (Nachverdauungs-Effekt): süß
Prabhava (spezifische Wirkung): abführend.

Ernährungs-Information:

• Bildet Körpergewebe.

• Unter den Fruchtzuckerarten sind Dattel- und Traubenzucker am besten.

• Wenn der Fruchtzucker nicht biologisch-organisch ist, kann er aus Dritte-Welt-Ländern kommen, die den Einsatz von gefährlichen chemischen Substanzen wie DDT zulassen (bekanntermaßen Krebs erzeugend).

Honig

Dosha: Reduziert *vata* und *kapha*, verstärkt *pitta* sehr
Rasa (Geschmack): süß
Virya (Energie): wärmend
Vipaka (Nachverdauungs-Effekt): süß
Prabhava (spezifische Wirkung): abführend, nahrhaft, heilend, schleimlösend, tonisierend, verjüngend. Äußerlich angewendet: antibakteriell, antibiotisch, zusammenziehend, allgemein lindernd.

Ernährungs-Information:

- Roher, ungekochter Honig ist das beste Süßungsmittel.
- Enthält ähnliche Stoffe wie die Blüten, aus deren Nektar er entstand.
- Bildet *ojas* und stärkt die *dhatus* und die Körperabwehr.
- Wird als Transportträger von Kräuteressenzen zu den Tiefengeweben des Körpers verwendet.
- Hervorragend für Verstand und Nerven.
- Treibt Schleim, Fett, Sekrete und Abfallstoffe aus dem Körper.
- Weicht Verhärtungen wie Tumore, Zysten, Polypen und Myome auf.
- Vernichtet Gift im Körper.
- Lindert Hautkrankheiten.
- Das Erhitzen von Honig zerstört seine medizinischen Eigenschaften und lässt ihn toxisch werden. Akzeptabel ist, wenn Honig dem heißem Tee nach mindestens fünf Minuten Abkühlzeit zugefügt wird.

Melasse

Dosha: Reduziert *vata*, verstärkt *pitta* und *kapha*
Rasa (Geschmack): süß
Virya (Energie): wärmend
Vipaka (Nachverdauungs-Effekt): süß
Prabhava (spezifische Wirkung): nahrhaft, tonisierend.

Ernährungs-Information:

- Melasse, speziell die dunkelbraune Sorte, enthält eine große Menge Eisen, Kalzium und Kalium.
- Sie ist gut zur Blutbildung.
- Stärkt Herz, Lunge, Magen, Milz und Pankreas sowie die Muskeln.
- Hilfreich bei allgemeiner Schwäche und Erschöpfung.

- Gut gegen Husten.
- Gutes Süßungsmittel während der Schwangerschaft und Laktation.
- Gut bei vielen gynäkologischen Problemen.

Unraffinierter Rohrzucker/Palmzucker (Jaggery)

Dosha: Reduziert *vata*, verstärkt *pitta* und *kapha*
Rasa (Geschmack): süß
Virya (Energie): wärmend
Vipaka (Nachverdauungs-Effekt): süß
Prabhava (spezifische Wirkung): stärkend, verjüngend.

Ernährungs-Information:

- Eigenschaften ähneln denen von Demerara-Zucker und braunem Vollwertzucker.
- Enthält Mineralien und ist ein gutes Süßungsmittel bei Erschöpfung und Schwäche.
- Enthält Vitamine und andere Mikronährstoffe.
- Hilfreich bei Blutarmut und brennender Miktion.
- Organischer, nicht raffinierter und hochwertiger Rohr- und Palmzucker enthält Chrom, was ihn für Diabetes-Kranke sehr geeignet macht.
- Gut geeignet zur Linderung von Muskelkrämpfen und –schmerzen.

Vollwert-Rohrzucker

Dosha: Reduziert *vata* und *pitta*, verstärkt *kapha*
Rasa (Geschmack): süß
Virya (Energie): kalt
Vipaka (Nachverdauungs-Effekt): süß
Prabhava (spezifische Wirkung): abführend.

Ernährungs-Information:

• Bildet Körpergewebe.

• Ist ein natürliches Aphrodisiakum.

• Beruhigt die Nerven.

Weißer, raffinierter Zucker

Dosha: Stört alle *doshas* sehr.
Rasa (Geschmack): süß
Virya (Energie): kühlend
Vipaka (Nachverdauungs-Effekt): süß.

Ernährungs-Information:

• Weißer Zucker ist für den Körper schädlich und wird von ihm als Gift behandelt.

• Er laugt Mineralien, Vitamine und Nährstoffe aus dem Körper.

• Stört das gesamte Verdauungssystem.

• Schwächt das Immunsystem und nährt Bakterien, Viren und Infektionen.

• Lässt den Metabolismus von Fett und Wasser entgleisen.

• Schädigt die Leber und die Bauspeicheldrüse.

• Erzeugt mehr Störungen als jedes andere von uns konsumierte Grundnahrungsmittel.

Sonstige Lebensmittel

Essig

Dosha: Reduziert *vata*, verstärkt *pitta* und *kapha*
Rasa (Geschmack): sauer
Virya (Energie): wärmend
Vipaka (Nachverdauungs-Effekt): sauer

Prabhava (spezifische Wirkung): Verdauung und Kreislauf anregend.

Ernährungs-Information:

• Fördert die Erzeugung von Salzsäure, die zur Verdauung nötig ist.
• Hilfreich bei der Menstruation, da er Krämpfe reduziert.
• Unterstützt den Nachverdauungs-Prozess.

Johannisbrot

Dosha: Bringt alle *doshas* ins Gleichgewicht
Rasa (Geschmack): süß, zusammenziehend
Virya (Energie): wärmend
Vipaka (Nachverdauungs-Effekt): süß
Prabhava (spezifische Wirkung): nahrhaft, lindernd-wohltuend.

Ernährungs-Information:

• Enthält Kalzium und andere Mineralien.
• Gut bei allgemeiner Schwäche.
• Ein sehr guter Ersatz für Schokolade.

Salz

Dosha: Reduziert *vata*, verstärkt *pitta* und *kapha*
Rasa (Geschmack): salzig
Virya (Energie): wärmend
Vipaka (Nachverdauungs-Effekt): süß
Prabhava (spezifische Wirkung): abführend.

Ernährungs-Information:

• Macht die Nahrung weich und leicht verdaubar.
• Gut zum Gurgeln. Beruhigt die Schleimhäute.
• Entspannt verspannte Muskeln aufgrund seiner weichmachenden Eigenschaft.

• Entfernt Gifte aus dem Körper.

• In Maßen verwendet ist Salz am Besten. Bei übermäßiger Verwendung stört es alle *dhatus*, schwächt die Verdauung, belasted das Blut, verursacht Wasser-Retention und andere *kapha*-bezogene Beschwerden.

Schokolade

Dosha: Verstärkt alle *doshas*
Rasa (Geschmack): süß, sauer, bitter
Virya (Energie): wärmend
Vipaka (Nachverdauungs-Effekt): süß
Prabhava (spezifische Wirkung): stimulierend, aphrodisisch, beruhigend.

Ernährungs-Information:

• Enthält einige Mineralien, besonders die dunkle, biologische Schokolade.

• Kakao-Bohnen haben mehr gesundheitliche Pluspunkte als verarbeitete Schokolade.

• Guter Stimmungsaufheller. Wirkt gegen Depression und niedrigen Blutdruck, kann aber suchterzeugend werden.

• Mit weißem Zucker kombiniert wird zu Schokolade verarbeiteter Kakao äußerst toxisch.

• Viele Forschungsberichte zeigen, dass rohe Kakaobohnen zahlreiche Mineralien und Antioxidantien enthalten und daher förderlich sind, wenn sie in Maßen genossen werden.

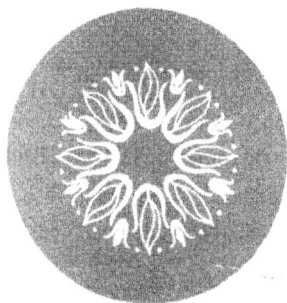

Vata Ernährung

FRÜCHTE - JA *Allgemein: süße Früchte*	FRÜCHTE - NEIN *Allgemein: trockene Früchte*	GEMÜSE - JA *Gekochtes Gemüse ist empfehlenswert.*	GEMÜSE - NEIN *Gefrorenes, rohes und trockenes Gemüse meiden*
Ananas	Äpfel (roh)	Blumenkohl*	Artischocken
Äpfel (gekocht)	Birne	Daikon-Rettich	Aubergine
Apfelbrei	Datteln (getrocknet)	Erbsen (gekocht)	Bittermelone
Aprikose	Feige (getrocknet)	Fenchel (Anis)	Blumenkohl (roh)
Avocado	Granatapfel	Grüne Bohnen	Brokkoli
Banane	Pflaume (getrocknet)	Grüne Chili	Grünkohl
Beeren	Preiselbeeren	Grünes Blattgemüse*	Kaktusfeige
Datteln (frisch)	Rosinen (getrocknet)	Gurken	Kartoffel, weiß
Erdbeeren	Wassermelone	Karotten	Klettenwurzel
Feige (frisch)		Knoblauch	Kohlrabi
getrocknete Pflaume (nur eingeweicht)		Kopfsalat*	Löwenzahnblätter
Kirschen		Koriander	Mais (frisch)**
Kiwi		Kürbis	Meerrettich**
Kokosnuss		Lauch	Olive, grüne
Limette		Okra	Paprika, süß & scharf

Mango	Olive, schwarz	Rettich (roh)
Melone	Pastinake	Rosenkohl
Orange	Petersilie*	Rote Beteblätter**
Pampelmuse	Rettich (gekocht)*	Rübe
Papaya	Rote Bete	Sellerie
Pfirsich	Senfgrün*	Tomate (gekocht)**
Pflaume	Spaghettikürbis*	Weisskohl (roh)
Rhabarber	Spargel	Weizengras-Sprossen
Rosinen (eingeweicht)	Spinat (gekocht)*	Zwiebel (roh)
Tamarinde	Spinat (roh)*	
Trauben	Steckrübe	
Zitrone	Süßkartoffel	
	Tobinambur*	
	Weißkohl (gekocht)	
	Zwiebel (gekocht)*	

*kann man in Maßen essen – **kann man gelegentlich essen

Vata Ernährung

HÜLSENFRÜCHTE - JA	HÜLSENFRÜCHTE - NEIN	MILCHPRODUKTE - JA	MILCHPRODUKTE - NEIN
Linsen (rote)	Adzuki Bohnen	Butter	Joghurt (natur, gefroren, mit Früchten)
Mung Dhal	Erbsen (getrocknet)	Buttermilch	Kuhmilch (getrocknet)
Mung-Bohnen	Feuerbohnen	Eiscreme*	Ziegenmilch (getrocknet)
Soyakäse*	Geteilte Erbsen	Ghee	
Soyamilch*	Kichererbsen	Hartkäse*	
Soyawürstchen*	Lima-Bohnen	Hüttenkäse	
Tofu*	Miso**	Joghurt (verdünnt und gewürzt)	
Tur Dhal	Navy-Bohnen	Kuhmilch	
Urad Dhal	Pinto-Bohnen	Sauerrahm*	
	Schwarzäugige Erbsen	Weichkäse	
	Schwarze Bohnen	Ziegenkäse	
	Soyabohnen	Ziegenmilch	
	Soyamehl		
	Soyapulver		
	Tempeh		
	Weiße Bohnen		

NÜSSE - JA	NÜSSE - NEIN	SAMEN - JA	SAMEN - NEIN
Brasilianische Nuss	Keine	Chiasamen	Flohsamen**
Cashew-Nuss		Halva	Popkorn
Charoli-Samen		Hanfsamen	
Erdnuss		Kürbiskerne	
Haselnuss		Leinsamen	
Kokosnuss		Sesamsamen	
Macadamia-Nuss		Sonnenblumenkerne	
Mandeln		Tahini	
Pecan-Nuss			
Pinienkerne			
Pistazien			
Schwarze Walnuss			
Walnuss			

*kann man in Maßen essen – **kann man gelegentlich essen

Vata Ernährung

GETREIDE - JA	GETREIDE - NEIN	GETRÄNKE - JA	GETRÄNKE - NEIN
Amaranth*	Brot (mit Hefe)	Ajwain	Apfelsaft
Haferflocken (gekocht)	Buchweizen	Alkohol (Bier und Wein)	Birnensaft
Hartweizenmehl	Couscous	Aloe Vera-Saft	Coffeinhaltige Getränke
Pfannkuchen	Dinkel	Ananassaft	Eiskalte Getränke
Quinoa	Gerste	Apfelessig	Eiskalter Tee
Reis (alle Sorten)	Getreideflocken (kalt, trocken oder gepufft)	Aprikosensaft	Gemischter Gemüsesaft
Seitan	Granola-Müsli	Beerensaft (außer Moosbeeren)	Gemüsebrühe
Weizen	Hafer (trocken)	Chai (heiße, gewürzte Milch)	Getränke mit Kohlensäure
Weizenbrot aus Weizen-keimlingen	Haferkleie	Chrysanthemen*	Granatapfelsaft
	Hirse	Johannisbrotkernmehl*	Kaffee
	Knäckebrot, Cracker	Kaffeepulver	Kalte Milchgetränke
	Mais	Karottensaft	Kräutertees:
	Müsli	Kirschensaft	Alfalfa**
	Pasta**	Kräutertees:	Basilikum**
	Polenta**	Bancha Grüntee	Borretsch**
	Reiswaffeln**	Kamille	Gerste**

Roggen	Katzenminze*	Ginseng
Sago	Zigorie	Hibiskus
Tapioka	Limonade	Hopfen**
Weizenkleie	Mandelmilch	Jasmin**
	Mangosaft	Klettenwurzel
	Misosuppe	Löwenzahn
	Nelke	Maisbart
	Orangensaft	Schwarzbeeren
	Pampelmusensaft	Zimt**
	Papayasaft	Moosbeersaft (Cranberry)
	Pfirsichnektar	Pflaumensaft**
	Reismilch	Schokomilch
	saure Säfte	Schwarztee
	Soyamilch (heiß & gut gewürzt)	Soyamilch (kalt)
	Traubensaft	Tomatensaft**

*kann man in Maßen essen – **kann man gelegentlich essen

Vata Ernährung

176

ÖLE - JA	ÖLE - NEIN	GEWÜRZE - JA	GEWÜRZE - NEIN
Die Folge beginnt mit dem besten Öl für Vata	Leinsamenöl	*Alle Gewürze sind gut*	Kümmel
Sesam		Ajwain	
Ghee		Anis	
Olive		Asafoetida (Hing)	
die meisten anderen Öle		Basilikum	
Nur äußerlich anwendbar:		Bayblätter	
Kokosöl		Bockshornklee*	
Avocadoöl		Bohnenkraut	
		Cayennepfeffer*	
		Curryblätter	
		Dill	
		Estragon	
		Fenchel	
		Ingwer	
		Kardamon	
		Knoblauch	
		Koriander	
		Krauseminze	

Kreuzkümmel	
Kurkuma	
Majoran	
Mandelextrakt	
Minze	
Mohnsamen	
Muskatblüte	
Muskatnuss	
Nelke	
Orangenschale	
Origano	
Paprika	
Petersilie	
Pfefferminze	
Pippali – langer Pfeffer	
Rosmarin	
Saffran	
Salz	
Schwarzer Pfeffer	
Senfsamen	
Sternanis	

*kann man in Maßen essen – **kann man gelegentlich essen

Vata Ernährung

	Thymian
	Vanille
	Wintergrün
	Zimt

WÜRZMITTEL - JA	WÜRZMITTEL - NEIN	SÜSSUNGSMITTEL - JA	SÜSSUNGSMITTEL - NEIN
Chilischoten*	Meerrettich	Fruchtsaftkonzentrat	Ahornsyrup**
Chutney, Mango (süß oder würzig)	Schokolade	Fruktose	Weißer Zucker
Essiggurke		Gerstenmalz	
Gomasio		Honig (roh & unbehandelt)	
Hijiki-Alge		Jaggery - Rohrzucker	
Kelp-Alge		Molasse	
Ketchup		Reissirup	
Kombu-Alge		Sucanat - Vollrohrzucker	
Korianderblätter*		Turbinado - Rohrzucker	
Lappentang - Dulse			

Lauchzwiebel			
Limette			
Limetten-Pickle			
Mango-Pickle			
Mayonnaise			
Meeresalge			
Salz			
Schwarzer Pfeffer*			
Senf			
Soyasoße			
Sprossen*			
Tamari			
Zitrone			

*kann man in Maßen essen – **kann man gelegentlich essen

Vata Ernährung

NAHRUNGSERGÄN-ZUNG - JA	NAHRUNGSERGÄN-ZUNG - NEIN
Aloe Vera-Saft*	Gerstengras
Aminosäuren	Hefe
Bienenpollen	
Blaugrüne Algen	
Gelée Royale	
Mineralien: Kalzium, Kupfer, Eisen, Magnesium, Zink	
Spirulina	
Vitamine A, B, B12, C, D & E	

Pitta Ernährung

Pitta Ernährung

FRÜCHTE - JA	FRÜCHTE - NEIN	GEMÜSE - JA	GEMÜSE - NEIN
Vor allem süße Früchte	*Vor allem saure Früchte*	*Vor allem süße und bittere Gemüsearten*	*Vor allem scharfe Gemüse- arten*
Ananas (süß)	Ananas (sauer)	Artischocke	Aubergine**
Äpfel (süß)	Äpfel (sauer)	Bittermelone	Daikon Rettich
Apfelbrei	Aprikose (sauer)	Blattgemüse	Grüne Chilies
Aprikose (süß)	Banane	Blumenkohl	Kaktusfeige
Avocado	Beeren (sauer)	Brokkoli	Klettenwurzel, Schwarzwurzel
Beeren (süß)	Cranberries - Moosbeere	Erbsen	Knoblauch
Birne	Erdbeeren	Fenchel	Kohlrabi**
Datteln	Kaki	Grüne Bohnen	Lauch (roh)
Feige	Kirschen (sauer)	Grünkohl	Mais (frisch)**
Granatapfel	Kiwi **	Gurke	Meerrettich
Kirschen (süß)	Mango (grün)	Karotte (gekocht)	Olive, grün
Kokosnuss	Orange (sauer)	Karotte (roh)*	Pfefferschoten, scharf
Limette*	Pampelmuse	Kartoffel, süß und weiß	Rettich (roh)
Mango (reif)	Pfirsich	Kopfsalat	Rote Bete Blätter

Melone	Pflaume (sauer)	Korianderblätter	Rote Bete roh
Orange (süß)	Rhabarber	Lauch (gekocht)	Rübe
Papaya*	Tamarinde	Löwenzahnblätter	Rübenblätter
Rosinen	Trauben (grün)	Okra	Senfgrün
Trauben (rot und blau)	Zitrone	Olive, schwarz	Spinat (gekocht)**
Wassermelone		Paprika (süß)	Spinat (roh)
Zwetschge		Pastinaken	Tomate
		Petersilie	Zwiebel (roh)
		Rosenkohl	
		Rote Bete (gekocht)	
		Sellerie	
		Spargel	
		Weißkohl	
		Zwiebel (gekocht)	

*kann man in Maßen essen – **kann man gelegentlich essen

Pitra Ernährung

HÜLSENFRÜCHTE - JA	HÜLSENFRÜCHTE - NEIN	MILCHPRODUKTE - JA	MILCHPRODUKTE - NEIN
Adzukibohnen	Miso	Butter (ungesalzen)	Butter (gesalzen)
Erbsen (getrocknet)	Soyasauce	Eiscreme	Buttermilch
Feuerbohnen	Soyawürstchen	Ghee	Joghurt (unverdünnt, gefroren oder mit Früchten)
Geteilte Erbsen	Tur Dhal	Hüttenkäse	Käse (hart)
Kichererbsen (Garbanzo Bohnen)	Urad Dhal	Joghurt (frisch hergestellt & verdünnt)	Sauerrahm
Lima-Bohnen		Käse (weich, ungereift, ungesalzen)	
Linsen, rot & braun		Kuhmilch	
Mung Dhal		Ziegenkäse (weich & ungesalzen)	
Mungbohnen			
Navy-Bohnen			
Pinto-Bohnen			
Schwarzäugige Bohnen			
Schwarze Bohnen			
Soyabohnen			

Soyakäse			
Soyamehl*			
Soyamilch			
Soyapulver*			
Tempeh			
Tofu			
Weiße Bohnen			

*kann man in Maßen essen – **kann man gelegentlich essen

Pitta Ernährung

NÜSSE - JA	NÜSSE - NEIN	SAMEN - JA	SAMEN - NEIN
Charoli-Samen	Brasilianische Nüsse	Flohsamen	Chiasamen
Kokosnuss	Cashew-Nüsse	Halva	Sesamsamen
Mandeln (eingeweicht & geschält)	Erdnüsse	Hanfsamen	Tahini
	Haselnüsse	Kürbiskerne*	
	Macadamia-Nüsse	Leinsamen	
	Mandeln (mit Schale)	Popcorn (ungesalzen, mit Butter)	
	Pinienkerne	Sonnenblumenkerne	
	Pistazien		
	Schwarze Walnüsse		
	Walnüsse		

GETREIDE - JA	GETREIDE - NEIN	GETRÄNKE - JA	GETRÄNKE - NEIN
Amaranth	Brot (mit Hefe)	Aloe Vera-Saft	Apfelsaftschorle
Couscous	Buchweizen	Apfelsaft	Beerensaft (sauer)
Dinkel	Haferflocken (trocken)	Aprikosensaft	Bockshornklee
Gerste	Hirse	Beerensaft (süß)	Coffeinhaltige Getränke
Getreideflocken, trocken	Mais	Birnensaft	Eiskalte Getränke
Granola	Müsli**	Chai (heisse, gewürzte Milch)*	Eistee
Haferflocken (gekocht)	Polenta**	Gemischter Gemüsesaft	Ginseng
Haferkleie	Quinoa	Gemüsebrühe	Ingwer (trocken)
Hartweizenmehl	Reis (braun)**	Getreidekaffee	Kaffee
Knäckebrot	Roggen	Granatapfelsaft	Kakaomilch
Pasta		Kalte Milchgetränke	Karottensaft
Pfannkuchen		Karob	Kirschsaft (sauer)
Reis (Basmati, weiß, wild)		Kirschsaft (süß)	Kohlensäurehaltige Getränke
Reiswaffel		Krautertees:	Kräutertee:
Sago		Alfalfa	Ajwain
Seitan		Bancha Grüntee	Basilikum**
Tapioka		Borretsch	Eukalyptus
Weizen		Gerste	Nelke

*kann man in Maßen essen – **kann man gelegentlich essen

Pitta Ernährung

	Kamille	Zimt*
Weizenbrot aus Weizen-keimlingen		
Weizenkleie		
	Katzenminze	Limonade
	Klettenwurzel	Moosbeerensaft
	Schwarzbeere	Pampelmusensaft
	Mandelmilch	Papayasaft
	Mangosaft	Polei-Minze
	Misosuppe*	Saure Säfte
	Orangensaft*	Tomatensaft
	Pfirsichnektar	Wacholderbeere
	Pflaumensaft	Weißdorn
	Reismilch	Ysop
	Schwarztee	
	Soyamilch	
	Traubensaft	

ÖLE - JA	ÖLE - NEIN	GEWÜRZE - JA	GEWÜRZE - NEIN
Die Folge beginnt mit dem besten Öl für Pitta		Basilikum (frisch)	Ajwain
Sonnenblumenöl	Aprikosenkernöl	Curryblätter	Anis
Ghee – Butterschmalz	Distelöl	Dill	Asafötida (Hing)
Rapsöl	Maisöl	Estragon*	Basilikum (getrocknet)
Olivenöl	Mandelöl	Fenchel	Bayblätter
Sojaöl	Sesamöl	Ingwer (frisch)	Bockshornklee
Leinsamenöl		Kardamon	Bohnenkraut
Nachtkerzenöl		Koriander	Cayennepfeffer
Walnussöl		Kreuzkümmel	Ingwer (getrocknet)
Äußerliche Anwendung:		Kümmel*	Knoblauch
Avocadoöl		Kurkuma (Gelbwurz)	Majoran
Kokosöl		Minze	Mandelextrakt
		Neem-Blätter*	Mohnsamen
		Orangenschale*	Muskatblüte
		Petersilie*	Muskatnuss
		Pfefferminze	Nelken

*kann man in Maßen essen – **kann man gelegentlich essen

189

Pitta Ernährung

	Saffran	Origano
	Schwarzer Pfeffer*	Paprika
	Speer-Minze	Piment
	Vanille*	Pippal i- Langer Pfeffer
	Wintergrün	Rosmarin
	Zimt	Salbei
		Salz
		Senfsamen
		Sternanis
		Thymian

WÜRZMITTEL - JA	WÜRZMITTEL - NEIN	SÜSSUNGSMITTEL - JA	SÜSSUNGSMITTEL - NEIN
Chutney, Mango (süß)	Chilischoten	Ahornsirup	Honig* (roh & unbehandelt)
Hijiki-Alge	Chutney, Mango (scharf)	Fruchtsaftkonzentrat	Jaggery
Kombu-Alge*	Essig	Fruktose	Molasse
Korianderblätter*	Essiggurken	Gerstenmalz	Weißer Zucker
Lappentang-Dulse*	Frühlingszwiebel	Reissirup	
Limette*	Gomasio	Sucanat - Rohrzucker	
Schwarzer Pfeffer	Kelp-Alge	Turbinado - Rohrzucker	
Sprossen	Ketchup		
Tamari*	Limetten-Pickle		
	Mango-Pickle		
	Mayonnaise		
	Meeresalge		
	Meerrettich		
	Salz (in großen Mengen)		
	Schokolade		
	Senf		
	Soyasoße		
	Zitrone		

*kann man in Maßen essen – **kann man gelegentlich essen

Pitta Ernährung

NAHRUNGSERGÄN-ZUNGSMITTEL -JA	NAHRUNGSERGÄN-ZUNGSMITTEL - NEIN
Aloe Vera-Saft	Aminosäuren
Blaugrüne Alge	Bienenpollen**
Gerstengras	Gelée Royale
Hefe	Mineralien: Kupfer, Eisen, Vitamine A, B, B12 & C
Mineralien: Kalzium, Magnesium, Zink	
Spirulina	
Vitamine D & E	

Kapha Ernährung

Kapha Ernährung

FRÜCHTE - JA	FRÜCHTE - NEIN	GEMÜSE - JA	GEMÜSE - NEIN
Generell: vor allem Früchte mit adstringierendem Geschmack	*Generell: Früchte mit süßem und saurem Geschmack*	*Vor allem sehr bittere und scharfe Gemüsearten*	*Vor allem süße und saftige Gemüsearten*
Äpfel	Ananas	Artischoke	Gurke
Apfelmus	Avocado	Aubergine	Kartoffel, süß
Aprikose	Banane	Bittermelone	Kürbis, Winter-
Beeren	Dattel	Blattgemüse	Olive, schwarz oder grün
Birne	Feige (frisch)	Blumenkohl	Pastinake**
Erdbeeren*	Kiwi	Brokkoli	Taro Wurzelgemüse
Feige (getrocknet)	Kokosnuss	Daikon Rettich	Tomate (roh)
Granatapfel	Mango**	Fenchel (Anis)	Zucchini
Kaki	Melone	Grüne Bohnen	
Kirschen	Orange	Grüne Chili	
Limette*	Pampelmuse	Grünkohl	
Moosbeeren	Papaya	Karotte	
Pfirsich	Pflaume	Klettenwurzel - Schwarzwurzel	
Rosinen	Rhabarber	Knoblauch	
Trauben*	Tamarinde	Kopfsalat	
Zitrone*	Wassermelone	Koriander	

Zwetschge		
Lauch		
Löwenzahn		
Mais		
Meerrettich		
Okra		
Rosenkohl		
Rote Bete		
Rote Bete-Blätter		
Sellerie		
Senfgrün		
Spargel		
Topinambur		
Weißkohl		
Zwiebel		

*kann man in Maßen essen – **kann man gelegentlich essen

Kapha Ernährung

HÜLSENFRÜCHTE - JA	HÜLSENFRÜCHTE - NEIN	MILCHPRODUKTE - JA	MILCHPRODUKTE - NEIN
Adzuki-Bohnen	Feuerbohnen	Buttermilch*	Butter (gesalzen)
Erbsen (getrocknet)	Miso	Ghee*	Butter (ungesalzen)**
Geteilte Erbsen	Soyabohnen	Hüttenkäse	Eiscreme
Kichererbsen (Garbanzo Bohnen)	Soyakäse	Joghurt, verdünnt	Joghurt (unverdünnt, gefroren & mit Früchten)
Lima-Bohnen	Soyamehl	Ziegenkäse (ungesalzen & frisch)*	Käse (weich & hart)
Linsen (rote & braune)	Soyapulver	Ziegenmilch, Magermilch	Kuhmilch
Mung Dhal*	Soyasoße		
Mung-Bohnen*	Tofu (kalt)		Sauerrahm
Navy-Bohnen	Urad Dhal		
Pinto-Bohnen			
Schwarzäugige Erbsen			
Schwarze Bohnen			
Soyamilch			
Soyawürstchen			
Tempeh			

Tofu (heiß)*			
Tur Dhal			
Weiße Bohnen			

*kann man in Maßen essen – **kann man gelegentlich essen

Kapha Ernährung

NÜSSE - JA - *Gemäßigt*	NÜSSE - NEIN	SAMEN - JA	SAMEN - NEIN
Brasilianische Nuss	Keine	Chiasamen	Flohsamen**
Cashew-Nuss		Halva	Popkorn
Charoli-Samen		Hanfsamen	
Erdnuss		Kürbiskerne	
Haselnuss		Leinsamen	
Kokosnuss		Sesamsamen	
Macadamia-Nuss		Sonnenblumenkerne	
Mandeln		Tahini	
Pekan-Nuss			
Pinienkerne			
Pistazien			
Schwarze Walnuss			
Walnuss			

GETREIDE-JA	GETREIDE-NEIN	GETRÄNKE-JA	GETRÄNKE-NEIN
Amaranth	Brot (mit Hefe)	Aloe Vera-Saft	Eiskalte Getränke
Brot aus Weizenkeimligen (Essener Brot)	Haferlocken (gekocht)	Ananassaft*	Eistee
Buchweizen	Pasta**	Apfelessig	Kaffee
Couscous	Pfannkuchen	Apfelsaft*	Kalte Milchgetränke
Dinkel*	Reis (braun, weiß)	Apprikosensaft	Kirschsaft (sauer)
Gerste	Reisküchlein**	Beerensaft	Koffeinhaltige Getränke**
Getreideflocken (kalt, trocken oder gepufft)	Weizen	Birnensaft	Kohlensäurehaltige Getränke
Granola		Chai (heiße, gewürzte Milch)*	Kräutertees:
Haferflocken (trocken)		Getreidekaffee	Eibischwurzeltee
Haferkleie		Granatapfelsaft	Hagebuttetee
Hartweizenmehl*		Karob	Limonade
Hirse		Karottensaft	Mandelmilch
Knäckebrot		Kirschsaft (süß)	Misosuppe
Mais		Kräutertees:	Orangensaft

*kann man in Maßen essen – **kann man gelegentlich essen

Kapha Ernährung

Müsli	Alfalfa	Pampelmusensaft
Polenta	Bancha	Papayasaft
Quinoa*	Gerste	Reismilch
Reis (Basmati, wild)*	Kamille	Saure Säfte
Roggen	Klettenwurzel	Schokomilch
Sango	Nelke	Soyamilch
Seitan	Schwarzbeere	Tomatensaft
Tapioka	Zigorie	
Weizenkleie	Zimt	
	Mangosaft	
	Moosbeerensaft	
	Pfirsichnektar	
	Pflaumensaft	
	Schwarztee (gewürzt)	
	Soyamilch (heiß und gut gewürzt)	
	Traubensaft	

ÖLE - JA	ÖLE - NEIN	GEWÜRZE - JA *Alle Gewürze sind gut*	GEWÜRZE - NEIN
Die Folge beginnt mit den besten Öl für Kapha	Aprikosenkernöl	Ajwain	Salz
Maisöl	Avocadoöl	Anis	
Rapsöl	Distelöl	Asafötida (Hing)	
Sesamöl	Kokosöl	Basilikum	
Sonnenblumenöl	Leinsamenöl**	Bayblätter	
Ghee	Nachtkerzenöl	Bockshornklee	
Mandelöl	Olivenöl	Bohnenkraut	
	Sesamöl (intern)	Cayennepfeffer	
	Soyaöl	Curryblätter	
	Walnussöl	Dill	
		Estragon	
		Fenchel*	
		Ingwer	
		Kardamon	
		Knoblauch	

*kann man in Maßen essen – **kann man gelegentlich essen

Kapha Ernährung

Koriander	Kreuzkümmel	Kümmel	Kurkuma	Majoran	Mandelextrakt	Minze	Mohnsamen	Muskatblüte	Muskatnuss	Neemblätter	Nelken	Orangenschale	Origano	Paprika	Petersilie	Pfefferminze	Piment

Pippali - Langer Pfeffer		
Rosmarin		
Saffran		
Salbei		
Schwarzer Pfeffer		
Senfsamen		
Speer-Minze		
Thymian		
Vanille*		
Zimt		

*kann man in Maßen essen – **kann man gelegentlich essen

Kapha Ernährung

WÜRZMITTEL - JA	WÜRZMITTEL - NEIN	SÜSSUNGSMITTEL - JA	SÜSSUNGSMITTEL - NEIN
Chilipfeffer	Chutney, Mango (süß)	Fruchtsaftkonzentrat	Ahornsirup
Chutney, Mango- (scharf)	Essig	Honig (roh & unbehandelt)	Fruktose
Frühlingszwiebel	Essiggurke		Gerstenmalz
Hijiki-Alge*	Gomasio		Jaggery
Korianderblätter	Kelp-Alge		Molasse
Lappentang - Dulse*	Ketchup**		Reissirup
Meeresalgen*	Limette		Sucanat - Rohrzucker
Meerrettich	Limetten-Pickle		Turbinado - Rohrzucker
Schwarzer Pfeffer	Mango-Pickle		Weißer Zucker
Senf (ohne Essig)	Mayonnaise		
Sprossen*	Salz		
Zitrone*	Schokolade		
	Soyasoße		
	Tamari		

NAHRUNGSERGÄN-ZUNGSMITTEL - JA	NAHRUNGSERGÄN-ZUNGSMITTEL - NEIN
Aloe Vera-Saft	Mineralien: Kalium
Aminosäuren	
Bienenpollen	
Blaugrüne Alge	
Gelée Royale	
Gerstengras	
Hefe	
Mineralien: Kupfer, Kalzium, Eisen, Zink, Magnesium	
Spirulina	
Vitamine A, B, B12, C, D & E	

*kann man in Maßen essen – **kann man gelegentlich essen

Teil 2

Rezepte

Ghee findet in den meisten traditionellen ayurvedischen
Rezepten Verwendung. Veganer können es durch
ein pflanzliches Öl ersetzen. Gehen Sie kreativ mit
den Rezepten um und experimentieren Sie!

Ghee

Im Ayurveda wird Ghee als eines der höchst sattwischen Lebensmittel angesehen. Es unterstützt alle drei Doshas und ist das gesündeste aller Fette und Öle. Es kann in jedem Rezept anstatt von Öl verwendet werden.

500 g Butter in einer Pfanne auf mittlerer Wärmestufe erhitzen. Je besser die Qualität der Butter um so besser das Ghee. Während die Butter schmilzt und anfängt zu kochen bildet sich ein weißer Milchschaum an der Oberfläche des Fettes und einige Teile setzen sich am Boden ab. Die Butter nicht umrühren, sondern bei gleicher Temperatur weiterköcheln lassen. Sie sollte so lange köcheln bis sich keine Blasen mehr bilden und sich die Sedimente am Boden der Pfanne gold-braun färben.

Auch die Flüssigkeit färbt sich bernstein-gelb (das dauert circa 18-20 Minuten). Dann das Ghee 15-20 Minuten abkühlen lassen. Ein Sieb mit einem Käsetuch oder Küchenpapier auslegen und das Ghee damit in ein steriles Glas abgießen. Die Sedimente am Boden des Topfes sollen nicht mit in das Ghee kommen. Wenn das Ghee abkühlt, wird es hart und muss nicht im Kühlschrank aufbewahrt werden. Ghee von guter Qualität, das richtig zubereitet wurde, ist über ein Jahr haltbar. Sie müssen jedoch beim Entnehmen sauberes Besteck verwenden, damit das Ghee nicht verunreinigt wird.

Viele ayurvedische Kräutermixturen werden mit Ghee hergestellt, damit die heilende Wirkung der Kräuter tiefer in den Körper transportiert werden kann.

Salate

Oh Liebe, wo gehst du hin?
Wonach suchst du?
Deine Geliebte ist genau hier.
Sie lebt in deiner Nachbarschaft.
Ihr Gesicht ist wahrhaftig.
Sie versteckt sich hinter Wänden und ruft nach dir,
Während du suchst und dich
in der Wildnis und der Wüste verlierst.
Suche nicht länger nach Blumen.
Ein blühender Garten wartet in deinem eigenen Heim.

Während du nach Wertlosem Ausschau hältst,
erwartet dich der wahre Schatz in dir selbst.
Es gibt keinen Grund zu leiden.
Gott ist hier.

– Rumi

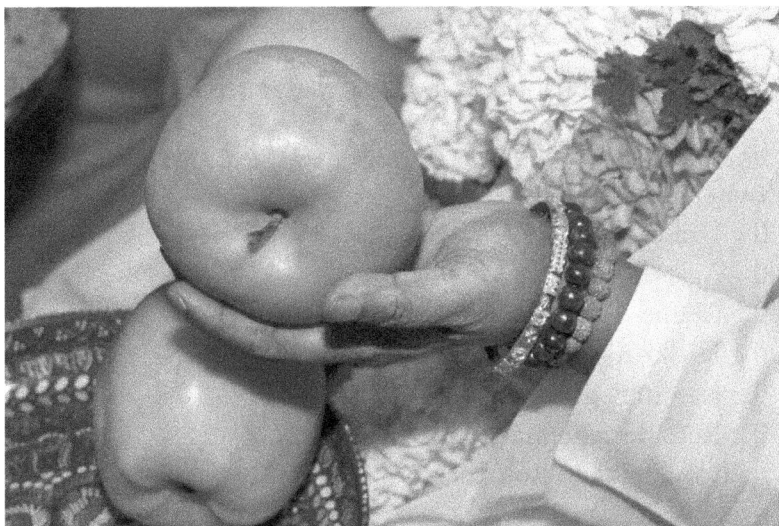

211

Ambikas Agar-Algen Salat

Für alle 3 Doshas geeignet
Zutaten für 2-3 Personen:
160 g Agar (Algen)
40 g Pastinaken, geraspelt
1 EL geröstete Sesamsamen oder Gomasio
½ TL biologischer Rohrzucker
½-1 TL schwarzer Pfeffer, frisch gemahlen
2 EL frischer Koriander, fein gehackt
1 EL frisches Basilikum, fein gehackt
1 TL frischer Dill, fein gehackt
1 TL frisch gepresster Zitronen-oder Limettensaft
2 TL Balsamico-oder Apfelessig
2 EL Wasser
1 EL kaltgepresstes Olivenöl oder Ghee

Die Algen waschen und 20 Minuten lang in Wasser einweichen, dann nochmals kurz abwaschen. Alle Zutaten in eine große Schüssel geben und einige Minuten lang mischen. Zudecken und 5 Minuten durchziehen lassen.

Satchitanandas Meeresalgen-Salat

Für alle 3 Doshas geeignet
Zutaten für 3-4 Personen:
20 g Dulse-Algen
40 g Agar-Algen
20 g Arame-Algen
20 g Hiziki-Algen
70 g Karotten, geraspelt
70 g Rote Bete, geraspelt
½ TL biologischer Rohrzucker

½-1 TL schwarzer Pfeffer, frisch gemahlen
2 EL frischer Koriander, fein gehackt
1 EL frisches Basilikum, fein gehackt
1 TL frische Minze, fein gehackt
1 TL frischer Dill, fein gehackt
½ TL frischer Estragon oder ¼ TL getrockneter Estragon
2 TL frisch gepresster Zitronensaft
2 TL Balsamico-oder Apfelessig
2 EL Wasser
1 EL kaltgepresstes Olivenöl oder Ghee

Die Algen waschen und 20 Minuten in frischem Wasser einweichen, dann nochmals kurz abwaschen. Alle Zutaten in eine große Schüssel geben und einige Minuten lang mischen. Zudecken und 5 Minuten durchziehen lassen.

Shivajis Meeresalgen-Salat mit getrockneten Tomaten

Für alle 3 Doshas geeignet
Zutaten für 3-4 Personen:
20 g Hiziki-Algen
80 g Agar-Algen
20 g Arame-Algen
30 g getrocknete Tomaten, in kleine Stücke geschnitten
25 g Sellerie, in Stücke geschnitten
½ TL biologischer Rohrzucker
½-1 TL schwarzer Pfeffer, frisch gemahlen
2 EL frischer Koriander, fein gehackt
1 EL frisches Basilikum, fein gehackt
1 TL frischer Dill, fein gehackt
1 TL frisch gepresster Zitronensaft
1 TL Balsamico-oder Apfelessig
2 EL Wasser

1 EL kaltgepresstes Olivenöl oder Ghee

Die Algen waschen und 20 Minuten in frischem Wasser einweichen, dann nochmals kurz abwaschen. Alle Zutaten in eine große Schüssel geben und einige Minuten lang mischen. Zudecken und 5 Minuten durchziehen lassen.

Sitas Meeresalgen-Salat mit bunten Kernen

Für alle 3 Doshas geeignet
Zutaten für 3-4 Personen:
160 g Agar-Algen
40 g Arame-Algen
3 EL Hanfsamen
2 EL Kürbiskerne
1 EL Sonnenblumenkerne
½ TL biologischer Rohrzucker
½-1 TL schwarzer Pfeffer, frisch gemahlen
2 EL frischer Koriander, fein gehackt
1 EL frisches Basilikum, fein gehackt
1 TL frische Minze, fein gehackt
1 EL frischer Dill, fein gehackt
½ TL frischer Estragon oder ¼ TL getrockneter Estragon
2 TL frisch gepresster Zitronensaft
2 TL Balsamico-oder Apfelessig
2 EL Wasser
1 EL kaltgepresstes Olivenöl oder Ghee

Die Algen waschen und 20 Minuten in frischem Wasser einweichen, dann nochmals kurz abwaschen. Alle Zutaten in eine große Schüssel geben und einige Minuten lang mischen. Zudecken und 5 Minuten durchziehen lassen.

Cinmayis Karotten-Erbsen-Salat

Für alle 3 Doshas geeigenet, leicht Vata+
Zutaten für 4-5 Personen:
250-300 g Karotten, geraspelt
300 g frische Erbsen (wenn tiefgefroren, zuerst auftauen oder einige Minuten kochen lassen)
25 g Sellerie, in Stücke geschnitten
½ TL biologischer Rohrzucker
½-1 TL Meersalz
½-1 TL schwarzer Pfeffer, frisch gemahlen
2 EL frischer Koriander, fein gehackt
1 EL frisches Basilikum, fein gehackt
1 TL frische Minze, fein gehackt
½ TL Fenchelsamen
1 EL frischer Dill, fein gehackt
½ TL frischer Estragon oder ¼ TL getrockneter Estragon
2 TL frisch gepresster Zitronensaft
2 TL Balsamico-oder Apfelessig
2 EL Wasser
1 EL kaltgepresstes Olivenöl oder Ghee

Alle Zutaten in eine große Schüssel geben und einige Minuten vermischen. Dann 5 Minuten ziehen lassen.

Brahmanandas Karotten-Rote-Bete-Raita

Vata-, Pitta+, Kapha =
Zutaten für 4 Personen:
250 g Naturjoghurt (für Veganer Soja-Joghurt)
150 g Rote Bete, geraspelt
1 große Karotte, geraspelt
1/8 TL Nelkenpulver

1/8 TL Zimtpulver
1 Messerspitze Asafoetida (Hingpulver)
¼ TL Meersalz
¼ TL schwarzer Pfeffer, gemahlen
1/8 TL biologischer Rohrzucker

Den Joghurt und die Gewürze in einer mittelgroßen Schüssel verrühren, Rote Bete und Karotten hinzugeben und gut durchmischen, zudecken, 5 Minuten ziehen und eventuell noch im Kühlschrank abkühlen lassen. Kalt servieren.

Chandras Karotten-Gurken-Salat

Vata -, Pitta-, Kapha +
Zutaten für 2-3 Personen:
250-300 g Karotten, geraspelt
70 g Gurken, in Stücke geschnitten
½ TL biologischer Rohrzucker
½-1 TL Meersalz
½-1 TL schwarzer Pfeffer, frisch gemahlen
2 EL frischer Koriander, fein gehackt
1 EL frisches Basilikum, fein gehackt
1 TL frische Minze, fein gehackt
1 EL frischer Dill, fein gehackt
½ TL frischer Estragon oder ¼ TL getrockneter Estragon
2 TL frisch gepresster Zitronensaft
2 TL Balsamico-oder Apfelessig
1 TL geschälte Hanfsamen
2 EL Wasser
1 EL Hanfsamenöl, kaltgepresstes Olivenöl oder Ghee

Alle Zutaten in eine große Schüssel geben und einige Minuten vermischen. Dann 5 Minuten ziehen lassen.

Gemüse-Sprossen-Salat

Für alle 3 Doshas geeignet, leicht Vata+
Zutaten für 4-5 Personen:
20 g Alfalfa-Sprossen
20 g Kleesprossen
50 g Bohnensprossen
20 g Rettichsprossen
70 g Rote Bete, geraspelt
70 g Karotten, geraspelt
50 g Tomaten, in Stücke geschnitten
30 g Pastinaken, geraspelt
20 g Rotkohl, gehackt
25 g Sellerie, in Stücke geschnitten
20 g Frühlingszwiebeln, gehackt
40 g grüne Erbsen
2-3 cm frischer Ingwer, gerieben
25 g Mandeln, gehackt oder in der Küchenmaschine zerkleinert
1 EL geschälte Hanfsamen
½ TL biologischer Rohrzucker
½-1 TL Meersalz
½-1 TL schwarzer Pfeffer, frisch gemahlen
2 EL frischer Koriander, fein gehackt
1 EL frisches Basilikum, fein gehackt
1 TL frische Minze, fein gehackt
1 EL frischer Dill, fein gehackt
½ TL frischer Estragon oder ¼ TL getrockneter Estragon
2 EL frisch gepresster Zitronensaft
1 EL biologisches kaltgepresstes Olivenöl
1 EL roter Weinessig oder Apfelessig

Alle Zutaten in eine große Schüssel geben und einige Minuten vermischen. Dann 5 Minuten ziehen lassen.

Gayatris wunderbarer Gartensalat

Für alle 3 Doshas geeignet, leicht Vata+
Zutaten für 4 Personen:
70 g geraspelte Rote Bete
70 g geraspelte Karotten
40 g geraspelter Daikon-Rettich
40 g geraspelte Pastinaken
10 g rote Kleesprossen
10 g Alfalfa-Sprossen
10 g Daikon-Rettichsprossen
1 EL Sonnenblumenkerne
1 EL Hanfsamen
5 EL frischer Koriander, fein gehackt
1 EL frisches Basilikum, fein gehackt
1 EL frischer Dill, fein gehackt
1 TL frisch gepresster Zitronensaft
1 TL Hanföl oder biologisches kaltgepresstes Olivenöl
1 TL roten Weinessig, Balsamico-oder Apfelessig
½ TL biologischer Rohrzucker oder Agavensirup
½-1 TL Meersalz
¼ TL schwarzer Pfeffer, frisch gemahlen
¼ TL Cayennepfeffer

Alle Zutaten in eine große Schüssel geben und einige Minuten mischen. Dann 5 Minuten ziehen lassen.

Gauris grünes Blattgemüse

Pitta und Kapha -, Vata+
Zutaten für 4-5 Personen:
30 g Spinat, gehackt
40 g Grünkohl

218

20 g grüner Mangold

20 g Pak-Choi-Kohl

30 g Alfalfa-Sprossen

30 g Sellerie, gehackt

10 g Frühlingszwiebeln, gehackt

40 g grüne Erbsen

1 TL Kürbiskerne

1 TL gehackte Mandeln

1 TL biologischer Rohrzucker

½-1 TL Meersalz

½-1 TL schwarzer Pfeffer, frisch gemahlen

1 EL frischer Koriander, fein gehackt

1 EL frisches Basilikum, fein gehackt

1 TL frische Minze, fein gehackt

1 EL frischer Dill, fein gehackt

½ TL frischer Estragon oder ¼ TL getrockneter Estragon

2 EL frisch gepresster Zitronensaft

1 EL biologisches kaltgepresstes Olivenöl

1 EL roter Weinessig oder Apfelessig

Alle Zutaten in eine große Schüssel geben und einige Minuten mischen. Dann 5 Minuten ziehen lassen.

Thai Salat „Turiya"

Für alle 3 Doshas geeignet, leicht Vata +
Zutaten für 2-3 Personen:
1 ½ EL biologischer Rohrzucker

1-2 EL Limetten- oder Zitronensaft

300 g rohe grüne Papaya, geraspelt

6 grüne Bohnen, in Stücke geschnitten

1 Knoblauchzehe, gepresst

1 ½ EL Soja-oder Tamari-Soße

1-3 scharfe Chilis, in Stücke gehackt (je nach Belieben)
5 Kirschtomaten
2 EL Erdnüsse (traditionelles Rezept) oder Cashewnüsse oder Mandeln

Die Papaya halbieren und die Samen entfernen, danach schälen und raspeln (eventuell mit einer Käsereibe mit mittleren bis großen Löchern). Den Knoblauch, die Tomaten und die Bohnen vermischen. Die Chilis hacken und mit der grünen Papaya, den Nüssen, der Sojasauce, dem Zitronensaft und dem Rohrzucker verrühren. Die Zutaten mit einem Holzlöffel, Salatbesteck oder sauberen Händen mischen.

Tattvamayis traditioneller grüner Papaya-Salat

Für alle 3 Doshas geeignet, leicht Vata+
Zutaten für 3 Personen:
1 ½ EL biologischer Rohrzucker
1-2 EL Limetten-oder Zitronensaft
300 g grüne Papaya, geraspelt
90 g Weißkohl, in feine Stücke gehackt
6 grüne Bohnen, in Stücke geschnitten
1 Knoblauchzehe, gepresst
1 ½ El Soja-oder Tamarisauce
1-4 Chilis, gehackt (je nach Belieben)
2 große Tomaten, in kleine Stückchen geschnitten
2 EL Erdnüsse (traditionelles Rezept) oder Cashewnüsse oder Mandeln

Die Papaya halbieren und die Samen entfernen, danach schälen und raspeln (eventuell mit einer Käsereibe mit mittleren bis großen Löchern). Die Zutaten mit einem Holzlöffel, Salatbesteck oder sauberen Händen mischen.

Gurupriyas grüner Papaya-Salat

Für alle 3 Doshas geeignet, leicht Vata+
Zutaten für 3-4 Personen:
1 ½ EL biologischer Rohrzucker
1-2 EL Limetten-oder Zitronensaft
300 g grüne Papaya, geraspelt
50 g Mungbohnen-Sprossen
1 mittelgroße Tomate, in kleine Stückchen geschnitten
1 große Knoblauchzehe, gepresst
1 ½ EL Soja-oder Tamari-Sauce
1-2 Chilischoten, gehackt (je nach Belieben)
2 EL Erdnüsse (traditionell) oder Cashewnüsse oder Mandeln, gehackt oder zu Pulver gemahlen
3 EL Koriander, gehackt
2 EL Basilikum, gehackt
2-3 EL Frühlingszwiebeln, gehackt
1-2 EL Tamarindenpaste

Die Papaya halbieren und die Samen entfernen, danach schälen und raspeln (eventuell mit einer Käsereibe mit mittleren bis großen Löchern). Die Zutaten mit einem Holzlöffel, Salatbesteck oder sauberen Händen mischen.

Herzhafter grüner Papaya-Salat „Parashakti"

Für alle 3 Doshas geeignet, leicht Vata+
Zutaten für 3-4 Personen:
1 ½ EL biologischer Rohrzucker
1-2 EL Limetten-oder Zitronensaft
300 g grüne Papaya, geraspelt
50 g Mungbohnen-Sprossen
1 mittlere Tomate, in kleine Stückchen geschnitten

1 große Knoblauchzehe, gepresst
1 ½ EL frischer Ingwer, geraspelt
1 TL frisch gemahlener schwarzer Pfeffer
1 ½ EL Soja-oder Tamari-Sauce
1-2 Chilischoten, gehackt (je nach Belieben)
2 EL Erdnüsse (traditionell) oder Cashewnüsse oder Mandeln, gehackt oder zu Pulver gemahlen
4 EL Koriander, gehackt
3 EL Basilikum, gehackt
3 EL Frühlingszwiebeln, gehackt
1-2 EL Tamarindenpaste

Die Papaya halbieren und die Samen entfernen, danach schälen und raspeln (eventuell mit einer Käsereibe mit mittleren bis großen Löchern). Die Zutaten mit einem Holzlöffel, Salatbesteck oder sauberen Händen mischen.

Vidyas Wurzelgemüse und grüner Papaya-Salat

Für alle 3 Doshas geeignet, leicht Vata +
Zutaten für 3-4 Personen:
1 ½ EL biologischer Rohrzucker
1-2 EL Limetten-oder Zitronensaft
300 g grüne Papaya, geraspelt
50 g Mungbohnen-Sprossen
40 g Rote Bete, geraspelt
40 g Karotten, geraspelt
30 g Daikon-Rettich, geraspelt
40 g Pastinaken, geraspelt
1 mittlere Tomate, in kleine Stückchen geschnitten
1 große Knoblauchzehe, gequetscht
1 ½ EL frischer Ingwer, geraspelt
1 TL frisch gemahlener schwarzer Pfeffer

2 EL Soja-oder Tamari-Sauce
1-3 Chilischoten, gehackt (je nach Belieben)
3 EL Erdnüsse (traditionell) oder Cashewnüsse oder Mandeln, gehackt oder zu Pulver gemahlen
4 EL Koriander, gehackt
3 EL Basilikum, gehackt
3 EL Frühlingszwiebeln, gehackt
2 EL Tamarindenpaste

Die Papaya halbieren und die Samen entfernen, danach schälen und raspeln (eventuell mit einer Käsereibe mit mittleren bis großen Löchern). Die Zutaten mit einem Holzlöffel, Salatbesteck oder sauberen Händen mischen.

Savitris grüner Papaya-Sprossen-Salat

Pitta und Kapha-, Vata+
Zutaten für 3-4 Personen:
1 ½ EL biologischer Rohrzucker
1-2 EL Limetten-oder Zitronensaft
300 g grüne Papaya, geraspelt
50 g Mungbohnen-Sprossen
10 g Daikon-Rettich-Sprossen
10 g Klee-Sprossen
10 g Brokkoli-Sprossen
20 g Sonnenblumen-Sprossen
10 g Alfalfa-Sprossen
1 mittlere Tomate, in kleine Stückchen geschnitten
1 große Knoblauchzehe, gepresst
1 ½ EL frischer Ingwer, geraspelt
1 TL schwarzer Pfeffer, frisch und fein gemahlen
1 ½ El Soja-oder Tamari-Sauce
1-2 Chilischoten, gehackt (je nach Belieben)

2 EL Erdnüsse (traditionell) oder Cashewnüsse oder Mandeln, gehackt oder zu Pulver gemahlen
4 EL Koriander, gehackt
2 EL Basilikum, gehackt
3 EL Frühlingszwiebeln, gehackt
1-2 EL Tamarindenpaste

Die Papaya halbieren und die Samen entfernen, danach schälen und raspeln (eventuell mit einer Käsereibe mit mittleren bis großen Löchern). Die Zutaten mit einem Holzlöffel, Salatbesteck oder sauberen Händen mischen.
Bemerkung: Falls die oben genannten Sprossen nicht erhältlich sind, können Sie Sprossen Ihrer Wahl dazugeben.

Herzhafter Rote-Bete-Salat „Hrdaya"

Für alle 3 Doshas geeignet
Zutaten für 2-3 Personen:
250-300 g Rote Bete, geraspelt
1 große Tomate, in Stücke geschnitten
1 TL biologischer Rohrzucker
½-1 TL Meersalz
½-1 TL schwarzer Pfeffer, frisch gemahlen
1-2 EL frischer Koriander, fein gehackt
1 EL frisches Basilikum, fein gehackt
1 TL frische Minze, fein gehackt
1 TL frischer Dill, fein gehackt
½ TL frischer Estragon oder ¼ TL getrockneter Estragon
2 EL frisch gepresster Zitronensaft
1 EL biologisches kaltgepresstes Olivenöl
1 EL roter Weinessig oder Apfelessig

Alle Zutaten in eine große Schüssel geben und einige Minuten vermischen. Dann 5 Minuten ziehen lassen.

Regenbogensalat

Für alle 3 Doshas geeignet, leicht Vata +
Zutaten für 4-5 Personen:
150 g Rote Bete, geraspelt
60 g Spinat, gehackt
150 g Karotten, geraspelt
10 schwarze Oliven, halbiert
4-5 Artischockenherzen, halbiert oder geviertelt
3 kleine Paprika, in längliche dünne Scheiben geschnitten: 1
grüne, 1 rote, 1 gelbe Paprika
3 EL sonnengetrocknete Tomaten, gehackt
1 Selleriestange, gehackt
½ TL biologischer Rohrzucker
½-1 TL Meersalz
½-1 TL schwarzer Pfeffer, frisch gemahlen
¼ TL Kreuzkümmelpulver
1 TL geschälte Hanfsamen
1 TL Kürbiskerne
1 EL Balsamico-Essig
1 EL frisch gepresster Zitronensaft
1 EL Hanföl oder biologisches kaltgepresstes Olivenöl

Alle Zutaten in eine große Schüssel geben und einige Minuten
vermischen. Dann 5 Minuten ziehen lassen.

Wurzelgemüse-Salat „Raghupati"

Für alle 3 Doshas geeignet, leicht Vata+
Zutaten für 3-4 Personen:
150 g Rote Bete, geraspelt
150 g Karotten, geraspelt
30 g Daikon-Rettich, geraspelt

60 g Pastinaken, geraspelt
30 g Sellerie, in Stücke geschnitten
1 TL biologischer Rohrzucker
½-1 TL Meersalz
½-1 TL schwarzer Pfeffer, frisch gemahlen
1-2 EL frischer Koriander, fein gehackt
1 EL frisches Basilikum, fein gehackt
1 TL frische Minze, fein gehackt
1 TL frischer Dill, fein gehackt
½ TL frischer Estragon oder ¼ TL getrockneter Estragon
2 EL frisch gepresster Zitronensaft
1 EL biologisches kaltgepresstes Olivenöl
1 EL roter Weinessig oder Apfelessig

Alle Zutaten in eine große Schüssel geben und einige Minuten vermischen. Dann 5 Minuten ziehen lassen.

Shankaras einfacher Rote-Bete-Salat

Für alle 3 Doshas geeignet
Zutaten für 2-3 Personen:
300 g Rote Bete, geraspelt
1 TL biologischer Rohrzucker
½-1 TL Meersalz
½-1 TL schwarzer Pfeffer, frisch gemahlen
1 TL frischer Koriander, fein gehackt
¼ TL Korianderpulver
¼ TL Kreuzkümmelpulver
1 TL frisch gepresster Zitronensaft
1 TL biologisches kaltgepresstes Olivenöl

Alle Zutaten in eine große Schüssel geben und einige Minuten vermischen. Dann 5 Minuten ziehen lassen.

Sonnenblumensalat „Shambo"

Für alle 3 Doshas geeignet, leicht Vata+
Zutaten für 3 Personen:
200 g Sonnenblumen-Sprossen
50 g Mungbohnen-Sprossen
2 EL Sonnenblumenkerne
50 g geraspelte Karotten
2 EL frischer Koriander, gehackt
1 EL Petersilie, gehackt
1 TL Dill (frisch oder getrocknet)
1 EL Balsamico-, Rotwein-oder Apfelessig
1 TL biologischer Rohrzucker
1 TL Hanfsamenöl, Oliven-oder Sesamöl (oder 1/3 TL von jedem)
1 TL frisch gepresster Zitronensaft

Alle Zutaten in eine große Schüssel geben und einige Minuten vermischen. Dann 5 Minuten ziehen lassen.

Salat „Sarada"

Pitta und Kapha -, Vata +
Zutaten für 3-4 Personen:
1 großer Rotkohl, gehackt
1 großer Daikon-Rettich, geraspelt
1 mittlere Karotte, geraspelt
2 kleine oder 1 große Chili, gehackt
1 EL geraspelte Kokosnuss
1 EL frisch gepresster Zitronensaft
1-2 EL frischer Koriander
1 TL Dill
1 EL Balsamico-, Rotwein-oder Apfelessig

1 TL biologischer Rohrzucker
¼ TL Kreuzkümmelpulver
3 EL Wasser
1 TL Hanfsamenöl oder Olivenöl

Alle Zutaten in eine große Schüssel geben und einige Minuten vermischen. Dann 5 Minuten ziehen lassen.

Spinat-Cranberries-Salat „Santosh"

Pitta und Kapha -, leicht Vata +
Zutaten für 3-4 Personen:
90 g Spinat, gehackt
3 EL getrocknete Cranberries
1 EL geschälte Hanfsamen
1 TL Sonnenblumenkerne
30 g Sellerie, in Stücke geschnitten
1 EL Walnüsse
1 EL biologische Mandeln (gehackt oder gemahlen)
½-1 TL Meersalz
½-1 TL schwarzer Pfeffer, frisch gemahlen
1 EL frisch gepresster Zitronensaft
1 TL frischer Koriander, fein gehackt
1 TL frischer Dill, fein gehackt
½ TL Estragon, frisch (oder ¼ TL getrocknet)
¼ TL Kreuzkümmelpulver
1 EL Hanfsamenöl oder Olivenöl
1 EL biologischer Apfelessig

Alle Zutaten in eine große Schüssel geben und einige Minuten vermischen. Dann 5 Minuten ziehen lassen. Falls der Salat etwas zu trocken erscheint, noch etwas Wasser hinzufügen.

Saftiger Sprossensalat „Siddhesvari"

Pitta und Kapha -, Vata +
Zutaten für 2-3 Personen:
20 g Kleesprossen
20 g Alfalfa-Sprossen
20 g Daikon-Rettich-Sprossen
50 g Sonnenblumen-Sprossen
100 g Mungbohnen-Sprossen
1 g Korianderblätter, gehackt
1 EL frischer Dill, gehackt
1 EL frisches Basilikum, gehackt
1 TL frischer Zitronensaft
1 TL Balsamico-, Rotwein-oder Apfelessig
1 TL Hanfsamen-oder Olivenöl
½ TL biologischer Rohrzucker oder Agavensirup
¼ TL Meersalz
¼ TL schwarzer Pfeffer, frisch gemahlen
¼ TL Cayennepfeffer

Alle Zutaten in eine große Schüssel geben und einige Minuten vermischen. Dann 5 Minuten ziehen lassen.

Spinat-Salat

Pitta und Kapha -, Vata+
Zutaten für 4 Personen:
100 g Spinat, gehackt
40 g Grünkohl, gehackt
50 g Karotten, gerieben
30 g Sellerie, gehackt
1 TL biologischer Rohrzucker
½-1 TL Meersalz

½-1 TL schwarzer Pfeffer, frisch gemahlen
¼ TL Kreuzkümmelpulver
1 EL frisch gepresster Zitronensaft
1 EL frischer Koriander, fein gehackt
1 TL frisches Basilikum, fein gehackt
1 TL frischer Dill, fein gehackt
½ TL Estragon, frisch (oder getrocknet ¼ TL)
1 TL Sonnenblumenkerne
1 EL Hanfsamen-oder Olivenöl
1 EL biologischer Apfelessig

Alle Zutaten in eine große Schüssel geben und einige Minuten vermischen. Dann 5 Minuten ziehen lassen. Falls der Salat etwas zu trocken erscheint, noch etwas Wasser hinzufügen.

Valsalas Gemüsesalat

Für alle 3 Doshas geeignet, leicht Vata+
Zutaten für 4-5 Personen:
40 g Kohlblätter, in kleine Stücke geschnitten
70 g Rote Bete, geraspelt
60 g Karotten, geraspelt
1 große Tomate, in kleine Stücke geschnitten
25 g Rotkohl, gehackt
25 g Sellerie, in Stücke geschnitten
20 g Frühlingszwiebeln, gehackt
40 g grüne Erbsen
1 TL biologischer Rohrzucker
½-1 TL Meersalz
½-1 TL schwarzer Pfeffer, frisch gemahlen
¼ TL Kreuzkümmelpulver
1 -2 EL frisch gepresster Zitronensaft
2 EL frischer Koriander, fein gehackt

1 EL frisches Basilikum, fein gehackt
1 TL frische Minze, fein gehackt
1 EL frischer Dill, fein gehackt
½ TL Estragon, frisch (oder getrocknet ¼ TL)
1 TL geschälte Hanfsamen
1 EL Hanfsamenöl oder Olivenöl
1 EL biologischer Apfelessig

Alle Zutaten in eine große Schüssel geben und einige Minuten vermischen. Dann 5 Minuten ziehen lassen. Falls der Salat etwas zu trocken erscheint, noch etwas Wasser hinzufügen.

Tropischer Salat

Für alle 3 Doshas geeignet, leicht Kapha+
Zutaten für 2 Personen:
80 g Ananas, in kleine Stücke geschnitten
70 g Papaya, in kleine Stücke geschnitten
170 g Mango, in kleine Stücke geschnitten
1 EL geraspelte Kokosnuss
1 TL frisch gepresster Zitronensaft
1 Messerspitze Cayennepfeffer

Einfach alle Zutaten in einer Schüssel zusammenmischen – ein leichter Genuss.

Papaya-Salat „Purna"

Vata und Pitta -, Kapha +
Zutaten für 2 Personen:
300 g reife Papaya, in Stücke geschnitten
80 g Datteln, in Stücke geschnitten
1 EL frisch gepresster Zitronensaft

Die Papayastücke zusammen mit den anderen Zutaten in einer großen Schüssel vermischen. Kurz ziehen lassen und servieren.

Beeren-Salat „Bhakti"

Für alle 3 Doshas geeignet
Zutaten für 2 Personen:
150 g Heidelbeeren
80 g Brombeeren
60 g Himbeeren
250 g Erdbeeren, geviertelt

Alle Zutaten in einer Schüssel zusammenmischen.

Prashantas Paradies

Für alle 3 Doshas geeignet
Zutaten für 2 Personen:
40 g Mango
40 g Papaya
40 g Ananas
40 g Blaubeeren
40 g rote Trauben
½ Pfirsich
1 EL getrocknete Kokosflocken
1 EL frisch gepresster Zitronensaft

Die Früchte in kleine Stücke schneiden, in einer Schüssel mischen und die Kokosflocken und den Zitronensaft dazugeben.

Keralafrüchte-Delight

Vata und Pitta -, Kapha +
Zutaten für 2-3 Personen:

6 kleine oder 3 grosse Bananen
70 g Datteln
80 g Mango
80 g Papaya
3 EL getrocknete Kokosflocken
1 EL frisch gepresster Zitronensaft

Bananen, Papaya und Mango in kleine Stücke schneiden, dann Zitronensaft und Kokosflocken hinzugeben. Nach Belieben mit einer Messerspitze Cayennepfeffer würzen.

Suppen

Was nützt es, wenn wir in einem Raum mit geschlossenen Türen und Fenstern sitzen und uns beschweren, dass es dunkel ist, während draußen die Sonne hell scheint? Nur wenn wir die Türen unserer Herzen öffnen, können wir die Gnade Gottes erhalten, die er ständig über uns ergießt.

– Amma

Suppe mit Spargel, Roter Bete und Karotten

Für alle 3 Doshas geeignet
Zutaten für 3-4 Personen:
200 g Karotten, in dünne Scheiben geschnitten
200 g Spargel, in Stücke geschnitten
150 g Rote Bete, in Stücke geschnitten
1 TL geriebener Ingwer
½ TL Meersalz (je nach Belieben)
¼ TL schwarzer Pfeffer
½ TL Kreuzkümmelpulver
½ TL Korianderpulver
¼ TL Cayenne-Pfeffer
1 gepresste große Knoblauchzehe
2 EL Ghee
1 TL fein gehackter frischer Koriander
750 ml Wasser

Das Ghee auf mittlerer Stufe in einem Topf erwärmen, die Gewürze darin anrösten und das Gemüse hinzugeben, ca. 4-5 Minuten anrösten, dann mit Wasser aufgießen und zum Kochen bringen. Auf kleiner Stufe ca. 25 Minuten bedeckt köcheln lassen, zwischendurch umrühren, bis das Gemüse weich ist. Vom Herd nehmen, den frischen Koriander hinzugeben und 5 Minuten ziehen lassen.

Chinnamastas Karotten-Sellerie-Suppe

Für alle 3 Doshas geeignet
Zutaten für 3-4 Personen:
200 g Karotten, in dünne Scheiben geschnitten
1 kleine Zwiebel, gehackt
100 g Sellerie, in Stücke geschnitten
2 EL geriebener Ingwer
½ TL Meersalz (je nach Belieben)

1 Messerspitze schwarzer Pfeffer
¼ TL Kreuzkümmelpulver
¼ TL Korianderpulver
1 Nelke
1 Gemüse-Brühwürfel (vegetarisch)
1 fein gehackte große Knoblauchzehe
1 kleines Lorbeerblatt
1 EL Ghee
1 TL fein gehackte Petersilie
1 TL fein gehackter frischer Koriander
750 ml Wasser

Das Ghee auf mittlerer Stufe in einem Topf erwärmen und Gewürze, Zwiebel, Knoblauch und Lorbeerblatt darin anrösten. Dann Karotten und Sellerie hinzugeben, ca. 3-4 Minuten anrösten, mit Wasser aufgießen und zum Kochen bringen. Auf kleiner Stufe ca. 20 Minuten bedeckt köcheln lassen, zwischendurch umrühren, bis das Gemüse weich ist. Dann mit Salz und Pfeffer würzen und vom Herd nehmen. Frischen Koriander und Petersilie dazugeben und etwa 5 Minuten ziehen lassen.

Gitas Koriander-Ingwer-Suppe

Für alle 3 Doshas geeignet, leicht Pitta +
Zutaten für 2-3 Personen:
4- 5 EL fein gehackter Koriander, je nach Geschmack
60-120 g geriebener Ingwer
½ TL Kreuzkümmelsamen
1 TL Kurkuma (Gelbwurzpulver)
2 EL Ghee
¼ –½ TL Meersalz (je nach Belieben)
¼ TL Korianderpulver
½ TL frisch gemahlener schwarzer Pfeffer

300 ml Mandel-oder Hanfmilch
700 ml Wasser

Den Ingwer fein reiben und in einer Schüssel zu einer Paste pressen. Das Ghee erhitzen und die Kreuzkümmelsamen und den Ingwer darin anrösten. Dann Kurkuma, schwarzen Pfeffer, Salz und Wasser hinzugeben. Wenn das Wasser kocht, mit Milch aufgießen, zum Kochen bringen, auf kleiner Stufe und unter ständigem Rühren 3-4 Minuten köcheln lassen. Vom Herd nehmen und den Koriander hinzufügen, abdecken und 5 Minuten ziehen lassen. Bei Bedarf nachsalzen.

Ganapatis Ingwer-Suppe

Vata -und Kapha -, Pitta +
Zutaten für 2-3 Personen:
90-180 g geriebener Ingwer (je nach Belieben)
½ TL Kreuzkümmelsamen
1 TL Kurkuma (Gelbwurzpulver)
2 EL Ghee
¼ –½ TL Meersalz (je nach Belieben)
¼ TL Korianderpulver
¼ -½ TL frisch gemahlener schwarzer Pfeffer
300 ml Mandel-oder Hanfmilch
500 ml Wasser
1 EL fein gehackter frischer Koriander

Den Ingwer fein reiben und in einer Schüssel zu einer Paste pressen. Das Ghee erhitzen und die Kreuzkümmelsamen und den Ingwer darin anrösten. Dann Kurkuma, schwarzen Pfeffer, Salz und Wasser hinzugeben. Wenn das Wasser kocht, mit Milch aufgießen, zum Kochen bringen, auf kleiner Stufe und unter ständigem Rühren 3-4 Minuten köcheln lassen. Vom Herd nehmen und den Koriander

hinzufügen, abdecken und 5 Minuten ziehen lassen. Bei Bedarf
nachsalzen.

Wurzelgemüsesuppe „Mata Rani"

Für alle 3 Doshas geeignet
Zutaten für 4-5 Personen:
1 l – 1, 25 l Wasser
150 g Rote Bete, in Stücke geschnitten
200 g Karotten, in dünne Scheiben geschnitten
½ Tasse Klettenwurzeln oder Schwarzwurzeln, in dünne Scheiben
geschnitten
70 g Pastinaken, in kleine Stücke geschnitten
½ -2 TL schwarzer Pfeffer (je nach Belieben)
½ -2 TL Cayennepfeffer (je nach Belieben)
5 cm frisch geriebener Ingwer
1-2 TL Kreuzkümmelpulver
½ TL Kurkuma (Gelbwurzpulver)
1 fein gehackte kleine Knoblauchzehe
1 TL Korianderpulver
¼ TL Bockshornkleepulver
1 Messerspitze Hingpulver (Asafoetida)
½ TL Meersalz
2 EL Ghee
2 TL fein gehackter frischer Koriander

Alle Zutaten (bis auf den frischen Koriander) in einem großen
Topf mit dem Ghee ca. 3-4 Minuten anrösten. Dann mit Wasser
aufgießen und zum Kochen bringen. Auf kleiner Stufe bis zu 45
Minuten köcheln lassen. Vom Herd nehmen, den frischen Koriander
hinzugeben und 5 Minuten ziehen lassen.

Kapha-Balance-Suppe

Für alle 3 Doshas geeignet
Zutaten für 4-5 Personen:
1l-1,25 l Wasser
1 mittelgroße Karotte, gerieben
1 mittelgroße Zwiebel, feingehackt
40 g dunkelgrünes Blattgemüse (z.B. Grünkohl, Kohl, Senf, Mangold, etc.), gehackt
1-3 TL schwarzer Pfeffer (je nach Belieben)
½ -2 TL Cayennepfeffer (je nach Belieben)
5 cm frisch geriebener Ingwer
2 TL Kreuzkümmelpulver
½ TL Kurkuma (Gelbwurzpulver)
1 TL fein gehacktes Basilikum
½ TL Meersalz
2 TL fein gehackter frischer Koriander

Alle Zutaten in einem Edelstahltopf zum Kochen bringen und auf kleiner Stufe 45-50 Minuten köcheln lassen. Topf vom Herd nehmen und Koriander hinzufügen. Bedeckt 5 Minuten ziehen lassen.

Kapha-Balance-Suppe II

Für alle 3 Doshas geeignet
Zutaten für 4-5 Personen:
1 l -1,25 l Wasser
30 g gehackter Grünkohl
2 fein gehackte Frühlingszwiebeln
100g Brokkoli, in kleinen Röschen
50 g Blumenkohl, in kleinen Röschen
1-3 TL schwarzer Pfeffer (je nach Belieben)
½ -2 TL Cayennepfeffer (je nach Belieben)

4 cm frisch geriebener Ingwer

2 TL Kreuzkümmelpulver

½ TL Kurkuma (Gelbwurzpulver)

1-2 TL fein gehacktes Basilikum

½ TL Meersalz

2 TL fein gehackter Koriander

Alle Zutaten in einen Edelstahltopf geben und aufkochen, dann auf kleiner Stufe 45-50 Minuten köcheln lassen. Topf vom Herd nehmen und Koriander hinzufügen. Bedeckt 5 Minuten ziehen lassen.

Pitta-Balance-Suppe

Für alle 3 Doshas geeignet
Zutaten für 4-5 Personen:

100 g Basmati-Reis

1,5 – 1,75 l Wasser

70 g Grünkohl, gehackt

50 g Sellerie, in Stücke geschnitten

60 g Karotten, geraspelt

60 g Fenchel, gehackt

1 TL Fenchelsamenpulver

¼ TL Kreuzkümmelpulver

¼ TL Korianderpulver

1 EL frischer Koriander, fein gehackt

¼ -½ TL Meersalz oder nach Belieben

Den Reis waschen. Das Wasser in einem schweren und tiefen Topf zum Kochen bringen. Reis, alles Gemüse (außer dem Grünkohl), Fenchel-, Kreuzkümmel- und Korianderpulver hinzugeben. Auf kleiner bis mittlerer Stufe abgedeckt 20-30 Minuten köcheln lassen. Die Temperatur reduzieren und Grünkohl und Mangold hinzugeben. Weitere 20 Minuten bedeckt köcheln lassen. Topf vom

Herd nehmen und den frischen Koriander sowie Salz hinzufügen, 5 Minuten ziehen lassen.

Pitta-Balance-Suppe II

Für alle 3 Doshas geeignet
Zutaten für 4-5 Personen:
100 g Basmati-Reis
1,5 l – 1,75 l Wasser
30 g fein gehackter Grünkohl
20 g fein gehackter Mangold
70 g fein gehackte Rote Bete
60 g geriebene Karotten
60 g fein gehackter Fenchel
1 TL Fenchelsamenpulver
¼ TL Kreuzkümmelpulver
¼ TL Korianderpulver
1 TL fein gehackter frischer Koriander
¼ -½ TL Meersalz (je nach Belieben)

Den Reis waschen. Das Wasser in einem schweren und tiefen Topf zum Kochen bringen. Reis, alles Gemüse (außer dem Grünkohl und Mangold), Fenchel-, Kreuzkümmel- und Korianderpulver hinzugeben. Auf kleiner bis mittlerer Stufe abgedeckt 20-30 Minuten köcheln lassen. Die Temperatur reduzieren und Grünkohl und Mangold hinzugeben. Weitere 20 Minuten bedeckt köcheln lassen. Topf vom Herd nehmen und den frischen Koriander sowie Salz hinzufügen, 5 Minuten ziehen lassen.

Vata-Balance-Suppe

Für alle 3 Doshas geeignet
Zutaten für 4-5 Personen:
50 g Basmati-Reis

1,75 l – 2 l Wasser

70 g fein gehackter Grünkohl

60 g geriebene Karotten

30 g Rote Bete, in kleine Stückchen geschnitten

3-4 TL geriebener japanischer Rettich (Daikon)

1/8 TL schwarzer Pfeffer

1/8 TL gemahlener Koriander

1/8 TL Kurkuma

1 TL fein gehackter Koriander

½ TL gehackte frische Ingwerwurzel

¼ TL Meersalz (je nach Belieben)

Den Reis waschen und abtropfen lassen. Das Wasser in einem schweren und tiefen Edelstahltopf zum Kochen bringen. Reis und alles Gemüse (außer dem Grünkohl), Ingwer, Pfeffer, Kurkuma und Korianderpulver hinzugeben. Auf kleiner bis mittlerer Stufe abgedeckt 20-30 Minuten köcheln lassen. Die Temperatur reduzieren und Grünkohl hinzufügen. Weitere 20 Minuten bedeckt köcheln lassen. Topf vom Herd nehmen und den frischen Koriander sowie Salz hinzufügen, 5 Minuten ziehen lassen.

Vata-Balance-Süßkartoffelsuppe

Für alle Doshas geeignet
Zutaten für 4-5 Personen:

50 g Basmati-Reis

1,75 l – 2 l Wasser

70 g feingehackter Grünkohl

150 g Süßkartoffeln, in kleine Stückchen geschnitten

60 g Karotten, in kleine, runde Stückchen geschnitten

3-4 TL geriebener japanischer Rettich (Daikon)

1/8 TL schwarzer Pfeffer

1/8 TL gemahlener Koriander

1/8 TL Kurkuma
1 TL fein gehackter Koriander
½ TL gehackte frische Ingwerwurzel
¼ TL Meersalz (je nach Belieben)

Den Reis waschen und abtropfen lassen. Das Wasser in einem
schweren und tiefen Edelstahltopf zum Kochen bringen. Reis und
alles Gemüse (außer dem Grünkohl), Ingwer, Pfeffer, Kurkuma und
Korianderpulver hinzugeben. Auf kleiner bis mittlerer Stufe abgedeckt 20-30 Minuten köcheln lassen. Die Temperatur reduzieren
und Grünkohl hinzufügen. Weitere 20 Minuten bedeckt köcheln
lassen. Topf vom Herd nehmen und den frischen Koriander sowie
Salz hinzufügen, 5 Minuten ziehen lassen.

Seetangsuppe „Shanti"

Für alle 3 Doshas geeignet, leicht Kapha +
Zutaten für 3-4 Personen:
20 g Dulse-Algen
40 g Agar-Algen
20 g Arame-Algen
20 g Hiziki-Algen
60 g Karotten, geraspelt
70 g Rote Bete, geraspelt
1 l – 1, 25 l Wasser
1 TL frisch gemahlener schwarzer Pfeffer
2 EL frischer Koriander, fein gehackt
1 EL frisches Basilikum, fein gehackt
1 TL Kreuzkümmelpulver
    Dill, fein gehackt
    on oder ¼ TL getrocknet
    Olivenöl oder Ghee
    ach Belieben)

Das Wasser zum Kochen bringen, die Meeresalgen, Rote Bete und Karotten dazugeben, 5-7 Minuten lang kochen. Alle anderen Zutaten hinzufügen und einige Minuten weiterkochen. Vom Herd nehmen, abdecken und 5 Minuten ziehen lassen.

Svatantras pikante grüne Gemüsesuppe

Für alle 3 Doshas, leicht Pitta+
Zutaten für 4-5 Personen:
je 40 g Grünkohl-, Mangold-und Markstammkohlblätter, gehackt
1 l – 1,25 l Wasser
2 TL biologisches Maismehl, aufgelöst in 2 EL Wasser
½ -1 TL Cayenne-Pfeffer oder 1 frischer Chili, gehackt
2-3 EL Ghee
1 EL frischer Koriander, fein gehackt
½ TL schwarzer Pfeffer, frisch gemahlen
½ TL Meersalz (je nach Belieben)

Das Ghee in einer großen Pfanne erhitzen und auf niedriger Stufe das Gemüse und den Chili 5-6 Minuten anbraten. Nun das Wasser und die Gewürze (auch den Cayenne-Pfeffer, wenn dieser gewünscht ist) hinzugeben, auf mittlerer Stufe zum Kochen bringen und das Maismehl einrühren. Die Wärmezufuhr wieder reduzieren und unter Rühren noch 4-5 Minuten köcheln. Vom Herd nehmen und frischen Koriander dazugeben, abdecken und 5 Minuten ziehen lassen.

Suddhas pikante grüne Gemüsesuppe

Vata und Kapha -, Pitta+
Zutaten für 4 Personen:
je 80 g Grünkohl und Spinat, gehackt
40 g Pak Choi und braune Senfblätter, gehackt
1 l-1,25 l Wasser

2 EL biologisches Maismehl, aufgelöst in 2 EL Wasser
½ -1 TL starker Cayennepfeffer oder frischer Chili je nach Belieben, fein gehackt
2-3 EL Ghee
3 EL frischer Koriander
½ schwarzer Pfeffer, frisch gemahlen
1 TL Knoblauch, gehackt oder gepresst
1 EL frischer Ingwer, fein gehackt oder gepresst
½ TL Meersalz (je nach Belieben)
Das Ghee in einer großen Pfanne erhitzen und auf niedriger Stufe das Gemüse, Knoblauch, Ingwer und Chili 5-6 Minuten anbraten. Nun das Wasser und die Gewürze (auch den Cayenne-Pfeffer, wenn dieser gewünscht ist) hinzugeben, auf mittlerer Stufe zum Kochen bringen und das Maismehl einrühren. Die Wärmezufuhr wieder reduzieren und unter Rühren noch 4-5 Minuten köcheln. Vom Herd nehmen und frischen Koriander dazugeben, abdecken und 5 Minuten ziehen lassen.

Pikante Zwiebelsuppe

Vata und Kapha-, Pitta +
Zutaten für 3-4 Personen:
2 große Zwiebeln, gehackt
1 l Wasser
2 TL biologisches Maismehl aufgelöst in 2 EL Wasser
½ -1 TL Cayennepfeffer oder 1 frischer roter Chili
2 EL Ghee
1 EL frischer Koriander, gehackt
½ TL schwarzer Pfeffer, gemahlen
½ TL Meersalz (je nach Belieben)

Das Ghee in einer großen Pfanne erhitzen und die Zwiebeln und den Chili auf niedriger Stufe 8 Minuten anbraten, bis sie bräunlich sind. Nun das Wasser und die Gewürze (auch den Cayenne-Pfeffer, wenn dieser gewünscht ist) hinzugeben, auf mittlerer Stufe zum Kochen bringen und das Maismehl einrühren. Die Wärmezufuhr wieder reduzieren und unter Rühren noch 4-5 Minuten köcheln. Vom Herd nehmen und frischen Koriander dazugeben, abdecken und 5 Minuten ziehen lassen.

Sadasivas pikante Meeresalgensuppe

Für alle 3 Doshas geeignet
Zutaten für 4 Personen:
40 g Agar-Algen
20 g Arame-Algen
20 g Hiziki-Algen
30 g geriebener Daikon-Rettich
2 cm frischer Ingwer, gerieben
2-3 frische Chilis (je nach Belieben), gehackt
1 mittelgroße weiße oder rote Zwiebeln, gehackt
1 l Wasser
½ -1 TL schwarzer Pfeffer, frisch gemahlen
2 EL frischer Koriander, gehackt
1 EL frisches Basilikum, gehackt
1 TL Kreuzkümmelpulver
¼ TL Korianderpulver
1 TL frischer Dill, gehackt
½ TL frischer Estragon (oder ¼ TL getrockneter)
1 EL kaltgepresstes Olivenöl oder Ghee
Meersalz (je nach Belieben)

Das Wasser in einem Topf zum Kochen bringen, die Meeresalgen und den Rettich hinzufügen und 5-7 Minuten kochen. Dann die restlichen Zutaten dazugeben und noch einige Minuten weiterkochen. Vom Herd nehmen und 5 Minuten ziehen lassen.

Südindische Subji-Suppe „Kanyakumari"

Für alle 3 Doshas geeignet
Zutaten für 4-5 Personen:
40 g Auberginen, in kleine Stücke geschnitten
40 g Paprika, gehackt
150 g Kartoffeln, in kleine Stücke geschnitten
180 g Tomaten, kleingeschnitten
1 TL geriebener frischer Ingwer
½ TL Meersalz (je nach Belieben)
¼ TL schwarzer Pfeffer
½ TL Kreuzkümmelpulver
½ TL Korianderpulver
¼ TL Cayennepfeffer
1 große Knoblauchzehe, gepresst
2 EL Ghee
1 TL frischer Koriander, gehackt
750 ml Wasser

Das Ghee auf mittlerer Stufe in einem Topf erwärmen, die Gewürze und das Gemüse 4-5 Minuten lang darin anbraten, dann mit Wasser aufgießen und zum Kochen bringen. Auf kleiner Stufe 35-40 Minuten bedeckt weiterköcheln lassen, bis das Gemüse weich ist. Zwischendurch umrühren, anschließend vom Herd nehmen und frischen Koriander dazugeben. Abdecken und 5 Minuten ziehen lassen.

Gemüsegerichte

Liebe kann nicht zweierlei enthalten. Sie kann nur eins umfassen. Liebe ist purnam: Fülle. In dem stetigen und hingebungsvollen Gedenken der Liebe lösen sich das „Ich" und „du" auf, und verschwinden. Was bleibt, ist die Liebe. Das ganze Universum ist in dieser reinen und ungeteilten Liebe enthalten. Liebe ist endlos; nichts kann davon ausgeschlossen werden. Liebe ist alldurchdringend.

– Amma

Lalitambas Zitronen-Pfeffer-Brokkoli

Für alle 3 Doshas geeignet
Zutaten für 2-3 Personen:
2 große Brokkoliköpfe, in kleine Röschen zerkleinert
250 ml Wasser
3-4 EL Zitronensaft
½ TL frisch gemahlener Pfeffer
½ TL Meersalz
2 EL Ghee (oder Olivenöl für Veganer)
1 TL geriebene Zitronenschale
1 EL fein gehackter frischer Koriander

Den Brokkoli 5-6 Minuten kochen oder dämpfen, dann auf kleiner Stufe 4-5 Minuten weiterkochen, bis der Brokkoli weich ist. Das Ghee in einer flachen Pfanne erhitzen und Brokkoli, Salz, Pfeffer und Zitrone 2-3 Minuten darin anbraten. Vom Herd nehmen, Koriander hinzugeben, abdecken und 5 Minuten ziehen lassen. Mit Basmati-Reis, Jasmin-Reis oder Reisnudeln servieren.

Aloo Gobi Gemüse

Für alle 3 Doshas geeignet
Zutaten für 4 Personen:
250 ml Wasser
200 g Blumenkohl, in kleine Röschen geschnitten
300 g Kartoffeln, zerkleinert
1 mittelgroße Tomate, in Stücke geschnitten
60 g grüne Erbsen
2 EL Ghee
1 TL Kreuzkümmel
½ TL Fenchelsamen
¼ TL Bockshornkleesamen
½ TL Kurkuma

½ TL Cayennepfeffer
½ TL Korianderpulver
¼ TL schwarzer Pfeffer
½ TL Meersalz
1 TL biologischer Rohrzucker
3 EL frischer Koriander

Das Ghee in einem Wok oder Topf auf mittlerer Stufe erwärmen, Kreuzkümmel, Fenchelsamen und Bockshornkleesamen etwas anrösten, dann den Blumenkohl hinzugeben und 3-4 Minuten bei gelegentlichem Umrühren anbraten. Kartoffeln, Kurkuma, Cayennepfeffer und Koriander hinzugeben und gut durchmischen, mit etwas Wasser aufgießen, abdecken und auf kleiner Stufe 10-12 Minuten köcheln. Anschließend die Tomate, das Salz und den Rohrzucker darunter mischen, eventuell nochmals etwas Wasser dazugeben und 8-10 Minuten kochen, bis die Kartoffeln weich sind. Vom Herd nehmen und 5 Minuten ziehen lassen, dann den frischen Koriander darüber streuen und nochmals kurz abdecken. Mit Reis servieren.

Amritanandinis Spargel

Für alle 3 Doshas geeignet
Zutaten für 2 Personen:
270 g Spargel, in Stücke geschnitten
125 ml Wasser
1 TL Zitronensaft
½ -1 TL Kreuzkümmelpulver
¼ TL Kurkumapulver
¼ TL Paprika
¼ TL schwarzer Pfeffer
1/8 TL Koriander
1/8 TL Meersalz

50 g geschälte, gehackte Mandeln
2 EL Ghee

Das Ghee in einem Kochtopf auf mittlerer Stufe erwärmen, die Gewürze 1-2 Minuten anrösten, den Spargel hinzugeben und 3-4 Minuten lang anbraten. Mit etwas Wasser aufgießen, abdecken und ca. 10 Minuten kochen, bis der Spargel weich ist. Zwischendurch umrühren und nach Bedarf Wasser hinzugeben. Wenn der Spargel fertig gekocht ist, den Zitronensaft und die gehackten Mandeln dazugeben, vom Herd nehmen und 5 Minuten ziehen lassen. Nach Bedarf salzen. Mit Reis, Dhal oder Kitcheri servieren.

Omkaras Okra-Masala

Für alle 3 Doshas geeignet
Zutaten für 2-3 Personen:
2 EL Ghee
1-4 grüne Chilis, gehackt (je nach Belieben)
1 EL Ingwer, in kleine Stücke geschnitten
4 große Zwiebeln, fein gehackt
½ TL Kurkumapulver
750 g Okra, gewaschen und in schmale Streifen geschnitten, horizontal oder 5-6 Ringe vertikal
¼ TL schwarzer Pfeffer
¼ TL Meersalz

Das Ghee in einem Topf auf mittlerer Stufe erwärmen, die grünen Chilis und den Ingwer leicht braun anbraten, die Zwiebeln hinzugeben und glasig anbraten, dann Kurkuma dazumischen. Nun die Okras hinzufügen und kurz auf höherer Stufe garen, bis die Okraschoten mit Ghee und Gewürzen bedeckt sind. Das Salz dazugeben und auf kleiner Stufe 10-12 Minuten kochen, bis die Okras gut durchgekocht sind. Anschließend noch etwas anbraten lassen, wenn nötig noch etwas Ghee dazugeben. Abdecken, vom Herd nehmen und 5 Minuten ziehen lassen. Mit Reis servieren.

Bhagaratis Brokkoli und Erbsen

Für alle 3 Doshas geeignet
Zutaten für 2-3 Personen:
1 Zwiebel, fein gehackt
180 g Brokkoli, in kleine Röschen geschnitten
60 g Erbsen
2 EL Ghee
1 Messerspitze Hingpulver (Asafoetida)
½ TL Kurkuma
¼ -½ TL Cayennepfeffer
½ TL Kreuzkümmelpulver
¼ TL Korianderpulver
¼ TL schwarzer Pfeffer
1/8 TL Ingwerpulver
¼ -½ TL Meersalz

Brokkoli und Erbsen dämpfen oder kochen, bis sie ziemlich weich sind. Das Ghee in einem Topf erwärmen, die Zwiebeln darin glasig anbraten, die Gewürze dazugeben und 1-2 Minuten anrösten. Brokkoli und Erbsen (und bei Bedarf etwas Ghee) hinzugeben und 3-5 Minuten garen. Abdecken und 5 Minuten ziehen lassen. Mit Reis servieren.

Bhadra Tarinis Brokkoli

Für alle 3 Doshas geeignet
Zutaten für 3 Personen:
250 g Brokkoli in Stückchen
1-3 grüne Chilis, fein gehackt (je nach Belieben)

1 cm frischer Ingwer, gerieben
1 TL Kreuzkümmelsamen
¼ TL Kurkumapulver
¼ TL Koriander
¼ TL schwarzer Pfeffer, frisch gemahlen
2 EL Ghee
2 Tassen Wasser
¼ TL Meersalz (je nach Belieben)

Brokkoli 6-7 Minuten dämpfen oder kochen, vom Herd nehmen und abdecken. Den geriebenen Ingwer und die Chilis mit ¼ TL Wasser mischen. Das Ghee in einem Topf oder Wok erhitzen, dann Kreuzkümmel, Ingwer, Chili, schwarzen Pfeffer hinzufügen und 1-2 Minuten anrösten. Den Brokkoli und die restlichen Gewürze hinzugeben und einige Minuten anbraten. Bei Bedarf mit etwas Wasser aufgießen, vom Herd nehmen, abdecken und einige Minuten ziehen lassen. Mit Basmati-Reis, Jasmin-Reis oder Reisnudeln servieren.

Karotten-Spinat-Curry

Für alle 3 Doshas geeignet
Zutaten für 3-4 Personen:
4 EL Ghee
1,5 kg Spinat, gehackt
260 g Karotten, in Stücke geschnitten
1 große Zwiebel, fein gehackt
1 EL frisch geriebener Ingwer
1 Messerspitze Hingpulver (Asafoetida)
½ TL Kurkuma
¼ -½ TL Cayennepfeffer
1 ½ TL Meersalz (je nach Belieben)
1 TL Kreuzkümmelpulver
½ TL Korianderpulver

½ TL schwarzer Pfeffer

Das Ghee in einer großen Pfanne auf mittlerer Stufe erwärmen und die Zwiebeln anrösten. Die Karotten und den Spinat hinzufügen und einige Minuten lang anbraten. Dann Kurkuma, Cayennepfeffer, Salz und Spinat dazugeben. Mit 200-300 ml Wasser aufgießen und die restlichen Gewürze ergänzen. 15-20 Minuten auf mittlerer Stufe kochen lassen oder bis nur wenig Flüssigkeit übrig ist und die Karotten weich sind. Abdecken und 5 Minuten ziehen lassen. Mit Basmati- oder Jasmin-Reis servieren.

Cidanandas Cashew-Brokkoli (gebacken oder gebraten)

Für alle 3 Doshas geeignet
Zutaten für 2 Personen:
1 großer Brokkolikopf (ca. 230 g, in Röschen geschnitten)
3 EL Frühlingszwiebeln, fein gehackt
2 EL Ghee
2 TL biologischer Rohrzucker
1 TL Apfelessig oder roter Weinessig
½ TL schwarze Senfkörner
¼ TL Meersalz
¼ TL Kreuzkümmelsamen
150 g trocken geröstete Cashewnüsse, fein gehackt (eventuell in einem Mixer)
375 ml Wasser
Zubereitung im Ofen:

Den Backofen auf 175°C vorheizen. Brokkoli in Wasser kochen, bis er gerade weich ist. Die Zwiebeln in Ghee glasig anrösten und die Gewürze hinzugeben. Brokkoli abgießen, auf einem geölten Backblech verteilen und mit den Zwiebeln bedecken. Die Cashewnüsse darüber streuen und 15-20 Minuten backen. Mit Reis oder Reisnudeln servieren.

Zubereitung in der Pfanne:
Brokkoli in Wasser kochen bis er fast gar ist. Die Zwiebeln mit dem Ghee glasig anrösten und die Gewürze ergänzen. Brokkoli abgießen und hinzugeben, sowie die Cashewnüsse und noch etwas Ghee, und ca. 5 Minuten anbraten. Abdecken und 5 Minuten ziehen lassen. Mit Reis oder Reisnudeln servieren.

Chili-Okras „Cit Shakti"

Für alle 3 Doshas geeignet
Zutaten für 2-3 Personen:
300 g Okras
3 EL Ghee
1-3 Chilischoten, in kleine Stücke geschnitten oder ½ -1 TL Cayennepfeffer
¼ -½ TL Meersalz (je nach Belieben)
¼ TL schwarzer Pfeffer, frisch gemahlen

Die Okras waschen, trocknen und in kleine Stücke schneiden. Das Ghee auf mittlerer Hitze in einem Wok oder Kochtopf erhitzen und die Chilis einige Minuten darin anbraten. Dann die Okras, das Meersalz und den schwarzen Pfeffer hinzugeben und ca. 10-12 Minuten braten, bis die Okras fertig gegart sind. Abdecken und 5 Minuten ziehen lassen. Mit Reis servieren.

Kokosnuss-Auberginen „Bhairavi"

Für alle 3 Doshas geeignet, leicht Kapha+
Zutaten für 2-3 Personen:
250 g Auberginen
1 große Knoblauchzehe, zerdrückt oder fein gehackt
3 ganze Knoblauchzehen
1 TL geriebener Ingwer

3 EL Tamarindenpaste
1/8 TL Kurkumapulver
½ TL Meersalz
½ TL schwarzer Pfeffer
¼ TL Kreuzkümmelpulver
¼ TL Cayennepfeffer
3-4 EL Ghee
100 ml Kokosmilch
1 EL Koriander, fein gehackt
1-2 grüne Chilis, fein gehackt

Die Auberginen in ½ cm dicke Scheiben schneiden. Diese nochmals in dünne Streifen schneiden.
Auberginen, zerdrückten Knoblauch, Ingwer, Tamarindenpaste, Kurkuma, Salz und Chilipulver in eine Pfanne geben, vermischen und 15-20 Minuten ziehen lassen. Inzwischen die anderen 3 Knoblauchzehen fein hacken oder quetschen. Das Ghee in einem Topf auf mittlerer Stufe erwärmen, den Knoblauch hinzugeben und golden rösten, die Auberginenmischung hinzugeben und 12-15 Minuten kochen lassen. Vom Herd nehmen, die Kokosmilch und die grünen Chilis hinzugeben und das Gericht nochmals zum Köcheln bringen. Erneut vom Herd nehmen und frischen Koriander darüber streuen, 5 Minuten ziehen lassen. Mit Basmati- oder Jasmin-Reis servieren.

Kokosnuss-Gemüse-Curry „Kapila"

Für alle 3 Doshas geeignet, leicht Kapha +
Zutaten für 4-5 Personen:
100 g Brokkoliröschen
100 g Blumenkohlröschen
150 g Karotten, in kleine Stücke geschnitten
60 g grüne Erbsen

1 große Knoblauchzehe, zerdrückt
3 große Knoblauchzehen
1 EL geriebener Ingwer
3 EL Tamarindenpaste
1/8 TL Kurkuma
½ TL Meersalz
½ TL schwarzer Pfeffer
¼ TL Kreuzkümmelpulver
¼ TL Cayennepfeffer
3-4 EL Ghee
125 ml Kokosmilch
2 EL frischer Koriander, fein gehackt
1-2 grüne Chilis, fein gehackt

Das Gemüse 7-8 Minuten kochen oder dämpfen. Das Wasser behalten, dann die 3 Knoblauchzehen schälen und etwas quetschen, aber noch ganz lassen. Das Ghee in einer Pfanne auf mittlerer Stufe erwärmen, den Knoblauch dazugeben und leicht golden anrösten, dann das Gemüse und die Gewürze dazugeben und ca. 10 Minuten anbraten, bis alles fast gar ist. Wenn nötig mit etwas Wasser aufgießen, die Kokosmilch und die grünen Chilis dazugeben, weiter erhitzen, bis es anfängt zu köcheln, vom Herd nehmen. Den frischen Koriander darüber streuen, dann abdecken und 5 Minuten ziehen lassen. Mit Basmati oder Jasmin-Reis servieren.

Chudaminis Curry

Für alle 3 Doshas geeignet
Zutaten für 3-4 Personen:
120 g grüne Erbsen
250 g Karotten, in kleine Stücke geschnitten
2 EL Ghee
1-2 große Zwiebeln, fein gehackt

1 große Knoblauchzehe
1 cm geriebener Ingwer
1 TL Kreuzkümmelsamen
½ TL Meersalz
1 TL schwarzer Pfeffer
1 TL Kurkuma
1 TL Korianderpulver
1 Messerspitze Kreuzkümmelpulver
60 ml Tomatensoße oder Tomatenpüree
1 Prise Cayennepfeffer
3 EL frischer Koriander, fein gehackt

Das Ghee in einer großen Pfanne erhitzen und die Zwiebeln darin glasig braten. Knoblauch und Ingwer in einem Mixer mit einer kleinen Menge Wasser pürieren und zu den Zwiebeln geben. Die anderen Gewürze außer dem Koriander hinzufügen und 8-10 Minuten unter ständigem Rühren anrösten. Nun das Tomatenpüree, die Karotten und die grünen Erbsen hinzugeben und 15-20 Minuten garen lassen. Vom Herd nehmen, den Koriander darüber streuen, abdecken und 5 Minuten ziehen lassen. Mit Reis servieren.

Durgas Auberginen- und Süßkartoffel-Curry

Für alle 3 Doshas geeignet, leicht Kapha +
Zutaten für 4 Personen:
4 mittelgroße Auberginen, in Scheiben geschnitten
4 mittelgroße Süßkartoffeln, in Scheiben geschnitten
4 mittelgroße Tomaten, in Scheiben geschnitten
1 TL Cayennepfeffer
½ TL Ingwerpulver
¼ TL Bockshornkleesamen
1 TL Kreuzkümmelpulver
1 TL Korianderpulver

4 EL Ghee
1 l Wasser
1 gehäufter TL biologischen Rohrzucker
½-1 TL Meersalz (je nach Belieben)
2 EL frischer Koriander, fein gehackt

Das Ghee in einer Pfanne erhitzen, die Tomaten, die Gewürze und den Rohrzucker dazugeben. Auf mittlerer Stufe einige Minuten anbraten, bis die Tomaten weich sind. Nun die Süßkartoffeln und Auberginen dazugeben und 5 Minuten braten. Mit Wasser aufgießen und auf mittlerer Stufe 4-5 Minuten kochen oder bis das Gemüse weich ist. Vom Herd nehmen, den frischen Koriander darüber streuen, abdecken und 5 Minuten ziehen lassen. Mit Reis servieren.

Gauri Shankaras Knoblauch-Okras

Für alle 3 Doshas geeignet
Zutaten für 2-3 Personen
300 g Okras, gewaschen und getrocknet
3 EL Ghee
4- 5 Knoblauchzwiebeln, etwa 2-3 EL Knoblauch fein gehackt oder in feine kleine Scheiben geschnitten
½ TL Meersalz
¼ TL schwarzer Pfeffer
250 ml Wasser zum Dämpfen der Okra

Die Okras in kleine runde Scheiben schneiden, dann 5 Minuten im Wasser kochen. Das Ghee in einem Wok oder Kochtopf auf mittlerer Stufe erwärmen und den Knoblauch anrösten, bis er leicht braun ist. Nun die Okras, das Salz und den Pfeffer dazugeben und unter ständigem Rühren ca. 8-9 Minuten garen, bis sie weich sind. Abdecken und 5 Minuten ziehen lassen. Mit Reis servieren.

Ghee-Wurzelgemüse „Ganga"

Für alle 3 Doshas geeignet
Zutaten für 4-5 Personen:
3 große Pastinaken, geschält und in Stücke geschnitten
3 große Kartoffeln, geschält und in Stücke geschnitten
3 großen Karotten, geschält und in Stücke geschnitten
3 mittelgroße Süßkartoffeln, geschält und in Stücke geschnitten
4 EL Ghee
1 Messerspitze Hingpulver (Asafoetida)
2 TL schwarze Senfsamen
1 TL Korianderpulver
1 TL Kreuzkümmelsamen
2 Lorbeerblätter
¼ TL Meersalz
½ TL schwarzer Pfeffer, frisch gemahlen

Den Backofen auf 200°C vorheizen. In einer Pfanne leicht gesalzenes Wasser zum Kochen bringen, das Gemüse 2-3 Minuten kochen und das Wasser abgießen. Das Ghee auf mittlerer Stufe erwärmen, Gemüse und Asafoetida dazugeben und leicht braun anbraten, dann die Senfsamen, Kreuzkümmelsamen und Lorbeerblätter untermischen. 1 Minute garen lassen und mit Salz und Pfeffer würzen. In eine Auflaufform füllen und im Ofen 35 Minuten backen, ab und zu umrühren. Nach Belieben vor dem Servieren mit frischem Koriander bestreuen. Mit Reis servieren.

Gopis Gemüse-Bouquet

Für alle 3 Doshas geeignet
Zutaten für 2-3 Personen:
2 große gelbe Zucchini, in lange Streifen oder dünne Scheiben geschnitten
1 große weiße Zwiebel, fein gehackt

1 große gelbe oder orange Paprika
2 mittelgroße gelbe oder rote Tomaten, in Stücke geschnitten
1 große Knoblauchzehe
¼ TL Kurkuma
¼ TL getrocknete Chiliflocken
1 kleine Cayennepfefferschote, fein gehackt
¼ TL Meersalz
¼ TL schwarzer Pfeffer
¼ TL Kreuzkümmelpulver
¼ TL Korianderpulver
3 EL Ghee

Das Ghee in einer Pfanne oder einem Wok erhitzen, die Zwiebel darin glasig braten, Kurkuma, Knoblauch, Chiliflocken hinzufügen und 1 Minute anrösten. Dann das Gemüse und die restlichen Gewürze dazugeben. Für 8-10 Minuten kochen, bis das Gemüse weich ist, abdecken und 5 Minuten ziehen lassen. Mit Reis oder Reisnudeln servieren.

Pranadas Paradies-Erbsen

Für alle 3 Doshas geeignet
Zutaten für 2-3 Personen:
120 g grüne Erbsen
1 Tomate, in kleine Stücke geschnitten
120 ml Kokosmilch
2 cm Ingwer, feingerieben
5 Knoblauchzehen
¼ TL Kurkuma
3 Kardamomkerne
1 TL Cayennepfeffer oder 3 große Chilischoten, fein gehackt
½ TL Kreuzkümmelpulver
¼ TL Korianderpulver

2 EL Ghee
½ TL Meersalz oder ja nach Geschmack

Das Ghee in einer Pfanne erhitzen und Tomaten, Ingwer und Knoblauch darin 1-2 Minuten anrösten. Die Kokosmilch, Gewürze und Erbsen dazugeben. 12-15 Minuten unter häufigem Umrühren kochen, bis die Erbsen gar sind. Vom Herd nehmen, den Koriander untermischen und 5 Minuten ziehen lassen. Mit Basmati-Reis, Jasmin-Reis oder Getreidegerichten servieren.

Giridharas feurige grüne Erbsen

Für alle 3 Doshas geeignet
Zutaten für 2-3 Personen:
200 g Erbsen
2-3 grüne Chilis, fein gehackt (je nach Belieben)
1 kleine rote Zwiebel, fein gehackt
1 cm frischer geriebener Ingwer
1 TL Kreuzkümmelsamen
¼ TL schwarze Senfsamen
¼ TL Kurkumapulver
¼ TL Bockshornkleepulver
¼ TL Koriander
¼ TL schwarzer Pfeffer, frisch gemahlen
3 EL Ghee
500 ml Wasser
¼ TL Meersalz (je nach Belieben)

Die Erbsen 6-7 Minuten kochen, vom Herd nehmen und abdecken. Den geriebenen Ingwer und die Chilis mit ¼ TL Wasser mischen. Das Ghee in einem Topf oder einem Wok erhitzen und Zwiebeln, Kreuzkümmel, schwarze Senfkörner, Ingwer, Chilis und schwarzen Pfeffer 1-2 Minuten darin anrösten. Dann die Erbsen und die restlichen Gewürze hinzugeben und 5 Minuten anbraten, bei Bedarf mit etwas Wasser aufgießen. Vom Herd nehmen, abdecken und 5 Minuten ziehen lassen. Mit Basmati-Reis, Jasmin-Reis, Reisnudeln oder anderen Getreidegerichte servieren.

Hamsas Kräuter-Rote Bete

Für alle 3 Doshas geeignet
Zutaten für 2-3 Personen:
270 g Rote Bete, in kleine Stücke geschnitten
1-2 große gelbe oder rote Zwiebeln, fein gehackt
2 TL Knoblauch
1 EL frisches Basilikum, feingehackt
1 TL getrockneter Dill
1 TL Oregano
1 Messerspitze Saffran
½ TL schwarzer Pfeffer, frisch gemahlen
2 EL Koriander, fein gehackt
2 EL Ghee
¼ -½ TL Meersalz (je nach Belieben)

Die Rote Bete 5 Minuten kochen oder dämpfen. Das Ghee erhitzen, die Gewürze und die Zwiebeln für etwa 1-2 Minuten darin anrösten. Die Rote Bete und die restlichen Gewürze dazugeben und 5 Minuten anbraten. Vom Herd nehmen, das Salz und den frischen Koriander untermischen. Abdecken und 5 Minuten ziehen lassen. Mit Reis oder anderen Getreidegerichten (z.B. Hirse oder Quinoa) servieren.

Jagadambas grünes Blattgemüse

Für alle 3 Doshas geeignet
Zutaten für 4 Personen:
70 g Kohlblätter, gehackt
70 g Grünkohl, gehackt

70 g Senfblätter oder Mangold, gehackt
250 ml Wasser
1 mittelgroße weiße oder gelbe Zwiebel, fein gehackt
½ TL frisch gemahlener Pfeffer
½ TL Meersalz
2 EL Ghee
1 TL Estragon
1 EL frischer Dill, fein gehackt
1 EL frisches Basilikum, fein gehackt
1 EL frischer Koriander, fein gehackt
¼-½ TL Cayennepfeffer

Das grüne Blattgemüse 5-6 Minuten dämpfen oder kochen. Dann auf kleiner Stufe 3-4 Minuten weiterköcheln, bis es weich ist. Das Ghee in einem Topf erhitzen und die Zwiebeln anbraten, bis sie glasig sind, nun das gedämpfte Blattgemüse, Salz, Pfeffer und die frischen Kräuter (außer dem Koriander) dazugeben und 2-3 Minuten anbraten. Cayennepfeffer unterrühren, vom Herd nehmen, frischen Koriander darüber streuen, abdecken und 5 Minuten ziehen lassen. Mit Basmati-Reis, Jasmin-Reis, Reisnudeln oder anderen Getreidegerichten servieren.

Kalis Grünkohl-Sauté

Für alle 3 Doshas geeignet
Zutaten für 1-2 Personen:
70 g Grünkohl, in kleine Stücke gehackt
¼ TL Meersalz (je nach Belieben)
¼ TL schwarzer Pfeffer (je nach Belieben)
1 Messerspitze Kurkuma
1 Messerspitze Kreuzkümmelpulver
1 EL Ghee

Den Grünkohl 10-12 Minuten dämpfen. Inzwischen das Ghee in einem Topf erhitzen und schwarzen Pfeffer, Kurkuma und Kreuzkümmel 1 Minute anbraten. Dann den Grünkohl und das Salz hinzugeben und weitere 2-3 Minuten garen. Das Wasser vom Dämpfen aufbewahren und wenn nötig, während der Grünkohl angebraten wird, löffelweise hinzufügen. Abdecken und einige Minuten ziehen lassen. Mit Reis oder Reisnudeln servieren.

Karunas leichte Kokosnuss-Gemüse-Pfanne

Für alle 3 Doshas geeignet, leicht Kapha +
Zutaten für 3-4 Personen:
300-400 g verschiedenes Gemüse in Stücke geschnitten: Karotten, Auberginen, Kartoffeln, Zucchini, Kürbis, Zwiebeln, Erbsen
500 ml Kokosnussmilch
2 EL Ghee
½ TL Kardamompulver
¼ TL schwarzer Pfeffer
1-2 ganze Zimtstangen
2-3 Lorbeerblätter, in 2-3 kleine Stücke zerbrochen
2 cm Ingwer, fein gehackt oder in feine Scheiben geschnitten
½ TL Meersalz (je nach Belieben)

Zuerst das Gemüse kochen, bis es fast gar ist, und das Kochwasser aufbewahren. Das Ghee in einem Topf erhitzen und alle Gewürze (außer dem Ingwer) 1-2 Minuten darin anrösten, dann den Ingwer dazugeben und einige Minuten weiter rösten. Das Gemüse hinzufügen und einige Minuten anbraten. Mit 350 ml des Kochwassers und 250 ml Kokosnussmilch aufgießen und 8-10 Minuten kochen, dann die Wärme reduzieren und alles köcheln, bis es gar ist. Vom Herd nehmen und die restlichen 250 ml Kokosmilch dazugeben. Abdecken und 5 Minuten ziehen lassen. Mit Reis oder Reisnudeln servieren.

Lambodaras Zitronen-Brokkoli

Für alle 3 Doshas geeignet
Zutaten für 3-4 Personen:
350-400 g Brokkoli, in kleine Röschen geschnitten
1 EL Olivenöl
2 ½ TL geriebene Zitronenschale
1 Messerspitze gemahlener roter Chili oder Cayennepfeffer
¼ -½ TL Salz
Alternative Version:
1 Prise gemahlene Pfefferkörner
¼ -½ TL Salz
1 Messerspitze Ingwerpulver

Den Brokkoli „bissfest" dämpfen (oder wie gewünscht), abdecken, eine Weile stehen lassen und dann das Wasser abgießen. Das Olivenöl auf mittlerer Stufe erhitzen und Zitronenschale und roten Pfeffer ca. 30 Sekunden darin anrösten, bis die Zitronenschale braun ist. Dann Brokkoli und Salz dazugeben und 1 Minute garen. Mit Reis, Reisnudeln oder einem Getreidegericht servieren.

Gemüsepfanne „Maha Ratih"

Für alle 3 Doshas geeignet, leicht Kapha +
Zutaten für 4-5 Personen:
200 g Blumenkohl, in kleine Stücke geschnitten
130 g Karotten, in kleine Stücke geschnitten
500 g Kartoffeln, in kleine Stücke geschnitten
250 g Panir, in mittelgroße Stücke geschnitten
60 g grüne Erbsen
80 g Cashewnüsse, in kleine Stücke geschnitten
5 Tomaten: 1 Tomate in kleine Stücke schneiden und die anderen mixen
3 große Zwiebeln: 1 Zwiebel fein gehackt, die anderen mixen

2 grüne Chilis, fein gehackt
¼ TL Kurkumapulver
2 TL Korianderpulver
2 TL Kreuzkümmelpulver
1 Messerspitze Cayennepfeffer
1 Messerspitze Cardamonpulver
1 kleines Stück geriebener Ingwer
1 große Knoblauchzehe, fein gehackt
125 ml Ghee
3 EL Koriander

Das Gemüse 5 Minuten kochen, dann die Kochstufe reduzieren, weitere 5 Minuten köcheln und das Wasser abgießen. Die Hälfte des Ghees in einem Topf erhitzen und die fein gehackten Zwiebeln sowie die Hälfte der Gewürze, des Ingwers, des Knoblauchs und des Chili darin einige Minuten anrösten. Dann das gedämpfte Gemüse und das Panir dazugeben, einige Minuten anbraten, bis es gar ist. Vom Herd nehmen und den Koriander darüber streuen. Mit einem Getreidegericht servieren.

Masala Rezept:
2 Zwiebeln und 4 Tomaten mit etwas Wasser zu einem Püree mixen. Die Menge an Wasser hängt von Qualität und Größe der Tomaten ab. Das Ghee erhitzen, den Rest des Ingwers und Knoblauchs darin leicht braun anrösten, das Tomaten-Zwiebelpüree dazugeben und einige Minuten anbraten. Dann die gehackten Cashewnüsse dazugeben und 3-4 Minuten köcheln lassen. Den Rest der grünen Chilis und der getrockneten Gewürze dazugeben und 5 Minuten auf kleiner Stufe kochen. Man kann 60 ml Wasser dazugeben und das Masala noch einige Minuten kochen.

Gemüse-Korma

Für alle 3 Doshas geeignet
Zutaten für 4-6 Personen:
80 g Kartoffeln, in kleine Stücke geschnitten
70 g Karotten, in Stücke geschnitten
30 g grüne Erbsen
50 g grüne Bohnen, in Stücke geschnitten
50 g Blumenkohl, in Stücke geschnitten
50 g Paprika, in Stücke geschnitten
40 g Rotkohl, fein gehackt
70 g gelbe Zucchini, in Stücke geschnitten
50 g Brokkoli, in Stücke geschnitten
125 ml Tomatenpüree
2 mittelgroße weiße oder gelbe Tomaten
3 TL Ingwer, gerieben
1 EL Knoblauch, zerdrückt oder fein gehackt
¼ TL Meersalz (je nach Belieben)
1 TL Kurkuma
2 TL Cayennepfeffer
1 TL Koriander
2 TL Kreuzkümmel
6 EL Ghee
250 ml Milch und Wasser (für Veganer: ungesüsste Mandelmilch)
10-15 Cashewnüsse
15 Rosinen
2 EL frischer Koriander, fein gehackt

Alles Gemüse (außer dem Rotkohl) 7-8 Minuten dämpfen oder kochen, den Rotkohl die letzten 3 Minuten dazugeben. Abdecken und stehen lassen. Das Ghee in einem Topf erhitzen und Zwiebeln, Ingwer und Knoblauch darin gold-braun anrösten. Dann Cashewnüsse, Rosinen und Gewürze dazugeben und 2-3 Minuten auf mittlerer Stufe garen. Mit der Milch und dem Wasser aufgießen und zum Kochen bringen. Die Wärmezufuhr reduzieren, das Gemüse hinzufügen und 5-7 Minuten kochen. Vom Herd nehmen und den frischen Koriander darüber streuen. Abdecken und 5 Minuten ziehen lassen. Mit Reis oder einem anderen Getreidegericht servieren.

Natarajas Nordindischer Spinat

Für alle 3 Doshas geeignet
Zutaten für 2-3 Personen:
4-5 EL Ghee
1,5 kg Spinat, fein gehackt
1 EL Ingwer, fein gerieben
1 Messerspitze Hingpulver (Asafoetida)
½ TL Kurkuma
½ TL Cayennepfeffer
1 ¼ TL Meersalz
½ TL Kreuzkümmelpulver
½ TL Korianderpulver
¼ TL schwarzer Pfeffer

Das Ghee in einer großen Pfanne erhitzen und Spinat und Asafoetida 1 Minute darin anbraten. Dann Kurkuma, Cayennepfeffer und Meersalz dazugeben. Alles kochen, bis der Spinat leicht weich ist, mit 250-375 ml Wasser aufgießen und die anderen Gewürze hinzufügen. Auf mittlerer Stufe 15 Minuten kochen, oder bis nur noch wenig Flüssigkeit übrig ist, gelegentlich umrühren. Dann die Wärmestufe reduzieren und den Spinat mit einem Löffel zerkleinern, bis er leicht cremig wird, noch einige Minuten kochen, dann abdecken und 5 Minuten ziehen lassen. Mit Reis oder einem Getreidegericht servieren.

Supriyas gebratene Okras

Für alle 3 Doshas geeignet
Zutaten für 1-2 Personen:
100 g Okras, in Stücke geschnitten
1 EL Ghee
½ TL Kurkuma
½ TL Kreuzkümmelpulver
½ TL Korianderpulver
½ TL Meersalz (je nach Belieben)
1 Messerspitze TL Hingpulver (Asafoetida)
½ TL schwarzer Pfeffer
¼ TL Ingwerpulver oder ein kleines Stück frischen Ingwer, gerieben
1-2 EL frischer Koriander, fein gehackt

Das Ghee in einem Topf erhitzen und die gewaschenen Okra-Stücke ca. 7 Minuten darin anbraten, bis sie am Rand leicht braun und knackig sind, zwischendurch wenden. Das Salz und die Gewürze dazugeben und weitere 5 Minuten anbraten, bei Bedarf noch etwas Ghee hinzufügen. Wenn die Okras gar sind, den Koriander darüber streuen, abdecken und 5 Minuten ziehen lassen. Mit Reis oder Quinoa servieren.

Wurzelgemüse

Für alle 3 Doshas geeignet
Zutaten für 2-3 Personen:
1 mittlerer weißer Daikon-Rettich, in dünne Stücke geschnitten
1 große Rote Bete, in kleine Stücke geschnitten
2 große Karotten, in kleine Stücke geschnitten
1 oder mehrere große Kletten-oder Schwarzwurzeln, in kleine Stücke geschnitten
1 Bund Frühlingszwiebeln, fein gehackt

10 Mandeln, eingeweicht, geschält und in Scheiben geschnitten
3 EL Ghee
60 ml Wasser
½ TL Meersalz
¼ TL schwarzer Pfeffer

Das Gemüse in kleine Stücke schneiden. Das Ghee in einer großen Pfanne oder einem Wok erhitzen und die Mandeln und Zwiebeln einige Minuten darin anrösten. Gemüse, Salz und Pfeffer dazumischen und 3-4 Minuten anbraten. Mit 60 ml Wasser aufgießen, abdecken und unter häufigem Umrühren 6-7 Minuten kochen. Nach Belieben mehr Salz und Pfeffer dazugeben. Wenn das Gemüse weich ist, abdecken und 5 Minuten ziehen lassen. Mit Reis, Reisnudeln oder einem Getreidegericht servieren.
Variante:
Frischer Koriander und Basilikum passen auch gut zu diesem Gericht - jeweils 1 TL darüber streuen.

Rote Bete mit Algen

Für alle 3 Doshas geeignet, leicht Kapha+
Zutaten für 2-3 Personen:
280 g Rote Bete, in kleine Stücke geschnitten
1 EL Hijiki
1 EL Arame
1 EL Agar
1 EL Wakame
1 EL Dulse
2 TL Knoblauch, zerdrückt
1 EL frisches Basilikum, fein gehackt
1 TL getrockneter Dill
1 TL Oregano
½ TL schwarzer Pfeffer, frisch gemahlen

2 EL frischer Koriander, fein gehackt
3 El Ghee
¼-½ TL Meersalz (je nach Belieben)

Die Algen in einer Tasse Wasser einweichen, waschen und 5 Minuten dämpfen. Das Ghee erhitzen und die Rote Bete einige Minuten darin anrösten. Dann die Gewürze und die Algen dazugeben und einige weitere Minuten anbraten. Vom Herd nehmen, das Salz und den frischen Koriander hinzufügen, abdecken und 5 Minuten ziehen lassen. Mit Reis, Hirse oder Quinoa servieren.

Ojas-Gemüsegericht

Für alle 3 Doshas geeigner, leicht Kapha +
Zutaten für 4 Personen:
140 g Rote Bete, in kleine Stücke geschnitten
130 g Karotten, in dünne Scheiben geschnitten
60 g grüne Erbsen
100 g Brokkolistückchen
1 EL Hijiki
1 EL Arame
2 EL Agar
1 EL Wakame
1 EL Dulse
2 TL Knoblauch, fein gehackt
1 El frischen Basilikum, fein gehackt
1 TL getrockneten Dill
1 TL Oregano
½ TL schwarzer Pfeffer, frisch gemahlen
½ TL Meersalz (je nach Belieben)
2 EL frischer Koriander, fein gehackt
4 EL Ghee

Die Meeresalgen in einer Tasse Wasser 5 Minuten einweichen und abwaschen. Das Gemüse 8-10 Minuten dämpfen. Das Ghee in einem Topf erhitzen, das Gemüse einige Minuten darin anbraten und dann mit etwas Wasser aufgießen, um ein Ankleben zu vermeiden. Die Gewürze und die Algen hinzufügen und einige Minuten weiterkochen. Vom Herd nehmen, das Salz und den Koriander dazugeben, abdecken und 5 Minuten ziehen lassen. Mit Reis, Hirse oder Quinoa servieren.

Sesam-Brokkoli „Sneha"

Für alle 3 Doshas geeeignet
Zutaten für 3-4 Personen:
350 g Brokkolistückchen
1 TL Ingwer, gerieben
½ TL Meersalz
1 EL biologisches geröstetes Sesamöl
2 EL Zitronensaft
1-2 EL Sesamsamen
1 TL schwarzer Pfeffer

Den Ingwer mit dem Salz, dem Sesamöl und der Zitrone mischen und kurz stehen lassen. Brokkoli dämpfen, bis er weich ist, dann die Sauce darüber gießen. Die Sesamsamen und den schwarzen Pfeffer dazugeben, durchmischen, abdecken und 5 Minuten ziehen lassen. Mit Reis, Reisnudeln oder einem anderem Getreidegericht servieren.

Sri Mayis pikante Rote Bete

Für alle 3 Doshas geeignet, leicht Pitta +
Zutaten für 3-4 Personen:
300 g Rote Bete, in kleine Stücke geschnitten
2 mittelgroße Tomaten, in Stücke geschnitten
1 große gelbe oder rote Zwiebel, fein gehackt

2 TL Knoblauch, zerdrückt
½ -1 TL scharfer Cayennepfeffer
1 TL Korianderpulver
1 TL Kreuzkümmelpulver
½ TL schwarzer Pfeffer, frisch gemahlen
3 EL frischer Koriander
3 EL Ghee
¼ TL Meersalz

Die Rote Bete 5 Minuten dämpfen oder kochen. Die Tomaten mit etwas Wasser zu einer cremigen Paste mixen. Das Ghee erhitzen, die Gewürze und die Rote Bete 5 Minuten darin anrösten, dann die Tomaten hinzugeben und einige Minuten erhitzen, bis die Soße zu köcheln beginnt. Vom Herd nehmen, Salz und Koriander hinzugeben, dann abdecken und 5 Minuten ziehen lassen, eventuell nachsalzen. Mit Reis, Hirse oder Quinoa servieren.

Blumenkohl „Cetana Rupa"

Für alle 3 Doshas geeignet
Zutaten für 2-3 Personen:
3 große Knoblauchzehen, fein gehackt
3 cm frische Ingwerwurzel, fein gehackt oder in feine Scheiben geschnitten
1 großer Blumenkohlkopf, in kleine Stücke geschnitten
1 EL Olivenöl oder Ghee
½ TL Kreuzkümmelsamen
½ TL Senfsamen
1-3 scharfe grüne oder rote Chilis (je nach Belieben), in kleine Stücke geschnitten
¼ -½ TL Meersalz
½ TL schwarzer Pfeffer
¼ TL Korianderpulver

¼ TL Kurkumapulver
1 Messerspitze Hingpulver (Asafoetida)
Variante: 1 Prise Cayennepfeffer für alle, die Pikantes lieben!

Olivenöl oder Ghee in einem Topf erhitzen, den Kreuzkümmel und die Senfsamen hineingeben und den Topf abdecken. Wenn die Senfsamen gegen den Deckel springen, Knoblauch, Ingwer, Blumenkohl und Chilis dazugeben. 5-7 Minuten anrösten, bis der Blumenkohl leicht braun ist, und mit etwas Wasser aufgießen, um ein Ankleben zu vermeiden. Salz, Pfeffer und die Kräuter darüber streuen. 4 EL Wasser dazugeben und umrühren, dann noch 2-3 Minuten kochen, bis der Blumenkohl weich ist. Wenn man den Blumenkohl noch weicher möchte, dann einfach mit mehr Wasser aufgießen und länger kochen. Mit Reis, Hirse oder Quinoa servieren.

Pikanter Grünkohl- Brokkoli

Für alle 3 Doshas geeignet, leicht Pitta +
Zutaten für 3- 4 Personen:
180 g Brokkoli, in Stücke zerkleinert
140 g Grünkohl, gehackt
250 ml Wasser
1 kleiner roter Zwiebel, feingehackt
2- 3 pikante Chillies (oder 1 TL Cayennepfeffer)
½ TL frisch gemahlener schwarzer Pfeffer
½ TL Meersalz
2 EL Ghee (Veganer können Olivenöl verwenden)
1 TL Zitronenschale, gerieben
1 EL frischer Koriander

Den Brokkoli und den Grünkohl für 5- 6 Minuten dämpfen oder kochen. Auf niedriger Hitze für 3- 4 Minuten weiterkochen, bis das Gemüse weich ist. In einer Pfanne das Ghee erhitzen, den Zwiebel und den Chilli kurz anbraten. Dann den Grünkohl und Brokkoli, das Salz und den Pfeffer hinzumischen und für 2- 3 Minuten anrösten. Falls Cayennepfeffer verwendet wird, dann zu diesem Zeitpunkt dazugeben. Vom Herd nehmen und den Koriander dazugeben, abdecken und für 5 Minuten sitzen lassen. Mit Reis, Reisnudeln oder Getreidegerichte servieren.

Radharanis Wurzelgemüse

Für alle 3 Doshas geeignet
Zutaten für 3 Personen:
150 g Schwarzwurzeln oder Klettenwurzel, in kleine Scheiben geschnitten
140 g rote Bete, in Stücke geschnitten
130 g Karotten, in Stücke geschnitten
130 g Pastinaken, in Stücke geschnitten
40 g grüner Zwiebel, feingehackt
20 g grüne Erbsen
1 TL Dill
1 TL Basilikum
1 EL frischer Koriander
½ TL Origano
½ TL Estragon
½ TL Meersalz
½ TL feingemahlener schwarzer Pfeffer

In einer großen Pfanne 500 ml Wasser erhitzen und zum Kochen bringen, das Gemüse hineingeben und für 7 Minuten kochen. Dann in einer großen Schüssel das Gemüse, die Kräuter, Salz und Pfeffer gut durchmischen, abdecken und für ein paar Minuten sitzen lassen. Mit Reis oder Getreidegerichte servieren.

Sarvagas gedämpftes grünes Gartengemüse

Für alle 3 Doshas geeignet, leicht Vata +
Zutaten für 2-3 Personen:
70 g Grünkohl
70 g Markstammkohlblätter
70 g Pak Choy
15 g Rukola
15 g Löwenzahnblätter
15 g Senfgrün
20 g Mangold
1 TL Dill
1 EL frischer Koriander
½ TL Meersalz
½ TL feingemahlener schwarzer Pfeffer

Das grüne Gemüse in Stücke schneiden und hacken. In einer Pfanne
500 ml Wasser erhitzen und das Gemüse für 5 Minuten kochen,
dann vom Herd nehmen. In einer großen Schüssel das Gemüse, die
Kräuter, das Salz und den Pfeffer gut durchmischen, abdecken und
für ein paar Minuten sitzen lassen. Mit Getreidegerichte servieren.

Bhavatarinis grüne Bohnen- Curry

Für alle 3 Doshas geeignet
Zutaten für 3- 4 Personen:
500 g frische grüne Bohnen
250 g frische Zucchini, in runde Scheiben geschnitten
1 großer weißer oder gelber Zwiebel, in kleine Stücke geschnitten
3- 4 EL Ghee
1 TL Kreuzkümmelpulver
1 TL Korianderpulver
1 TL Kurkumapulver
¼ TL Cayennepfeffer

½ TL Knoblauch, feingehackt
¼ TL schwarze Senfsamen
¼ TL frisch gemahlener Pfeffer
¼ TL Meersalz oder je nach Geschmack

Die Bohnen waschen und in kleine 3 cm lange Stücke schneiden. Das Ghee in einer Frittierpfanne oder im Wok erhitzen, den Zwiebel und die Senfsamen für ein paar Minuten anrösten (zuerst kurz die Senfsamen springen lassen und dann den Zwiebel glasig braten). Dann die anderen Gewürze hinzufügen und noch eine Minute anrösten. Nun die Bohnen dazugeben, durchmischen und abdecken für 3- 4 Minuten. Dann die Zucchini dazugeben, abdecken und noch für 8- 10 Minuten kochen, eventuell etwas Wasser hinzugeben. Wenn das Gemüse weich ist ,dann vom Herd nehmen, abdecken und für ein paar Minuten sitzen lassen. Mit Reis, Reisnudeln, Quinoa oder Hirse servieren.

Shivas Subji

Für alle 3 Doshas geeignet, leicht Kapha +
Zutaten für 4 Personen:
3 mittelgroße Paprika, in Stücke geschnitten
3 mittelgroße Kartoffeln, in Stücke geschnitten
3 mittelgroße Tomaten, in Stücke geschnitten
1 große Aubergine, in kleine quadratische Würfel geschnitten
60 g grüne Erbsen
3 EL Ghee
1 TL Kreuzkümmelsamen
½ TL Fenchelsamen
¼ TL Bockshornkleesamen
½ TL Turmericpulver (Gelbwurz)
½ TL Cayennepfeffer
½ TL Korianderpulver
¼ TL schwarzer Pfeffer, gemahlen

½ TL Meersalz oder je nach Geschmack
1 TL biologischer Rohrzucker
3 EL frischer Koriander

Das Ghee in einer großen Pfanne erhitzen, den Kreuzkümmel, Fenchel und Bockshornkleesamen dazugeben und anrösten. Dann die Aubergine und Paprikastücke dazugeben und auf kleiner Hitze für 4- 5 Minuten anrösten. Nun die Erbsen dazugeben und ein paar Minuten anrösten lassen, zwischendurch umrühren, dann die Kartoffeln, den Turmeric, Cayennepfeffer, Koriander dazugeben und gut durchmischen. Eine Tasse Wasser dazumischen und gut abdecken. Auf mittlerer Hitze 10- 12 Minuten kochen. Nun die Tomaten, Salz und den Rohrzucker dazumischen. Abdecken und für 10- 12 Minuten kochen (bis die Kartoffeln weich sind). Dann vom Herd nehmen und abgedeckt für 5 Minuten sitzen lassen. Dann den frischen Koriander dazumischen und nochmals für 2 Minuten sitzen lassen. Mit Reis oder Getreidegerichte servieren.

Shaktis Subji

Für alle 3 Doshas geeignet
Zutaten für 4 Personen:
180 g Brokkoli, in Röschen geschnitten
150 g Süsskartoffeln, in kleine Stücke geschnitten
2 mittelgroße Tomaten, in Stücke geschnitten
200 g Blumenkohl, in Röschen geschnitten
60 g grüne Erbsen
4 EL Ghee
1 TL Kreuzkümmel
½ TL Fenchelsamen
¼ TL Bockshornkleesamen
½ TL Turmeric (Gelbwurz)
½ TL Cayennepfeffer
½ TL Korianderpulver

¼ TL schwarzer Pfeffer
½ TL Meersalz oder je nach Geschmack
1 TL biologischer Rohrzucker
3 EL frischer Koriander, feingehackt

Das Ghee in einer Pfanne erhitzen, den Kreuzkümmel, Fenchel-samen und Bockshornkleesamen anrösten für ein paar Minuten. Dann den Brokkoli und den Blumenkohl hinzugeben und auf mittlerer Flamme in Ghee anrösten für 3- 4 Minuten, die Erbsen dazugeben und zwischendurch umrühren. Nun die Kartoffeln, Turmeric, Cayennepfeffer, Koriander dazugeben und gut umrühren. 500 ml Wasser dazugeben und gut abdecken, auf mittlerer Hitze für 10- 12 Minuten kochen. Dann die Tomaten, das Salz und den Rohrzucker dazugeben und gut umrühren, eventuell ein bisschen Wasser hinzugeben. Abdecken und für 8- 10 Minuten kochen, bis die Kartoffeln weich sind. Vom Herd nehmen, abdecken und 5 Minuten sitzen lassen, dann den Koriander dazumischen und nochmals kurz 1- 2 Minuten sitzen lassen. Mit Reis oder einem anderen Getreidegericht servieren.

Thailändisches Tofu Curry „Tapas"

Vata -, leicht Pitta und Kapha +
Zutaten für 3 -4 Personen:
350 g Packung harter Tofu (biologisch, nicht genmanipuliert) in kleine Würfel geschnitten
350 ml Kokosmilch
1 großer Brokkoli, in Stücke geschnitten
130 g Karotten, in Stücke geschnitten
1 großes Bündel Frühlingszwiebel, gehackt
1 große rote Zwiebel, feingehackt
2- 3 grüne Chillies, feingehackt
3 Knoblauchzehen, feingehackt

2 EL frisches Lemongrass, gehackt (in vielen Asiengeschäften erhältlich, wenn nicht frisch, dann getrocknet)
1 kleiner Maiskolben aus der Dose
2 El grüne thailändische Currypaste
3 El Ghee oder Olivenöl
½ TL Meersalz oder je nach Geschmack

In einer mittelgroßen Pfanne oder Wok das Ghee oder Olivenöl erhitzen. Den Tofu dazugeben and anrösten, bis er schön goldig braun ist von allen Seiten. Den Tofu entfernen, Zwiebel und Knoblauch bräunlich anrösten, eventuell etwas Öl dazugeben. Nun all das Gemüse und das Lemongrass dazugeben, für 5 Minuten anbraten. Den Tofu dazugeben, die grüne Currypaste und die Kokosmilch, weiter erhitzen, bis die Kokosmilch anfängt zu kochen, dann auf niedriger Hitze 3- 5 Minuten weiterköcheln. Vom Herd nehmen und 5 Minuten sitzen lassen. Salzen je nach Geschmack. Mit Basmati Reis, Jasmin Reis, Hirse oder Quinoa servieren.

Thailändisches Gemüsecurry „Triloka"

Für alle 3 Doshas geeignet, leicht Kapha +
Zutaten für 3- 4 Personen:
400 ml Kokosmilch
1 mittelgroßer Brokkoli, in kleine Stücke geschnitten
60 g grüne Erbsen
130 g Karotten, in kleine Stücke geschnitten
1 großes Bündel Frühlingszwiebel, feingehackt
1 großes Bündel Koriander, feingehackt
3 Knoblauchzehen, feingehackt
2 EL frisches Lemongrass, feingehackt (im Asienshop erhältlich, auch getrocknet eventuell)
2 EL thailändische grüne Currypaste
4 EL Ghee oder Olivenöl

½ TL Meersalz oder je nach Geschmack

In einer mittelgroßen Pfanne oder Wok das Ghee oder Olivenöl erhitzen. Gemüse und Lemongrass dazugeben und ca. 8 Minuten anrösten, häufig umrühren. Eventuell etwas Öl hinzugeben. Dann die grüne Currypaste und die Kokosmilch dazugeben und kochen, bis die Kokosmilch aufkocht, dann auf kleine Hitze stellen und noch 3- 5 Minuten kochen. Vom Herd nehmen, den Koriander dazugeben und für 5 Minuten sitzen lassen, Salz hinzugeben je nach Geschmack.

Bemerkung: Je nach dem ob Sie das Curry dicker oder dünnflüssiger möchten, geben sSe eine dickflüssigere Kokosmilch oder umgekehrt dazu. Mit Basmati Reis, Jasmin Reis, Reisnudeln oder anderen Getreidegerichte servieren.

Varadas Gemüsecollage

Für alle 3 Doshas geeignet
Zutaten für 3– 4 Personen:
3 große Paprika (um es bunt zu machen, 1 orange, 1 rote und 1 grüne verwenden)
120 g grüne Erbsen
3 große Karotten
2 mittelgroße Süsskartoffeln
4- 5 EL Ghee
1 Messerspitze Hing (Asafötida)
2 TL schwarze Senfsamen
1 TL Korianderpulver
½ TL getrockneter Basilikum
1 TL Kreuzkümmelsamen
2 Bayblätter
¼ TL Meersalz
¼ TL biologischer Rohrzucker

½ TL schwarzer Pfeffer, frisch gemahlen

Den Ofen auf 200 °C vorheizen. Zuerst 500 ml leicht gesalzenes Wasser zum Kochen bringen. Das Gemüse in Stücke schneiden und 3- 4 Minuten kochen, dann absieben. Das Ghee in einer Pfanne auf mittlerer Stufe erhitzen. Das Gemüse und Asafötida dazugeben und leicht braun anrösten, dann die restlichen Gewürze dazugeben und für 1- 2 Minuten weiterkochen. Nun Salz und Pfeffer dazugeben, alles auf ein Backblech geben und für 5 Minuten backen, das Gemüse durchmischt lassen.

Variante: 1 EL frischen feingehackten Koriander in der letzten Minute darüberstreuen, kurz bevor man es aus dem Ofen nimmt.

Kitcheri

Traditionelles Kitcheri

Für alle 3 Doshas geeignet
Zutaten für 4 Personen:
200 g ganze Mungbohnen
200 g Basmati-Reis
1,5 l Wasser
2 EL Ghee
1 TL Meersalz
½ TL gemahlener schwarzer Pfeffer
½ TL gemahlener Ingwer
½ -1 EL gemahlener Kreuzkümmel
½ -1 EL gemahlener Koriander
½ -1 EL Kurkuma

Die Mungbohnen zusammen mit dem Basmati-Reis einige Stunden
einweichen, dann abgießen und so lange waschen, bis das Wasser
klar bleibt. 1,5 l Wasser zum Kochen bringen und die Mungbohnen
sowie den Reis dazugeben, aufkochen lassen und dann auf kleiner
Stufe 30 Minuten lang kochen, abgedeckt lassen. Häufig umrühren
und eventuell noch Wasser hinzugeben. Nach einer halben Stunde
das Ghee in einem Topf erhitzen und die Gewürze darin anrösten,
zum Kitcheri dazugeben und nochmals 5-10 Minuten köcheln. Vom
Herd nehmen, abdecken und 10 Minuten stehen lassen. Man kann
1 EL frischen Joghurt einrühren und nach Belieben etwas frischen
Koriander. Wenn man scharf gewürzt bevorzugt, kann man noch
½ TL Cayennepfeffer hinzugeben oder fein gehackte Chilis.

Kamalas Kitcheri „Kaivalya"

Für alle 3 Doshas geeignet, leicht Vata +
Zutaten für 4-5 Personen:
400 g gelber Mung-Dhal
400 g Basmati-Reis

2 cm Ingwer, frisch gerieben
2 EL frischer Koriander, fein gehackt
2 EL Ghee
½ TL Kurkuma
½ TL Korianderpulver
1 ½ TL Kreuzkümmelsamen
½ TL schwarze Senfkörner
½ TL Meersalz
1 Messerspitze Hingpulver (Asafoetida)
2 mittelgroße Tomaten, fein gehackt
1,8 l Wasser

Den Mung-Dhal zusammen mit dem Reis einige Stunden einweichen, dann abgießen und so lange waschen, bis das Wasser klar bleibt. 1,8 l Wasser zum Kochen bringen. Währenddessen das Ghee in einem anderen Topf auf mittlerer Stufe erhitzen, den Topf abdecken und die schwarzen Senfkörner anrösten, bis sie gegen den Deckel springen. Dann Kurkuma, Hingpulver, Kreuzkümmel und Koriander einige Minuten mit anrösten. Basmati-Reis, Mung-Dhal, Tomaten und Salz hinzufügen und umrühren. Die Mischung in das kochende Wasser geben. Aufkochen lassen, 10 Minuten lang kochen und dann auf niedriger Wärmestufe und bei gelegentlichem Umrühren weiterköcheln lassen, bis der Dhal und der Reis weich sind. Vom Herd nehmen, den frischen Koriander dazugeben und 10 Minuten ziehen lassen.

Kalavatis Kitcheri

Für alle 3 Doshas geeignet
Zutaten für 3-4 Personen:
200 g Basmati-Reis
200 g Mung-Dhal
1 Zwiebel, fein gehackt
100 g Brokkoli, in kleine Stücke geschnitten

1 Karotte, gerieben
1 Rote Bete, gerieben
1 TL Kurkuma (Gelbwurz)
½ TL Chilipulver
1 Messerspitze Hingpulver (Asafoetida)
½ TL Kreuzkümmelpulver
½ TL Meersalz
¼ TL schwarzer Pfeffer
2 TL Ghee
2 EL frischer Koriander, fein gehackt

Den Mung-Dhal zusammen mit dem Reis einige Stunden einweichen, dann abgießen und so lange waschen, bis das Wasser klar bleibt. Ca. 2 l Wasser zum Kochen bringen. Das Ghee auf mittlerer Stufe erhitzen und nacheinander folgende Zutaten hinzufügen und eine Zeitlang anbraten:
1. Kreuzkümmel und schwarzen Pfeffer (einige Minuten)
2. Zwiebel (2-3 Minuten)
3. Gemüse (außer den Tomaten) (kurz umrühren)
4. Kurkuma, Chili, Hingpulver und Salz (1 Minute)
5. Tomaten, Reis und Mungbohnen (einige Minuten)
Die Mischung in das kochende Wasser geben und 20-25 Minuten lang bei häufigem Umrühren kochen. Vom Herd nehmen, den frischen Koriander dazugeben und 10 Minuten ziehen lassen.

Gunavatis Blumenkohl-Kitcheri

Für alle 3 Doshas geeignet
Zutaten für 4-5 Personen:
300 g gelber Mung-Dhal, halbiert
300 g Basmati-Reis
100 g Blumenkohl
2 cm Ingwer, frisch gerieben

2 EL frischer Koriander, fein gehackt
2 EL Ghee
½ TL Kurkuma (Gelbwurz)
½ TL Korianderpulver
1 ½ TL Kreuzkümmelsamen
½ TL schwarze Senfsamen
½ TL Meersalz
1 Messerspitze Hingpulver (Asafoetida)
2 große Tomaten, fein gehackt
1,8 l Wasser

Den Mung-Dhal zusammen mit dem Reis einige Stunden einweichen, dann abgießen und so lange waschen, bis das Wasser klar bleibt. 1,8 l Wasser zum Kochen bringen. Währenddessen das Ghee in einem anderen Topf auf mittlerer Stufe erhitzen, den Topf abdecken und die schwarzen Senfkörner anrösten, bis sie gegen den Deckel springen. Dann Kurkuma, Hingpulver, Kreuzkümmel und Koriander einige Minuten mit anrösten. Basmati-Reis, Mung-Dhal, Tomaten und Salz hinzufügen und umrühren. Die Mischung in das kochende Wasser geben. Aufkochen lassen, 10 Minuten lang kochen und dann auf niedriger Wärmestufe und bei gelegentlichem Umrühren 15-20 Minuten weiterköcheln lassen. Wenn der Dhal einigermaßen weich ist, den Blumenkohl hinzugeben. Sobald dieser gegart ist, das Gericht vom Herd nehmen, frischen Koriander dazugeben und 10 Minuten ziehen lassen.

Buntes Gemüse-Kitcheri

Für alle 3 Doshas geeignet
Zutaten für 4 Personen:
100 g Mung-Bohnen oder rote oder grüne Linsen
200 g Basmati-Reis
2 EL Ghee
2 ½ TL Meersalz

½ TL schwarzer Pfeffer
2 TL Koriander
1 TL Kreuzkümmelsamen
½ TL Kurkuma (Gelbwurz)
½ Fenchelsamen
½ TL schwarze Senfkörner
2 EL frischer Ingwer, feingerieben
400-500 g Gemüse nach Wahl: Rote Bete, Karotten, Sellerie, Zucchini, Spinat, Paprika, Blumenkohl, Brokkoli oder grüne Erbsen
1,5 l Wasser

Die Bohnen und den Reis einige Stunden einweichen und dann waschen. 1,5 l Wasser in einem großen Topf zum Kochen bringen. Die Bohnen, den Reis und den Ingwer dazugeben. Abdecken und auf mittlerer Stufe 20 Minuten kochen. Währenddessen das Ghee in einem anderen Topf erhitzen und Kreuzkümmel, Fenchelsamen und schwarze Senfkörner anrösten, bis letztere gegen den Deckel springen. Dann schwarzen Pfeffer, Koriander und Kurkuma hinzufügen und kurz anrösten. Die Gewürzmischung, das Gemüse und das Salz in den Topf mit dem Reis und den Bohnen geben und aufkochen lassen. Bei Bedarf noch etwas Wasser hinzufügen und 20 Minuten köcheln lassen, alle 2-3 Minuten umrühren. Vom Herd nehmen, abdecken und vor dem Servieren 10 Minuten ziehen lassen.

Chittachoras Karotten-Kitcheri

Für alle 3 Doshas geeignet
Zutaten für 3-4 Personen:
200 g Basmati-Reis
200 g Mung-Dhal
2 Karotten, gewürfelt
1 TL Kurkuma (Gelbwurz)
1 TL Kreuzkümmelsamen
½ TL Korianderpulver

2 cm frischer Ingwer, fein gehackt oder fein gerieben
1 Messerspitze Hingpulver
¼ TL schwarzer Pfeffer
2 EL Ghee
1,8 l Wasser

Den Mung-Dhal zusammen mit dem Reis einige Stunden einweichen, dann abgießen und so lange waschen, bis das Wasser klar bleibt. 1,8 l Wasser zum Kochen bringen. Währenddessen das Ghee auf mittlerer Stufe erhitzen und den Kreuzkümmel und den Ingwer 1 Minute darin anrösten. Dann Reis und Mung-Dhal hinzufügen und kurz umrühren. Die Mischung zusammen mit den restlichen Gewürzen in das kochende Wasser geben und 10 Minuten lang kochen, alle 2-3 Minuten umrühren. Die Karotten dazugeben und ca. 25 Minuten kochen, bis das Wasser absorbiert ist. Vor dem Servieren 10 Minuten ziehen lassen.

Karuna Sagar Kitcheri

Für alle 3 Doshas geeignet, leicht Kapha +
Zutaten für 3-4 Personen:
200 g Mung-Dhal oder rote/grüne Linsen
200 g Basmati-Reis
2 EL Ghee
1 TL Meersalz
½ TL schwarzer Pfeffer
2 TL Korianderpulver
1 TL Kreuzkümmelsamen
½ TL Kurkumapulver (Gelbwurz)
½ TL schwarzer Pfeffer
½ TL Fenchelsamen
½ TL schwarze Senfkörner
2 EL frische Ingwerwurzel, fein gerieben

je 10 g getrocknete Agar-Algen, Arame, Dulse und Wakame
1,5 l Wasser

Die Bohnen und den Reis (getrennt) einige Stunden einweichen und dann waschen. 1,5 l Wasser in einem großen Topf zum Kochen bringen, die Bohnen und den Ingwer dazugeben. Abdecken und auf mittlerer Stufe 20 Minuten kochen. Die Algen in ½ l heißem Wasser 20 Minuten lang einweichen und auswaschen. Das Ghee erhitzen und die schwarzen Senfkörner anrösten, bis sie gegen den Deckel springen. Dann schwarzen Pfeffer, Koriander und Kurkuma hinzufügen und auch diese kurz anrösten. Die Gewürzmischung und den Reis zu den Bohnen geben, aufkochen lassen und 10 Minuten kochen. Die Algen und bei Bedarf noch etwas Wasser hinzufügen und 10-15 Minuten köcheln lassen, alle 2-3 Minuten umrühren. Vom Herd nehmen, abdecken und 10 Minuten ziehen lassen.

Pandurangas Palak-Kitcheri

Für alle 3 Doshas geeignet
Zutaten für 3-4 Personen:
200 g Basmati-Reis
200 g Mung-Dhal
80 g Spinat, gehackt
1 TL Kurkuma (Gelbwurz)
1 TL Kreuzkümmelsamen
½ TL Korianderpulver
¼ TL frischer Koriander, fein gehackt
2 cm frischer Ingwer, fein gehackt oder fein gerieben
1 Messerspitze Asafoetida
¼ TL schwarzer Pfeffer
2 EL Ghee
2 l Wasser

Die Mung-Bohnen zusammen mit dem Reis einige Stunden einweichen, dann abgießen und so lange waschen, bis das Wasser klar bleibt. 2 l Wasser zum Kochen bringen. Währenddessen das Ghee auf mittlerer Stufe erhitzen und den Kreuzkümmel und den Ingwer 1 Minute darin anrösten. Dann Reis und Mung-Dhal hinzufügen und nochmals eine 1 Minute anbraten. Die Mischung zusammen mit den restlichen Gewürzen in das kochende Wasser geben und 10 Minuten lang kochen, alle 2-3 Minuten umrühren. Den Spinat dazugeben und ca. 25 Minuten kochen, bis das Wasser absorbiert ist. Vom Herd nehmen, abdecken und vor dem Servieren 10 Minuten ziehen lassen.

Ram Prasads Wurzelgemüse-Kitcheri

Für alle 3 Doshas geeignet
Zutaten für 4-6 Personen:
200 g ganze Mungbohnen
200 g Basmati-Reis
2 l Wasser
130 g Rote Bete, in kleine Stücke geschnitten
130 g Karotten, in kleine Stücke geschnitten
130 g Pastinaken, in kleine Stücke geschnitten
2 EL Ghee
1 TL Meersalz
½ gemahlener schwarzer Pfeffer
½ TL gemahlener Ingwer
1 TL gemahlenen Kreuzkümmel
1 TL gemahlenen Koriander
1 TL Kurkuma (Gelbwurz)

Die Mungbohnen zusammen mit dem Basmati-Reis einige Stunden einweichen, dann abgießen und so lange waschen, bis das Wasser klar bleibt. 2 l Wasser zum Kochen bringen und die Mungbohnen sowie den Reis dazugeben, aufkochen lassen und dann auf kleiner Stufe

45 Minuten köcheln, abgedeckt lassen. Alle 3 Minuten umrühren und eventuell noch Wasser hinzugeben. Nach einer halben Stunde das Ghee in einem Topf erhitzen und die Gewürze darin anrösten, zum Kitcheri dazugeben und dieses weitere 5-10 Minuten köcheln. Vom Herd nehmen, abdecken und 10 Minuten stehen lassen. Man kann 1 EL frischen Joghurt einrühren und nach Belieben etwas frischen Koriander. Wenn man scharf gewürzt bevorzugt, kann man noch ½ TL Cayennepfeffer hinzugeben oder fein gehackte Chilis.

Gemüse-Kitcheri „Trimurtih"

Für alle 3 Doshas geeignet
Zutaten für 5-6 Personen:
400 g Mung-Dhal, halbiert
je 100 g Basmati-Reis, Hirse und Gerste (es kann auch Quinoa statt Gerste verwendet werden)
30 g Karotten, geraspelt oder in Stücke geschnitten
30 g Zucchini, in kleine Stücke geschnitten
10-20 g grüne Erbsen
30-40 g Rote Bete, in kleine Stücke geschnitten
2 cm Ingwer, frisch gerieben
2 EL frischer Koriander, fein gehackt
2 EL Ghee
½ TL Kurkuma (Gelbwurz)
½ TL Korianderpulver
½ TL Kreuzkümmelsamen
½ TL schwarze Senfkörner
½ TL Meersalz
1 Messerspitze Hingpulver (Asafoetida)
2 mittelgroße fein gehackte Tomaten
1,8 l Wasser

Den Mung-Dhal zusammen mit dem Getreide einige Stunden einweichen, dann abgießen und so lange waschen, bis das Wasser klar bleibt. 1,8 l Wasser zum Kochen bringen. Währenddessen das Ghee auf mittlerer Stufe erhitzen, den Topf abdecken und die schwarzen Senfkörner anrösten, bis sie gegen den Deckel springen. Dann Kurkuma, Hingpulver, Kreuzkümmel, Koriander und das Gemüse (bis auf die Tomaten) dazugeben und für 2 Minuten anbraten. Das Getreide, den Mung-Dhal und die Tomaten hinzufügen und einige Minuten anbraten. Die Mischung zusammen mit dem Salz in das kochende Wasser geben. Aufkochen lassen, 15-20 Minuten bei regelmäßigem Umrühren kochen und dann auf niedriger Wärmestufe weiterköcheln lassen, bis das Getreide und der Dhal weich sind. Vom Herd nehmen, frischen Koriander untermischen, abdecken und 10 Minuten ziehen lassen.

Gartenkräuter-Kitcheri für alle 3 Doshas

Für alle 3 Doshas geeignet
Zutaten für 4 Personen:
300 g ganze grüne Mungbohnen
400 g Basmati-Reis
2 l Wasser
4-5 EL frischer Koriander, fein gehackt
4-5 EL frisches Basilikum, fein gehackt
2 EL frischer Dill, fein gehackt
2 EL Ghee
1 TL Meersalz
½ TL gemahlener schwarzer Pfeffer
½ TL gemahlener Ingwer
½ TL gemahlener Kreuzkümmel
½ TL gemahlener Koriander
½ TL Kurkuma (Gelbwurz)

Die Bohnen zusammen mit dem Reis einige Stunden einweichen und dann so lange waschen, bis das Wasser klar bleibt. 2 l Wasser zum Kochen bringen und die Mungbohnen sowie den Reis dazugeben, aufkochen lassen und auf kleiner Stufe 45 Minuten köcheln, abgedeckt lassen. Alle 3 Minuten umrühren und wenn nötig noch Wasser ergänzen. Nach einer halben Stunde das Ghee in einem Topf erhitzen und die Gewürzpulver darin anrösten. Die Mischung zum Kitcheri geben und dieses weitere 5-10 Minuten köcheln. Vom Herd nehmen, die frischen Kräuter untermischen, abdecken und 10 Minuten stehen lassen. Man kann 1 EL frischen Joghurt einrühren und nach Belieben noch mehr frischen Koriander. Wenn man scharf gewürzt bevorzugt, kann man noch ½ TL Cayennepfeffer hinzugeben oder fein gehackte Chilis.

Garten-Kitcheri „Pavitra"

Für alle 3 Doshas geeignet
Zutaten für 4 Personen:
400 g ganze Mungbohnen
200 g Basmati-Reis
2 l Wasser
40 g Spinat
60 g grüne Erbsen
100 g Brokkoli
2 EL Ghee
1 TL Meersalz
½ TL gemahlener schwarzer Pfeffer
½ TL gemahlener Ingwer
1 TL gemahlener Kreuzkümmel
1 TL gemahlener Koriander
1 TL Kurkuma (Gelbwurz)

Die Bohnen zusammen mit dem Reis einige Stunden einweichen und dann so lange waschen, bis das Wasser klar bleibt. 2 l Wasser zum Kochen bringen, die Mungbohnen und den Reis dazugeben, und auf kleiner Stufe köcheln, abgedeckt lassen. Alle 3 Minuten umrühren und wenn nötig noch Wasser ergänzen. Nach einer halben Stunde das Ghee in einem Topf erhitzen und die Gewürze und das Gemüse 5 Minuten darin anbraten. Die Mischung zum Kitcheri geben und dieses weitere 5-10 Minuten köcheln. Vom Herd nehmen, abdecken und 10 Minuten stehen lassen. Man kann 1 EL frischen Joghurt einrühren und nach Belieben frischen Koriander. Wenn man scharf gewürzt bevorzugt, kann man noch ½ TL Cayennepfeffer hinzugeben oder fein gehackte Chilis.

Amartyas Kitcheri nach westlicher Art

Für alle 3 Doshas geeignet
Zutaten für 4-6 Personen:
400 g grüner Mung-Dhal, halbiert
400 g Basmati-Reis
2 cm Ingwer, frisch gerieben
2 EL frischer Koriander, fein gehackt
2 EL Ghee
½ TL getrockneter Dill oder 1 TL frischer, fein gehackt
½ TL getrocknetes Basilikum oder 3-4 frische Basilikumblätter, fein gehackt
1 TL Kreuzkümmelsamen
½ TL getrockneter Estragon
½ TL Meersalz
¼ TL getrockneter Oregano
1 kleine Tomate, fein gehackt
1,8 l Wasser

Den Mung-Dhal zusammen mit dem Reis einige Stunden einweichen, dann abgießen und so lange waschen, bis das Wasser klar bleibt. 1,8 l Wasser zum Kochen bringen. Währenddessen das Ghee auf mittlerer Stufe erhitzen und die Gewürze 2 Minuten darin anrösten. Reis, Mung-Dhal und Tomaten hinzufügen und für 3-5 Minuten anbraten. Die Mischung mit dem Salz in das kochende Wasser geben. Aufkochen lassen, 15-20 Minuten lang auf mittlerer bis niedriger Wärmestufe und bei gelegentlichem Umrühren köcheln lassen, bis der Dhal und der Reis weich sind. Vom Herd nehmen, den frischen Koriander untermischen, abdecken und 10 Minuten ziehen lassen.

Viveks Gemüse-Gersten-Kitcheri

Für alle 3 Doshas geeignet
Zutaten für 4-6 Personen:
400 g Mung-Dhal oder rote/grüne Linsen
200 g Gerste
2 EL Ghee
2 TL Meersalz
½ TL schwarzer Pfeffer
2 TL Korianderpulver
1 TL Kreuzkümmelsamen
½ TL Kurkumapulver (Gelbwurz)
½ TL Fenchelsamen
½ TL schwarze Senfkörner
2 EL frisch geriebener Ingwer
2 l Wasser
300-400 g verschiedenes Gemüse, in Stücke geschnitten: Rote Bete, Karotten, Sellerie, Zucchini, Spinat, Paprika, Blumenkohl, Brokkoli oder grüne Erbsen

Die Bohnen einige Stunden einweichen, dann abgießen und so lange waschen, bis das Wasser klar bleibt. 2 l Wasser zum Kochen bringen und die Bohnen und den Ingwer dazugeben. Abdecken und auf mittlerer Wärmestufe 20 Minuten lang köcheln lassen. Das Ghee auf mittlerer Stufe erhitzen, den Topf abdecken und die schwarzen Senfkörner anrösten, bis sie gegen den Deckel springen. Die Kreuzkümmel- und Fenchelsamen dazugeben und leicht bräunen. Dann noch schwarzen Pfeffer, Koriander und Kurkuma kurz mit rösten. Die Gewürzmischung, das Gemüse und das Salz zu den Mungbohnen geben. Zum Kochen bringen und die Gerste einrühren. Bei Bedarf noch etwas Wasser ergänzen. Abdecken und 15-20 Minuten kochen lassen, dabei alle 2-3 Minuten umrühren. Vom Herd nehmen, abdecken und 10 Minuten ziehen lassen.

Tripura Sundaris Drei-Körner-Kitcheri

Für alle 3 Doshas geeignet
Zutaten für 5-6 Personen:
400 g gelber Mung-Dhal, halbiert
je 100 g Basmati-Reis, Hirse und Gerste
2 cm Ingwer, frisch gerieben
2 EL frischer Koriander, fein gehackt
2 EL Ghee
½ TL Kurkuma (Gelbwurz)
½ TL Korianderpulver
1 ½ TL Kreuzkümmelsamen
½ TL schwarze Senfkörner
½ TL Meersalz
1 Messerspitze Hingpulver (Asafoetida)
2-3 mittelgroße Tomaten, fein gehackt
1,8 l Wasser

Die Mungbohnen zusammen mit dem Reis einige Stunden einweichen, dann abgießen und so lange waschen, bis das Wasser klar bleibt. 1,8 l Wasser zum Kochen bringen. Währenddessen das Ghee auf mittlerer Stufe erhitzen, den Topf abdecken und die schwarzen Senfkörner anrösten, bis sie gegen den Deckel springen. Dann Kurkuma, Hingpulver, Kreuzkümmel und Korianderpulver 2 Minuten mit anrösten. Reis, Dhal und Tomaten dazugeben und gut umrühren. Die Mischung zusammen mit dem Salz in das kochende

Wasser geben und abdecken. 15-20 Minuten bei regelmäßigem Umrühren auf mittlerer bis kleiner Wärmestufe kochen, bis der Reis und der Dhal weich sind. Vom Herd nehmen, frischen Koriander untermischen, abdecken und 10 Minuten ziehen lassen.

Kalikas Quinoa-Kitcheri

Für alle 3 Doshas geeignet
Zutaten für 4-5 Personen:
400 g Mung-Dhal
250 g Quinoa
2 TL Ghee
¼ TL schwarze Senfkörner
¼ TL Kreuzkümmelsamen
¼ TL Cayennepfeffer
¼ TL Meersalz
½ TL gemahlener Koriander
½ TL Kurkuma (Gelbwurz)
1 Messerspitze Hingpulver (Asafoetida)
2 cm Ingwerwurzel, frisch gerieben
1,8 l Wasser
¼ -½ TL frischer Koriander, fein gehackt

Die Mungbohnen 1-2 Stunden einweichen, dann abgießen und zusammen mit dem Quinoa so lange waschen, bis das Wasser klar bleibt. 1,8 l Wasser zum Kochen bringen. Währenddessen das Ghee auf mittlerer Stufe erhitzen, den Topf abdecken und die schwarzen Senfkörner anrösten, bis sie gegen den Deckel springen. Dann die restlichen Gewürze dazugeben und 1-2 Minuten anbraten. Eventuell mit etwas Wasser aufgießen, damit die Gewürze nicht anbrennen. Nun Bohnen, Quinoa und Salz hinzugeben, gut umrühren und kurz anbraten. Die Mischung in das kochende Wasser geben und das Kitcheri auf mittlerer bis kleiner Wärmestufe köcheln lassen, bis die Mungbohnen und das Quinoa weich sind. Falls nötig, noch etwas Wasser ergänzen. Vom Herd nehmen, frischen Koriander untermischen, abdecken und 10 Minuten ziehen lassen.

Milarepas Hirse-Kitcheri

Für alle 3 Doshas geeignet
Zutaten für 4-5 Personen:
400 g gelber Mung-Dhal, halbiert
200 g rote oder gelbe Hirse
2 cm Ingwer, frisch gerieben
3-4 EL frischer Koriander, fein gehackt
2 EL Ghee
½ TL Kurkuma (Gelbwurz)
½ TL Korianderpulver
1 ½ TL Kreuzkümmelsamen
½ TL schwarze Senfkörner
½ TL Meersalz
1 Messerspitze Hingpulver (Asafoetida)
1-2 mittelgroße Tomaten, fein gehackt
1,8 l Wasser

Den Mung-Dhal zusammen mit der Hirse einige Stunden einweichen, dann abgießen und so lange waschen, bis das Wasser klar bleibt. 1,8 l Wasser zum Kochen bringen. Währenddessen das Ghee auf mittlerer Stufe erhitzen, den Topf abdecken und die schwarzen Senfkörner anrösten, bis sie gegen den Deckel springen. Dann Kurkuma, Hingpulver, Kreuzkümmel und Korianderpulver hinzufügen und 2 Minuten anrösten. Hirse, Dhal und Tomaten dazugeben und gut umrühren. Die Mischung zusammen mit dem Salz in das kochende Wasser geben, 5 Minuten auf mittlerer Wärmestufe kochen und häufig umrühren. Dann abdecken und bei regelmäßigem Umrühren auf niedriger Wärmestufe köcheln, bis der Dhal und die Hirse weich sind. Vom Herd nehmen, frischen Koriander untermischen und 10 Minuten ziehen lassen.

Bhadrakalis Gersten-Kitcheri

Pitta und Kapha -, Vata +
Zutaten für 3-4 Personen:
400 g gelber Mung-Dhal, halbiert
200 g Gerste
2 cm frischer Ingwer, fein gerieben
2 EL frischer Koriander, fein gehackt
2 EL Ghee
½ TL Kurkuma (Gelbwurz)
½ TL Korianderpulver
1 ½ TL Kreuzkümmelsamen
½ TL schwarze Senfkörner
½ TL Meersalz
1 Messerspitze Hingpulver (Asafoetida)
1-2 mittelgroße Tomaten, fein gehackt
1,8 l Wasser

Den Mung-Dhal zusammen mit der Gerste einige Stunden einweichen, dann abgießen und so lange waschen, bis das Wasser klar bleibt. 1,8 l Wasser zum Kochen bringen. Währenddessen das Ghee auf mittlerer Stufe erhitzen, den Topf abdecken und die schwarzen Senfkörner anrösten, bis sie gegen den Deckel springen. Dann Kurkuma, Hingpulver, Kreuzkümmel und Korianderpulver hinzufügen und 2 Minuten anrösten. Gerste, Dhal und Tomaten dazugeben und gut umrühren. Die Mischung zusammen mit dem Salz in das kochende Wasser geben, 5 Minuten auf mittlerer Wärmestufe kochen und häufig umrühren. Dann abdecken und bei regelmäßigem Umrühren auf niedriger Wärmestufe köcheln, bis der Dhal und die Gerste weich sind. Vom Herd nehmen, frischen Koriander untermischen und 10 Minuten ziehen lassen.

Getreidegerichte

Liebe und Schönheit befinden sich in dir. Versuche
diesen Umstand durch deine Handlungen auszudrücken,
und du wirst mit Sicherheit die eigentliche Quelle der
Glückseligkeit berühren. Sei nicht zufrieden mit dem
Normalzustand des weltlichen Bewusstseins. Es gibt einen
höchsten Zustand der Glückseligkeit, einen allwissenden
und allmächtigen Zustand, den ihr alle erreichen könnt.
Richtet euren Geist und eure Tätigkeiten auf dieses Ziel aus
und bemüht euch darum, das höchste Ziel zu erreichen.

– Amma

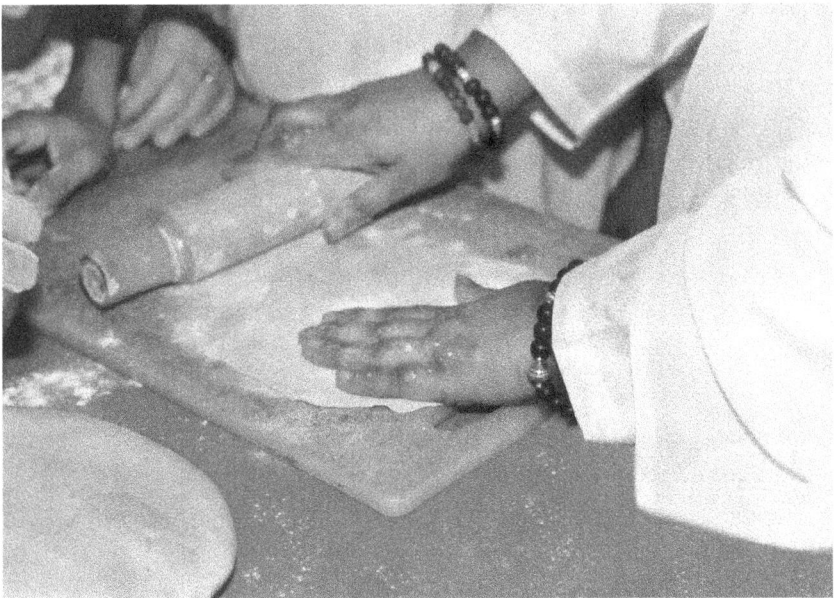

Kerala Ghee-Dosas

Für alle 3 Doshas geeignet
Zutaten für 6 Dosa:
(Urad Dhal, Reismehl oder fertige Dosa-Mischungen sind meistens in Asien-Läden erhältlich)
80 g Urad Dhal-Mehl
160 g Reismehl
½ TL Meersalz
1 Messerspitze Hingpulver (Asafoetida)
500-700 ml Wasser
Ghee

In einer großen Schüssel Mehl, Salz und Hingpulver (Asafoetida) zusammenmischen, dann langsam Wasser einrühren, bis es die Konsistenz einer Pfannkuchen-Mischung hat. Den Teig mit einem Tuch abdecken und über Nacht bei Zimmertemperatur ziehen lassen (nicht in den Kühlschrank stellen). In einer Bratpfanne, die nicht anklebt, ½ TL Ghee erhitzen und ca. 80 ml des Teiges darin verteilen, eventuell mit der Rückseite eines Löffels ausstreichen, bis sich ein dünner Pfannkuchen bildet. Braten, bis die Unterseite goldbraun wird, dann umdrehen. Falls der Teig trocken ist, noch etwas Ghee dazugeben und gut anbraten, bis das Dosa gar ist. Auf diese Art die anderen Dosas machen. Mit Kokosnuss-Chutney, Sambar oder Gemüse-Masala servieren.

Chapati

Für alle 3 Doshas geeignet
Zutaten für 10-12 Chapatis:
400-500 g biologisches Vollkornmehl
500 ml Wasser
1 TL Meersalz
Ghee, Distel- oder Olivenöl

In einer großen Schüssel Mehl und Salz zusammenmischen, dann nach und nach Wasser dazugeben und mit den Händen zu einem Teig kneten, der dick und nicht klebrig ist. Die Schüssel mit einem Tuch abdecken. Den Teig 30 Minuten ziehen lassen, zu kleinen Bällen formen (in der Größe eines kleinen Golfballs), in etwas Mehl wenden und mit der Hand oder einem Teigroller zu einem dünnen, runden Fladen ausrollen. Etwas Öl auf jeder Seite verteilen und dann ein wenig Mehl darüber streuen. Eine Bratpfanne, die nicht anklebt, erhitzen. Das Chapati hineingeben, noch etwas Öl auf der oberen Seite hinzufügen, ca. 3 Minuten erhitzen, bis auf der Oberseite Blasen erscheinen und die Unterseite braun wird. Dann umdrehen, wieder etwas Öl daraufträufeln und einige Minuten braten, bis das Chapati gar ist. Mit Gemüse-Curry, Kitcheri, Dhal, Reis oder Suppe servieren.

Ghee-Reis

Für alle 3 Doshas geeignet, leicht Kapha +
Zutaten:
400 g Basmati-Reis
1 l Wasser
1 TL schwarzer Pfeffer, frisch gemahlen
½ TL Meersalz
2 EL Ghee

Wasser zum Kochen bringen, den Reis waschen, in das kochende Wasser geben und 20 Minuten lang köcheln lassen. 5 Minuten bevor der Reis fertig ist, Ghee, Salz und Pfeffer hinzufügen und gut umrühren. Dann köcheln, bis der Reis weich ist. Mit einem Gemüsegericht oder Dhal servieren.

Charakas Kreuzkümmel-Reis

Für alle 3 Doshas geeignet
Zutaten für 2-3 Personen:
400 g Basmati-Reis
1 l Wasser
2-3 ganze Nelken
½ TL schwarzer Pfeffer, frisch gemahlen
2 ganze Lorbeerblätter
1-3 TL Kreuzkümmelsamen
½ TL Meersalz
2 EL Ghee

Den Reis waschen und das Wasser zum Kochen bringen. Währenddessen das Ghee erhitzen und alle Gewürze außer dem Salz für 1-2 Minuten darin anrösten. Die Gewürzmischung zusammen mit dem Reis ins kochende Wasser geben, abdecken und auf kleiner Wärmestufe 20 Minuten köcheln lassen, gelegentlich umrühren um ein Ankleben zu vermeiden. Mit einem Gemüsegericht oder Dhal servieren.

Lolas Zitronen-Dill-Reis

Für alle 3 Doshas geeignet
Zutaten für 2-3 Personen:
400 g Basmati-Reis
2 EL frischer Dill
1 EL Ghee
1 l Wasser
½ TL Meersalz
¼ TL schwarzer Pfeffer, frisch gemahlen
1 EL frischer Koriander, fein gehackt
2 EL frische Zitronensaft oder Limettensaft

Wasser zum Kochen bringen, den Reis waschen, in das kochende
Wasser geben und 20 Minuten lang kochen. Dann Ghee, Dill, Salz
und Pfeffer hinzugeben und einige Minuten weiterkochen, bis der
Reis weich ist. Vom Herd nehmen und den Zitronen-/Limettensaft
sowie Koriander darunter mischen. Abdecken und vor dem Servieren
5 Minuten ziehen lassen.

Sambhavis Koriander-Ghee-Reis

Für alle 3 Doshas geeignet
Zutaten für 2-3 Personen:
400 g Basmati-Reis
1 l Wasser
1 TL schwarzer Pfeffer, frisch gemahlen
½ TL Meersalz
3-4 EL frischer Koriander, fein gehackt
3 EL Ghee

1 l Wasser zum Kochen bringen, den Reis waschen, in das kochende
Wasser geben und 20 Minuten lang köcheln lassen, bis er weich ist.
5 Minuten bevor der Reis fertig ist, Ghee, Salz und Pfeffer hinzufügen und gut umrühren. Vom Herd nehmen, den frischen Koriander
darunter mischen, abdecken und 5 Minuten ziehen lassen. Mit
einem Gemüsegericht oder Dhal servieren.

Naradas Basilikum-Reis

Für alle 3 Doshas geeignet
Zutaten für 2-4 Personen:
400 g Basmati-Reis
8 Tomaten, in Stücke geschnitten
2-3 EL Basilikum, fein gehackt
1 Zwiebel, fein gehackt
3-4 EL Olivenöl

1 große Knoblauchzehe, zerdrückt
¼ TL Meersalz (je nach Belieben)
¼ TL schwarzer Pfeffer, frisch gemahlen (je nach Belieben)
¼ TL Nelkenpulver
¼ TL Oregano
1 TL frischer Koriander, fein gehackt
¼ TL Cayennepfeffer
1,5 l Wasser

1,5 l Wasser zum Kochen bringen, den Reis waschen, in das kochende Wasser geben und 20 Minuten lang kochen. Vom Herd nehmen, abdecken und ziehen lassen. Das Olivenöl erhitzen, den Knoblauch und die Zwiebeln darin anbraten, dann die Gewürze (außer Koriander und Basilikum) und Tomaten dazugeben. Alles für 10 Minuten kochen und dann den Basilikum dazugeben. Die Tomatensauce zum Reis dazugeben und alles zusammen nochmals 8-10 Minuten kochen, bis der Reis weich ist. Vom Herd nehmen, den Koriander dazugeben, abdecken und 5 Minuten ziehen lassen.

Gopikas Gartenkräuter-Basmati-Reis

Für alle 3 Doshas geeignet
Zutaten für 2-3 Personen:
300-400 g Basmati-Reis
1 l Wasser
½ TL frisches Basilikum, fein gehackt
½ TL schwarzer Pfeffer
1 EL Dill
1 TL getrockneter Oregano
2 EL frischer Koriander, fein gehackt
¼ TL Thymian
½ TL Meersalz
2 EL Ghee

Das Wasser zum Kochen bringen, den Reis waschen und 25 Minuten kochen. Währenddessen das Ghee auf mittlerer Stufe erhitzen und alle Gewürze außer dem Salz für 1-2 Minuten darin anrösten. Wenn der Reis 15 Minuten gekocht hat, die Gewürzmischung und das Salz hinzugeben. Dann auf kleiner Wärmestufe bei gelegentlichem Umrühren noch ca. 10 Minuten köcheln, bis der Reis weich ist. Schmeckt vorzüglich zu Gemüsegerichten und Dhal.

Rudras Kokosnuss-Reis

Für alle 3 Doshas geeignet, leicht Kapha+
Zutaten für 2-3 Personen:
400 g Basmati-Reis
1 l Wasser
100–150 g geraspelte Kokosnuss/Kokosflocken
1 TL schwarzer Pfeffer, frisch gemahlen
½ TL Meersalz
¼ TL Kreuzkümmelpulver
2 EL Ghee

1 l Wasser zum Kochen bringen, den Reis waschen, zusammen mit den Kokosflocken in das kochende Wasser geben und 20 Minuten lang köcheln lassen, bis alles weich ist. 5 Minuten bevor der Reis fertig ist, Ghee, Kreuzkümmel, Salz und Pfeffer dazugeben und gut umrühren. Vom Herd nehmen, abdecken und 5 Minuten ziehen lassen. Schmeckt vorzüglich zu Gemüsegerichten oder Dhal!

Savitris pikanter Kokosnuss-Reis

Für alle 3 Doshas geeignet
Zutaten für 2-3 Personen:
400 g Basmati-Reis
100-150 g geraspelte Kokosnuss/Kokosflocken
½ TL schwarze Senfsamen

1 Messerspitze Hingpulver (Asafoetida)
1-3 grüne Chilis, fein gehackt (je nach Belieben)
¼ -½ TL Meersalz
½ TL frisch gemahlener schwarzer Pfeffer
2 EL Ghee
1,5 l Wasser

Den Reis waschen und in das kochende Wasser geben. Inzwischen das Ghee in einer Pfanne auf mittlerer Stufe erhitzen, abdecken und die schwarzen Senfsamen anrösten, bis sie gegen den Deckel springen. Die restlichen Gewürze hinzufügen, kurz anrösten, die getrockneten Kokosflocken dazugeben und für 2 Minuten mit anrösten, bis sie leicht golden braun werden. Wenn der Reis 15 Minuten gekocht hat, die Gewürzmischung dazugeben, gut untermischen und 5 Minuten weiterkochen. Den weich gekochten Reis vom Herd nehmen, abdecken und 5 Minuten ziehen lassen. Schmeckt vorzüglich zu Gemüsegerichten und Dhal.

Sharanis Basmati-Reis mit Roter Bete

Für alle 3 Doshas geeignet
Zutaten für 3-4 Personen:
400 g Basmati-Reis
1 l Wasser
140 g Rote Bete, in kleine Stücke geschnitten
½ TL frisch gemahlener Pfeffer
1 Messerspitze Kreuzkümmelpulver
1 Messerspitze Korianderpulver
1 TL Meersalz
2 EL Ghee

Den Reis waschen, das Wasser zum Kochen bringen und den Reis dazugeben. Auf niedriger Wärmestufe 10 Minuten abgedeckt kochen. Rote Bete, Ghee, Salz den Pfeffer hinzufügen, untermischen und nochmals für 10 Minuten kochen, bis der Reis weich ist. Bei Bedarf mit etwas Wasser aufgießen und regelmäßig umrühren, um ein Ankleben zu vermeiden. Nach Belieben noch etwas salzen, vom Herd nehmen und servieren. Schmeckt vorzüglich zu Gemüsegerichten und Dhal.

Brokkoli-Basmati-Reis

Für alle 3 Doshas geeignet, leicht Vata+
Zutaten für 2-3 Personen:
400 g Basmati-Reis
100 g Brokkoli, in kleine Röschen geschnitten
¼ TL schwarzer Pfeffer, frisch gemahlen
¼ TL Kreuzkümmelpulver
1 Messerspitze Kurkumapulver (Gelbwurz)
1 Messerspitze Ingwerpulver oder ¼ TL frisch geriebener Ingwer
2 EL Ghee
¼ -½ TL Meersalz
1 l Wasser

Das Wasser zum Kochen bringen, den Reis waschen, in das kochende Wasser geben und 20 Minuten lang köcheln, bis er gar ist. Den Brokkoli in einer Pfanne auf mittlerer Stufe mit etwas Ghee für 3-4 Minuten anbraten. Die Gewürze und das Salz dazugeben. Den Brokkoli unter den Reis mischen und noch einige Minuten kochen lassen. Bei Bedarf mit etwas Wasser aufgießen. Wenn der Brokkoli weich ist, den Topf vom Herd nehmen, abdecken und 5 Minuten ziehen lassen. Zusammen mit gedämpftem Gemüse, Suppe oder Salat servieren oder als Hauptgericht verzehren.

Chaitanyas Karotten-Basmati-Reis

Für alle 3 Doshas geeignet
Zutaten für 3-4 Personen:
400 g Basmati-Reis
200 g geraspelte Karotten
¼ TL schwarzer Pfeffer, frisch gemahlen
¼ TL Kreuzkümmelpulver
2 EL Ghee
¼ TL Meersalz
1 l Wasser

Das Wasser zum Kochen bringen, den Reis waschen, in das kochende Wasser geben und 20 Minuten lang köcheln, bis die Körner weich sind. Das Ghee in einer Pfanne erhitzen und die Karotten für ca. 2 Minuten darin anbraten. Mit Salz und Pfeffer würzen, die Mischung zum Reis geben und noch einige Minuten kochen. Bei Bedarf mit etwas Wasser aufgießen. Wenn die Karotten gar sind, den Topf vom Herd nehmen, abdecken und 5 Minuten ziehen lassen. Zusammen mit gedämpftem Gemüse, Suppe oder Salat servieren oder als Hauptgericht verzehren.

Chidambarams Blumenkohl-Basmati-Reis

Für alle 3 Doshas geeignet, leicht Vata+
Zutaten für 3 Personen:
300 g Basmati-Reis
150 g Blumenkohl, in kleine Röschen geschnitten
¼ TL schwarzer Pfeffer, frisch gemahlen
1 Messerspitze Kurkumapulver (Gelbwurz)
2 EL Ghee
¼ TL Meersalz
1 l Wasser

Das Wasser zum Kochen bringen, den Reis waschen, in das kochende Wasser geben und 20 Minuten lang köcheln, bis die Körner weich sind. Das Ghee in einer Pfanne erhitzen und den Blumenkohl für 3-4 Minuten darin anbraten. Mit Salz und Pfeffer würzen, die Mischung zum Reis geben und noch einige Minuten kochen. Bei Bedarf mit etwas Wasser aufgießen. Wenn der Blumenkohl gar ist, den Topf vom Herd nehmen, abdecken und 5 Minuten ziehen lassen. Zusammen mit gedämpftem Gemüse, Suppe oder Salat servieren oder als Hauptgericht verzehren.

Gemüsereis „Maha Lakshmi"

Für alle 3 Doshas geeignet
Zutaten für 4-5 Personen:
750 g Basmati-Reis
8 Tomaten, in kleine Stücke geschnitten
3-4 EL Basilikum, fein gehackt
50 g Sellerie, in kleine Stücke geschnitten
60 g Karotten, in kleine Stücke geschnitten
60 g Zucchini, in kleine Stücke geschnitten
50 g Paprika, in kleine Stücke geschnitten
1 Zwiebel, fein gehackt
3-4 EL Olivenöl
1 große Knoblauchzehe, zerdrückt
½ TL Meersalz (je nach Belieben)
½ TL schwarzer Pfeffer, frisch gemahlen
¼ TL Oregano
¼ TL Kreuzkümmelpulver
1 EL frischer Koriander, fein gehackt
¼ TL Cayennepfeffer
1,5 l Wasser

Das Wasser zum Kochen bringen, den Reis waschen, in das kochende Wasser geben und 20 Minuten lang köcheln. Das Olivenöl in einer Pfanne erhitzen, die Gewürze (außer dem Basilikum und dem Koriander) und das Gemüse für 10 Minuten darin anbraten. Bei Bedarf mit etwas Wasser aufgießen. Das Basilikum hinzufügen, die Mischung zum Reis geben und noch 8-10 Minuten kochen. Wenn die Körner weich sind, den frischen Koriander dazugeben, den Topf vom Herd nehmen und abgedeckt 5 Minuten ziehen lassen. Zusammen mit gedämpftem Gemüse, Suppe oder Salat servieren oder als Hauptgericht verzehren.

Buddhas Paprika-Reis

Für alle 3 Doshas geeignet
Zutaten für 4 Personen:
400 g Basmati-Reis
3 kleine Paprika (1 grüne, 1 rote, 1 gelbe), in kleine Stücke geschnitten
70 g Rotkraut, fein gehackt
1 weiße Zwiebel, fein gehackt
2 cm Ingwer, frisch gerieben
½ TL schwarzer Pfeffer, frisch gemahlen
¼-½ TL Meersalz (je nach Belieben)
1-2 EL Ghee
1,25 l Wasser

Das Wasser zum Kochen bringen, den Reis waschen, in das kochende Wasser geben und 20 Minuten lang köcheln lassen. Das Ghee einem Topf erhitzen, und die Zwiebel, den Knoblauch und die Paprika für 3-4 Minuten darin anrösten. Dann das Rotkraut dazugeben und für weitere 2-3 Minuten garen. Die Mischung mit dem Salz und dem Pfeffer zum Reis geben und noch 8-10 Minuten kochen. Bei Bedarf mit etwas Wasser aufgießen, um ein Ankleben zu vermeiden. Mit Gemüse, Suppe oder Salat servieren.

Variante: Wenn der Reis gar ist, 1 EL frischen fein gehackten Koriander und 1 EL frisches fein gehacktes Basilikum dazugeben. Für einen pikanten Regenbogen-Reis kann man 1-2 scharfe Chilis fein hacken und mit den Zwiebeln und dem Knoblauch anrösten.

Roter Reis nach spanischer Art

Für alle 3 Doshas geeignet
Zutaten für 2-3 Personen:
300 g Basmati-Reis
2 große Karotten, in kleine Stücke geschnitten
1 mittelgroße Zwiebel, fein gehackt
5 Knoblauchzehen, zerdrückt
1 mittelgroße Paprika, in kleine Stücke geschnitten
500 ml Tomatenpüree
¼ TL Meersalz (je nach Belieben)
¼ TL schwarzer Pfeffer
¼ TL Cayennepfeffer
1 l Wasser
2-3 EL frischer Koriander, fein gehackt
2-3 EL Olivenöl

Das Wasser zum Kochen bringen, den Reis waschen, in das kochende Wasser geben und 20 Minuten lang köcheln. Vom Herd nehmen und etwas ziehen lassen. Nun in einer Pfanne das Olivenöl erhitzen und die Zwiebel anrösten. Wenn sie golden ist, Knoblauch, Gewürze, Tomatenpüree, Paprika und etwas Wasser dazugeben. Unter ständigem Rühren 5 Minuten kochen. Die Soße zum Reis geben und weitere 8-10 Minuten kochen. Bei Bedarf mit etwas Wasser aufgießen, um ein Ankleben zu vermeiden. Wenn der Reis weich ist, den frischen Koriander dazugeben, den Topf vom Herd nehmen und abgedeckt 5 Minuten ziehen lassen.

Shobas pikanter Karotten-Reis

Für alle 3 Doshas geeignet
Zutaten für 2-3 Personen:
400 g Basmati-Reis
1 l Wasser
100 g Karotten, geraspelt
1-3 scharfe rote Chilis oder ½ -1 TL Cayennepfeffer (je nach Belieben)
½ TL schwarzer Pfeffer, frisch gemahlen
2 cm frischer Ingwer, gerieben
1 TL Meersalz
2 EL Ghee

Das Wasser zum Kochen bringen, den Reis waschen, in das kochende Wasser geben und 20 Minuten lang köcheln lassen. Dann die Karotten, das Ghee, die Chilis, den Ingwer, Salz und Pfeffer dazugeben und weitere 10 Minuten kochen, bis der Reis weich ist. Falls nötig, mit etwas Wasser aufgießen und zwischendurch umrühren. Nach Belieben salzen. Vom Herd nehmen und mit Gemüsegerichten oder Dhal servieren.

Skandas pikanter Reis

Für alle 3 Doshas geeignet
Zutaten für 3-4 Personen:
300 g Basmati-Reis oder Jasmin-Reis
3-4 Tomaten, in Stücke geschnitten
60-80 g getrocknete Kokosnussraspeln oder frisch geraspelt
3 weiße Zwiebeln, fein gehackt
¼ TL Meersalz (je nach Belieben)
¼ TL Cayennepfeffer
1-2 grüne Chilischoten, fein gehackt
½ TL schwarze Senfkörner

2 EL frisches Basilikum, fein gehackt
3 EL frischer Koriander, fein gehackt
2 EL Ghee
750 ml Wasser

Das Wasser zum Kochen bringen, den Reis waschen, in das kochende Wasser geben und 20 Minuten lang köcheln lassen. Vom Herd nehmen und abgedeckt ziehen lassen. Mit einem Küchenmixer die Tomaten, die Kokosnuss, das Basilikum und etwas Wasser mixen um 400-500 ml Soße zu erhalten. In einer Pfanne das Ghee auf mittlerer Stufe erhitzen, abdecken und die Senfkörner anrösten, bis sie gegen den Deckel springen. Dann Zwiebel, grüne Chilis und andere Gewürze dazugeben und anbraten. Anschließend die Tomaten untermischen und alles zusammen einige Minuten köcheln lassen. In den Reis einrühren und weitere 5 Minuten kochen, bis die Reiskörner weich sind. Den Topf vom Herd nehmen und den Koriander untermischen. Abdecken und 5 Minuten ziehen lassen.

Grüner Ghee-Kräuterreis „Ganga Mata"

Für alle 3 Doshas geeignet, leicht Kapha+
Zutaten für 2-3 Personen:
400 g Basmati-Reis
1 l Wasser
1 TL schwarzer Pfeffer, frisch gemahlen
3 EL frisches Basilikum, fein gehackt
3 EL frischer Koriander, fein gehackt
2 EL frischer Dill, fein gehackt
½ TL Meersalz
2 EL Ghee

Das Wasser zum Kochen bringen, den Reis waschen, in das kochende Wasser geben und 15 Minuten lang kochen. Ghee, Salz und Pfeffer dazugeben, gut umrühren und weitere 5 Minuten garen, bis der Reis weich ist. Den Topf vom Herd nehmen, die Kräuter gut untermischen, abdecken und 5 Minuten ziehen lassen. Schmeckt vorzüglich zu Gemüsegerichten oder Dhal.

Pashupatis Erbsen-Reis

Für alle 3 Doshas geeignet
Zutaten für 3-4 Personen:
120 g grüne Erbsen
¼ TL schwarzer Pfeffer, frisch gemahlen
2 EL Ghee
¼ TL Meersalz
400 g Basmati-Reis
1 l Wasser

Das Wasser zum Kochen bringen, den Reis waschen, in das kochende Wasser geben und 20 Minuten lang kochen. In einer Pfanne das Ghee erhitzen, Erbsen, Salz und Pfeffer dazugeben und einige Minuten anrösten. Die Erbsen zum Reis mischen und einige Minuten köcheln lassen. Bei Bedarf mit etwas Wasser aufgießen. Wenn der Reis gar ist, das Gericht vom Herd nehmen und abgedeckt 5 Minuten ziehen lassen. Zusammen mit gedämpftem Gemüse, Suppe oder Salat servieren oder als Hauptgericht verzehren.

Quinoa

Für alle 3 Doshas geeignet
Zutaten für 1-2 Personen:
170 g Quinoa
750 ml Wasser
¼ -½ TL Meersalz
1 EL Ghee

Das Wasser zum Kochen bringen, Quinoa waschen, in das kochende Wasser geben und auf mittlerer Stufe 25 Minuten lang abgedeckt köcheln lassen, bis die Körner weich sind. Salz und Ghee untermischen. Schmeckt vorzüglich zu Gemüsegerichten oder Dhal.

Erbsen-Quinoa

Für alle 3 Doshas geeignet
Zutaten für 1-2 Personen:
170 g Quinoa
60 g Erbsen
1 l Wasser
½ TL Meersalz
¼ TL-½ TL schwarzer Pfeffer
¼ TL Kreuzkümmelpulver
1 Messerspitze Kurkumapulver (Gelbwurz)
2 EL Ghee

Das Wasser zum Kochen bringen, Quinoa waschen, zusammen mit den Erbsen in das kochende Wasser geben und auf mittlerer Stufe 15 Minuten lang abgedeckt köcheln lassen, bis die Körner weich sind. Salz, Pfeffer und Ghee untermischen. Passt gut zu Gemüsegerichten oder Dhal.

Grüne Quinoa

Für alle 3 Doshas geeignet
Zutaten für 2-3 Personen:
170 g Quinoa
1 l Wasser
50-100 g fein aufgeschnittenes grünes Blattgemüse, z.B. Mangold, Spinat, Kohl oder Grünkohl
½ TL Kreuzkümmelpulver

½ TL Ingwerpulver
¼ TL schwarzer Pfeffer, frisch gemahlen
1 Messerspitze Kardamompulver
½ TL Kurkuma (Gelbwurz)
¼ TL Korianderpulver
¼ TL Meersalz
2-3 EL Ghee
2-3 EL frischer Koriander, fein gehackt

Quinoa waschen und Wasser zum Kochen bringen. In der Zwischenzeit das Ghee in einer Pfanne erhitzen und Quinoa unter ständigem Rühren 1-2 Minuten anrösten. Die Gewürze hinzufügen, die Mischung noch weitere 2 Minuten anrösten und dann zusammen mit dem Gemüse ins kochende Wasser geben. Auf mittlerer Wärmestufe 25-30 Minuten kochen, bis die Körner weich sind. Nach Belieben noch etwas salzen. Den Topf vom Herd nehmen, den Koriander untermischen, abdecken und 5 Minuten ziehen lassen. Als Hauptgericht oder mit Gemüse oder Suppe servieren.

Spargel-Quinoa mit Grünkohl

Für alle 3 Doshas geeignet
Zutaten für 2-3 Personen:
170 g Quinoa
750 ml Wasser
70 g Spargel, in kleine Stücke geschnitten
40 g Grünkohl, fein gehackt
30 g Kohl, fein gehackt
15 g Senfgrün oder Rukola, fein gehackt
1 Prise gemahlener schwarzer Pfeffer
¼ TL Meersalz
1 EL Ghee

Wasser zum Kochen bringen, Quinoa waschen, in das kochende Wasser geben und auf mittlerer Stufe 25-30 Minuten kochen. Den Spargel hinzufügen und weitere 5 Minuten garen, anschließend den Kohl, Grünkohl und das Senfgrün (Rukola) untermischen und für weitere 15-20 Minuten auf niedriger Wärmestufe abgedeckt köcheln lassen, bis die Körner weich sind. Zwischendurch umrühren und eventuell mit etwas Wasser aufgießen. Einige Minuten vor Ende der Kochzeit Ghee, das Salz und Pfeffer dazugeben. Den Topf vom Herd nehmen und abgedeckt einige Minuten ziehen lassen. Zusammen mit Suppe, Salat, Dhal oder Gemüsegerichten servieren oder als Hauptgericht verzehren.

<u>Variante:</u> Nach dem Kochen etwas frischen fein gehackten Koriander untermischen, das Gericht abdecken und ziehen lassen.

Grünes Spargel-Quinoa

Für alle 3 Doshas geeignet
Zutaten für 2-3 Personen:
170 g Quinoa
750 ml Wasser
70 g Spargel, in kleine Stücke geschnitten
40 g Grünkohl, fein gehackt
20 g Spinat, fein gehackt
15-20 g Pak Choi oder Rukola, fein gehackt
1 Prise gemahlener schwarzer Pfeffer
¼ TL Meersalz
1 EL Ghee

Wasser zum Kochen bringen, Quinoa waschen, in das kochende Wasser geben und auf mittlerer Stufe 25 Minuten kochen. Den Spargel hinzufügen und weitere 5 Minuten garen, anschließend das grüne Blattgemüse untermischen und für weitere 10-15 Minuten auf niedriger Wärmestufe köcheln lassen, bis die Körner weich sind. Zwischendurch umrühren und eventuell mit etwas Wasser aufgießen. Einige Minuten vor Ende der Kochzeit Ghee, Salz und Pfeffer dazugeben. Den Topf vom Herd nehmen und das Gericht abgedeckt einige Minuten ziehen lassen. Zusammen mit Suppe, Salat, Dhal oder Gemüsegerichten servieren oder als Hauptgericht verzehren. Variante: Nach dem Kochen etwas frischen fein gehackten Koriander dazumischen, abdecken und ziehen lassen.

Bunte Quinoa-Kreation

Für alle 3 Doshas geeignet
Zutaten für 2-3 Personen:
250 g Quinoa
1 l Wasser
30 g grüne Erbsen
20 g grüner Mangold, fein gehackt
20 g gelber Mangold, fein gehackt
20 g roter Mangold, fein gehackt (falls nicht erhältlich alles grünen Mangold nehmen)
1 Prise gemahlener schwarzer Pfeffer
¼ TL Kreuzkümmelsamen
¼ TL Fenchelsamen
¼ TL Meersalz
1 EL Ghee

Wasser zum Kochen bringen, Quinoa waschen, zusammen mit den Fenchelsamen in das kochende Wasser geben und 10 Minuten lang kochen. Die grünen Erbsen dazugeben und weitere 5 Minuten garen, anschließend das Blattgemüse untermischen und für weitere 10-12 Minuten auf niedriger Wärmestufe abgedeckt köcheln lassen, bis die Körner weich sind. Zwischendurch umrühren und eventuell mit etwas Wasser aufgießen. Einige Minuten vor Ende der Kochzeit Ghee, Salz und Pfeffer dazugeben. Den Topf vom Herd nehmen und das Gericht abgedeckt einige Minuten ziehen lassen. Zusammen mit Suppe, Salat, Dhal oder Gemüsegerichten servieren oder als Hauptgericht verzehren.

Variante: Nach dem Kochen etwas frischen fein gehackten Koriander dazumischen, abdecken und ziehen lassen.

Hirse

Für alle 3 Doshas geeignet
Zutaten für 1-2 Personen:
200 g Hirse
750 ml Wasser
¼-½ TL Meersalz
1 EL Ghee

Wasser zum Kochen bringen, Hirse waschen, in das kochende Wasser geben und auf mittlerer Stufe 35-40 Minuten lang kochen, bis das Getreide weich ist. Salz und Ghee untermischen. Schmeckt vorzüglich zu Gemüsegerichten oder Dhal.

Jayantis Drei-Körner-Gericht

Für alle 3 Doshas geeignet
Zutaten für 2 Personen:
100 g Basmati- oder Jasmin-Reis
80 g Quinoa
100 g Hirse
1 l Wasser
½ TL schwarzer Pfeffer, frisch gemahlen
½ TL Meersalz
2 EL Ghee
2 EL frisch gepresster Zitronensaft
1 EL frisches Basilikum, fein gehackt
3 EL frischer Koriander, fein gehackt

2 EL frischer Dill, fein gehackt
½ TL frischer Estragon

Wasser zum Kochen bringen, Getreide waschen, in das kochende Wasser geben und 15 Minuten lang kochen. Ghee, Salz und Pfeffer dazugeben, gut umrühren und weitere 8-10 Minuten köcheln, bis das Getreide weich ist. 3 Minuten vor Ende der Kochzeit die Kräuter untermischen. Den Topf vom Herd nehmen, Koriander untermischen, das Gericht abdecken und 5 Minuten ziehen lassen. Zusammen mit Gemüse, Suppe oder Salat servieren.

<u>Variante:</u> Zusammen mit dem Salz und dem Pfeffer eine Prise Safran dazugeben.

Gerste

Für alle 3 Doshas geeignet
Zutaten für 1-2 Personen:
200 g Gerste
1 l Wasser
¼ -½ TL Meersalz
1 EL Ghee

Wasser zum Kochen bringen, Gerste waschen, in das kochende Wasser geben und auf mittlerer Stufe 35-40 Minuten lang kochen, bis die Körner weich sind. Salz und Ghee untermischen. Schmeckt vorzüglich zu Gemüsegerichten oder Dhal.

Brahmas Gerste und Blattgemüse

Für alle 3 Doshas geeignet
Zutaten für 3-4 Personen:
400 g Gerste
40 g Grünkohl, fein gehackt
40 g Kohl, fein gehackt

1 l Wasser
¼ -½ TL Meersalz
½ TL Kreuzkümmelpulver
2 cm Ingwer, fein gerieben
1 EL frischer Koriander, fein gehackt
2 EL Ghee

Das Wasser zum Kochen bringen, die Gerste dazugeben und 35-40 Minuten lang kochen, bis sie weich ist. In der Zwischenzeit das Ghee in einer Pfanne erhitzen und den Ingwer, den Kreuzkümmel und das Blattgemüse einige Minuten darin anbraten. Vom Herd nehmen und abdecken. Wenn die Gerste gar ist, das Gemüse gut untermischen und noch einige Minuten köcheln lassen. Das Gericht vom Herd nehmen, den Koriander untermischen und abgedeckt 10 Minuten ziehen lassen. Zusammen mit Gemüsegerichten, Suppe oder Salat servieren oder als Hauptgericht verzehren.

Pakritis Gerste und Erbsen

Für alle 3 Doshas geeignet
Zutaten für 2-4 Personen:
400 g Gerste
60 g grüne Erbsen
1 l Wasser
¼ -½ TL Meersalz
½ TL Kreuzkümmelpulver
2 cm Ingwer, fein gerieben
1 EL frischer Koriander, fein gehackt
2 EL Ghee

Das Wasser zum Kochen bringen, die Gerste dazugeben und 35-40 Minuten lang kochen, bis sie weich ist. In der Zwischenzeit das Ghee in einer Pfanne erhitzen und den Ingwer, den Kreuzkümmel und die Erbsen einige Minuten darin anbraten. Vom Herd nehmen und abdecken. Wenn die Gerste gar ist, die Erbsen und Gewürze gut untermischen und noch einige Minuten köcheln lassen. Das Gericht vom Herd nehmen, den Koriander untermischen und abgedeckt 10 Minuten ziehen lassen. Zusammen mit Gemüsegerichten, Suppe oder Salat servieren oder als Hauptgericht verzehren.

Suryas Getreidegericht

Für alle 3 Doshas geeignet
Zutaten für 2-3 Personen:
200 g Basmati-Reis
80 g Quinoa
100 g Hirse
1 l Wasser
½ TL schwarzer Pfeffer, frisch gemahlen
¼ -½ TL Meersalz
2 EL Ghee
1 EL frischer Koriander, fein gehackt

Wasser zum Kochen bringen, das Getreide waschen, in das kochende Wasser geben und 15 Minuten lang kochen. Ghee, Salz und Pfeffer dazugeben, gut umrühren und weitere 5 Minuten garen, bis die Körner weich sind. Den Topf vom Herd nehmen, den Koriander untermischen, abdecken und 5 Minuten ziehen lassen. Zu Gemüse, Suppe oder Salat servieren.

Gemüse-Quinoa-Pulao „Advaita Vedanta"

Für alle 3 Doshas geeignet
Zutaten für 2 Personen:
170 g Quinoa
750 ml Wasser
100-150 g geschnittenes Gemüse (Karotten, Brokkoli und Blumenkohl) und grüne Erbsen

½ TL Kreuzkümmelpulver
½ TL Zimt
¼ TL schwarzer Pfeffer, frisch gemahlen
1 Prise Nelkenpulver
½ TL Kurkuma (Gelbwurz)
¼ TL Korianderpulver
¼ TL Meersalz (je nach Belieben)
2-3 EL Ghee

Quinoa waschen und Wasser zum Kochen bringen. Ghee in einer Pfanne erhitzen und Quinoa unter ständigem Rühren 2 Minuten anrösten. Dann die Gewürze hinzufügen und weitere 2-3 Minuten rösten. Quinoa zusammen mit dem Gemüse ins kochende Wasser geben und auf mittlerer Wärmestufe 15-20 Minuten kochen, bis die Körner weich sind. Nach Belieben salzen. Das Gericht vom Herd nehmen und abgedeckt 5 Minuten ziehen lassen. Zusammen mit Gemüse oder Suppe servieren oder als Hauptgericht verzehren.

Parvatis Quinoa-Pulao

Für alle 3 Doshas geeignet
Zutaten für 2 Personen:
170 g Quinoa
750 ml Wasser
100-150 g geschnittenes Gemüse (Karotten, Brokkoli und Blumenkohl) und grüne Erbsen
½ TL Kreuzkümmelpulver
½ TL Zimt
¼ TL schwarzer Pfeffer, frisch gemahlen
1 Prise Nelkenpulver
½ TL Kurkuma (Gelbwurz)
¼ TL Korianderpulver
¼ TL Meersalz (je nach Belieben)

2-3 EL Ghee

Quinoa waschen und Wasser zum Kochen bringen. Ghee in einer Pfanne erhitzen und Quinoa unter ständigem Rühren 2 Minuten anrösten. Dann die Gewürze hinzufügen und weitere 2-3 Minuten rösten. Quinoa zusammen mit dem Gemüse ins kochende Wasser geben und auf mittlerer Wärmestufe 15-20 Minuten kochen, bis die Körner weich sind. Nach Belieben salzen. Das Gericht vom Herd nehmen und abgedeckt 5 Minuten ziehen lassen. Zusammen mit Gemüse oder Suppe servieren oder als Hauptgericht verzehren.

Vishuddhas Gemüsequinoa

Für alle 3 Doshas geeignet
Zutaten für 3-4 Personen:
170 g Quinoa
100 g Sellerie
130 g Karotten, geraspelt
140 g Rote Bete, in kleine Stücke geschnitten
750 ml Wasser
¼ -½ TL Meersalz
¼ -½ TL schwarzer Pfeffer, frisch gemahlen
1 EL Ghee

Wasser zum Kochen bringen, Quinoa waschen, in das kochende Wasser geben und auf mittlerer Stufe 10 Minuten kochen. Das Gemüse hinzufügen und weitere 10 Minuten garen, bis die Körner weich sind. Bei Bedarf etwas Wasser aufgießen. Ghee, Salz und Pfeffer dazugeben. Den Topf vom Herd nehmen und das Gericht abgedeckt 5 Minuten ziehen lassen. Zusammen mit Dhal oder Gemüsegerichten servieren.

Dhal

Wir sind, was wir denken zu sein.
Alles, was wir sind, entsteht durch unsere Gedanken.
Durch unsere Gedanken erschaffen wir die Welt.
Sprichst oder handelst du mit einem unreinen Geist, werden
sich Probleme an deine Sohlen heften,
so wie die Räder dem Ochsen folgen,
der den Karren zieht.
Sprichst oder handelst du mit einem reinen Geist,
wird das Glück dir unweigerlich wie ein Schatten folgen.

– Buddha

Blumenkohl-Dhal „Kali"

Für alle 3 Doshas geeignet
Zutaten für 4-5 Personen:
600 g geschälte halbe Mung-Bohnen (Mung-Dhal)
1 kleiner Blumenkohl, in Röschen geschnitten
1 große Tomate, in kleine Stücke geschnitten
1 Messerspitze Hingpulver (Asafoetida)
4 EL Ghee
2 -3 EL frischer Koriander
½ EL frisch geriebener Ingwer
½ -1 TL Cayennepfeffer (je nach belieben)
1 EL Kreuzkümmelsamen
½ TL Kurkumapulver (Gelbwurz)
50 g frische grüne Erbsen
1,25 l Wasser
2 TL Salz (je nach Belieben)

Dhal mindestens eine halbe Stunde lang einweichen, dann gut
waschen. Wasser zum Kochen bringen, Dhal hinzufügen und auf
mittlerer Wärmestufe ca. 25 Minuten kochen, bis die Linsen weich
sind. Währenddessen Ghee in einer Pfanne erhitzen, Ingwer und
Kreuzkümmel darin anrösten, bis der Kreuzkümmel goldbraun
ist. Das Hingpulver (Asafoetida) und den Blumenkohl dazugeben,
weitere 4-5 Minuten anbraten, bis die Röschen leicht braun und
angegart sind. Die Mischung zusammen mit Erbsen und Kurkuma
unter das Dhal mischen und dieses unter gelegentlichem Umrühren
10-15 Minuten weiterköcheln. Kurz vor dem Ende der Kochzeit Salz
hinzufügen. Das fertig gekochte Gericht vom Herd nehmen, Koriander untermischen und abgedeckt einige Minuten ziehen lassen.

Gebratenes Koriander-Dhal

Für alle 3 Doshas geeignet, leicht Vata+
Zutaten für 2 Personen:
100 g geschälte halbe Mung-Bohnen (Mung-Dhal)
50 g Frühlingszwiebeln, fein gehackt
1 Tomate, in kleine Stücke geschnitten
¼ TL schwarze Senfkörner
¼ TL Korianderpulver
¼ TL Kreuzkümmelpulver
¼ TL Bockshornkleesamen
½ TL Kurkuma (Gelbwurz)
¼ -1 TL Cayennepfeffer (je nach Belieben)
1 cm frischer Ingwer, gerieben
2 EL Ghee
100 g frischer Koriander, fein gehackt

Dhal mindestens eine Stunde lang einweichen, gut auswaschen und im Schnellkochtopf kochen, bis es gar ist. Alternativ kann das Dhal in 1 l Wasser 25-30 Minuten gekocht werden, bis es weich und cremig ist. Gekochtes Dhal und 125 ml Wasser mit einem Pürierstab oder Küchenmixer durchrühren. Das Ghee in einer Pfanne erhitzen, diese abdecken und die schwarzen Senfkörner kurz darin rösten, bis sie gegen den Deckel springen. Die restlichen Gewürze und die Zwiebeln dazugeben, anschließend die Tomaten und den Ingwer untermischen. Kochen, bis die Tomaten weich sind, Cayennepfeffer dazumischen und alles zum Dhal geben. 8-10 Minuten kochen, das Gericht vom Herd nehmen, den Koriander untermischen, salzen, abdecken und 5 Minuten ziehen lassen. Passt gut zu Basmati- oder Kreuzkümmel-Reis.

Gebratenes Dhal „Devi"

Für alle 3 Doshas geeignet, leicht Vata+
Zutaten für 2-3 Personen:
100 g geschälte halbe Mung-Bohnen (Mung-Dhal)
50 g Frühlingszwiebeln, fein gehackt
1 grüner Chili, fein gehackt
1 Tomate, in kleine Stücke geschnitten
¼ TL schwarze Senfkörner
¼ TL Korianderpulver
¼ TL Kreuzkümmelpulver
¼ TL Bockshornkleesamen
½ TL Kurkuma (Gelbwurz)
¼ -1 TL Cayennepfeffer (je nach Belieben)
1 cm Ingwer, frisch gerieben
2 EL Ghee
¼ TL Koriander, fein gehackt
½ TL Meersalz (je nach Belieben)

Dhal mindestens eine halbe Stunde lang einweichen, gut auswaschen und mit 500 ml Wasser im Schnellkochtopf kochen, bis es gar ist. Mit einem Pürierstab oder Küchenmixer und 125 ml Wasser durchrühren. Das Ghee in einer Pfanne erhitzen, diese abdecken und die schwarzen Senfkörner kurz darin rösten, bis sie gegen den Deckel springen. Die restlichen Gewürze, die Zwiebeln und den Ingwer mit anrösten, anschließend die Tomaten dazumischen. Kochen, bis die Tomaten weich sind, Cayennepfeffer dazumischen und noch eine Minute köcheln lassen. Die Mischung zusammen mit dem Dhal weitere 8-10 Minuten kochen. Das Gericht vom Herd nehmen, Koriander untermischen, salzen, abdecken und 5 Minuten ziehen lassen. Passt gut zu Basmati- oder Kreuzkümmel-Reis.

Ganeshas grüner Dhal

Für alle 3 Doshas geeignet
Zutaten für 3-4 Personen:
30 g Spinat
40 g Grünkohl
40 g Mangold oder Kohl
400 g ungeschälte halbe Mung-Bohnen (Mung Dhal)
3 EL Ghee
¼ -½ TL Cayennepfeffer
½ TL Kreuzkümmelpulver
½ TL Korianderpulver
¼ TL Kurkumapulver (Gelbwurz)
¼ TL schwarze Senfkörner
¼ TL schwarzer gemahlener Pfeffer
¼ TL Meersalz (je nach Belieben)
1 EL Zitronensaft
3-4 EL frischer Koriander, fein gehackt
1 l Wasser

Dhal mindestens eine Stunde lang einweichen, dann gut waschen. Wasser zum Kochen bringen, Dhal hinzufügen und auf mittlerer Wärmestufe 20-25 Minuten kochen. In der Zwischenzeit grünes Blattgemüse 5 Minuten kochen oder dämpfen, zum fast gegarten Dhal geben und zusammen kochen, bis das Dhal weich ist. Das Ghee in einer Pfanne erhitzen, diese abdecken und die schwarzen Senfkörner kurz darin rösten, bis sie gegen den Deckel springen. Die Mischung und alle Gewürzpulver zum Dhal hinzufügen und noch 1 Minute kochen. Das Gericht vom Herd nehmen, Koriander und Zitronensaft untermischen, abdecken und 5 Minuten ziehen lassen. Mit Reis servieren.

Jagan Mata Makhani Dhal

Für alle 3 Doshas geeignet, leicht Vata+
Zutaten für 2 Personen:
100 g rote, halbierte Linsen (Masoor Dhal)
50 g geschälte halbe Mung-Bohnen (Mung-Dhal)
50 g ungeschälte halbe Mung-Bohnen (Mung-Dhal Chilka)
1 Zwiebel, fein gehackt
1 Tomate, in kleine Stücke geschnitten
1-2 grüne Chilis, fein gehackt
¼ TL frischer Ingwer, gerieben
2-3 EL Koriander, fein gehackt
½ TL Kreuzkümmelsamen
¼ TL Cayennepfeffer
3 EL Ghee
1 EL Zitronensaft
½ TL Meersalz (je nach Belieben)

Dhal-Linsen mindestens eine Stunde lang einweichen, dann gut waschen. Ca. 1 l Wasser zum Kochen bringen, Dhal hinzufügen und auf mittlerer bis niedriger Wärmestufe 20-25 Minuten kochen. Falls nötig, mit etwas Wasser aufgießen. In der Zwischenzeit das Ghee in einer Pfanne erhitzen, Kreuzkümmelsamen darin anrösten, dann Zwiebeln, Ingwer und Chilis untermischen und kurz anbraten. Die Mischung zum Dhal geben und dieses weitere 5 Minuten kochen. Das Gericht vom Herd nehmen, Koriander und Zitronensaft unterrühren, abdecken und 5 Minuten ziehen lassen. Mit Reis servieren.

Mung-Dhal „Mahabharata"

Für alle 3 Doshas geeignet
Zutaten für 2-3 Personen:
400 g geschälte halbe Mung-Bohnen (Mung-Dhal)
1 l Wasser

2 EL Kokosöl oder Ghee

1 TL schwarze Senfkörner

½ -1 getrockneter roter Chili, fein gehackt

1 TL frisch geriebener Ingwer

1-2 grüne Chilis, fein gehackt

½ TL Hingpulver (Asafoetida)

2 Lorbeerblätter

½ TL biologischer Rohrzucker

¼ TL Meersalz (je nach Belieben)

½ TL frisch geraspelte Kokosnuss oder 1 TL getrocknete Kokos-flocken

Dhal mindestens eine Stunde lang einweichen, dann gut waschen. Wasser zum Kochen bringen, Dhal hinzufügen und auf mittlerer Wärmestufe 20-25 Minuten kochen. In der Zwischenzeit Kokosöl oder Ghee in einer Pfanne erhitzen, diese abdecken und die schwarzen Senfkörner kurz darin rösten, bis sie gegen den Deckel springen. Getrockneten Chili, Ingwer und grüne Chilis dazugeben und einige Minuten anrösten, dann Hingpulver und Lorbeerblätter hinzugeben und mit anbraten. Die Mischung zusammen mit Rohrzucker und Salz in das Dhal einrühren. Dieses zum Kochen bringen, abdecken und ca. 5 Minuten köcheln lassen, bis das Wasser verdampft ist und die Linsen weich sind. Bei Bedarf mit etwas Wasser aufgießen. Geraspelte Kokosnuss untermischen, das Gericht vom Herd nehmen, abdecken und vor dem Servieren einige Minuten ziehen lassen.

Mahesvaras Mungbohnen-Suppe

Für alle 3 Doshas geeignet
Zutaten für 3-4 Personen:
300 g geschälte halbe Mung-Bohnen (Mung-Dhal)
1,5 l Wasser
1 TL Kurkuma (Gelbwurz)
1 TL Kreuzkümmelsamen

2 cm Ingwer, frisch gerieben
3 EL fein gehackter frischer Koriander
2 EL Ghee
½ TL Meersalz
½ TL gemahlener schwarzen Pfeffer

Die Mungbohnen mindestens eine Stunde einweichen, dann gut waschen. 1,5 l Wasser zum Kochen bringen, Bohnen dazugeben und zusammen mit Kurkuma auf mittlerer bis niedriger Hitze kochen, bis sie weich sind. Zwischendurch umrühren. Inzwischen das Ghee erhitzen, die Gewürze dazugeben und 1-2 Minuten anrösten. Die Mischung unter die weichgekochten Mungbohnen rühren und diese 5 Minuten weiterköcheln. Vom Herd nehmen, den Koriander untermischen, abdecken und vor dem Servieren 5 Minuten ziehen lassen.

Amalas Wurzelgemüse-Dhal

Für alle 3 Doshas geeignet
Zutaten für 3-4 Personen:
300 g geschälte halbe Mung-Bohnen (Mung-Dhal)
1,5 l Wasser
70 g Karotten, in kleine Stücke geschnitten
30 g Pastinaken, in kleine Stücke geschnitten
40 g Rote Bete, in kleine Stücke geschnitten
¼ TL Kurkuma (Gelbwurz)
1 TL Kreuzkümmelsamen
½ TL schwarze Senfkörner
½ TL Ingwer, frisch gerieben
1 TL gemahlener Koriander
¼ TL gemahlener schwarzer Pfeffer
2-3 EL frischer Koriander, fein gehackt
1 EL Ghee
¼ -½ TL Meersalz (je nach Belieben)

Dhal mindestens eine Stunde lang einweichen, dann gut waschen. Wasser zum Kochen bringen, Dhal hinzufügen und auf mittlerer Wärmestufe 5 Minuten kochen. Gemüse dazugeben und unter gelegentlichem Umrühren weiterkochen, bis das Dhal weich ist. Das Gericht vom Herd nehmen und Salz, schwarzen Pfeffer und Ingwer untermischen. In der Zwischenzeit das Ghee in einer Pfanne erhitzen, diese abdecken, den Kreuzkümmel und die schwarzen Senfkörner kurz darin rösten, bis letztere gegen den Deckel springen. Die restlichen Gewürze hinzufügen und auf niedriger Wärmestufe 1-2 Minuten anbraten. Die Mischung zusammen mit dem Koriander zum fertigen Dhal mischen. Heiß mit Basmati-Reis servieren.

Nepal Dhal

Für alle 3 Doshas geeignet
Zutaten für 3-4 Personen:
200 g rote, halbierte Linsen (Masoor Dhal)
100 g geschälte halbe Mung-Bohnen (Mung-Dhal)
100 g ungeschälte halbe Mung-Bohnen (Mung-Dhal Chilka)
100 g halbe Kichererbsen (Channa Dhal)
1 mittelgroße Zwiebel, fein gehackt
1 Tomate, in kleine Stücke geschnitten
1-2 grüne Chilis, fein gehackt
1 TL Ingwer, frisch gerieben
1 mittelgroße Knoblauchzehe, fein gehackt
¼ -½ TL Cayennepfeffer
½ TL Kurkuma (Gelbwurz)
¼ TL gemahlener schwarzer Pfeffer
1 TL Korianderpulver
½ TL Kreuzkümmelpulver
1 Messerspitze Hingpulver (Asafoetida)
4 Kardamomkapseln
3-4 Nelken

½ TL Meersalz
3 TL Zitronensaft
½ TL schwarze Senfkörner
3 EL Ghee
1,5 l Wasser

Dhal-Linsen eine Stunde lang einweichen, dann gut waschen. Wasser zum Kochen bringen, Dhal und eine Prise Salz hinzufügen und auf mittlerer bis niedriger Wärmestufe 30-40 Minuten kochen, bis die Linsen weich sind. Vom Herd nehmen, 250 ml kaltes Wasser dazugeben und mit einem Küchenmixer durchrühren. Das Ghee in einer Pfanne erhitzen, diese abdecken und die schwarzen Senfkörner kurz darin rösten, bis sie gegen den Deckel springen, dann Kreuzkümmel hinzugeben und zuletzt Asafoetida. Zwiebeln, Chilis, Ingwer und Knoblauch 2-3 Minuten mit anrösten, anschließend die Tomaten dazumischen. Die Mischung, die restlichen Gewürzpulver und das Salz in das Dhal rühren und zusammen weitere 10-15 Minuten kochen. Bei Bedarf mit etwas Wasser aufgießen. Das fertig gekochte Gericht vom Herd nehmen, frischen Koriander, Zitronensaft und nach Belieben noch etwas Salz untermischen. Mit Basmati- oder Kreuzkümmel-Reis servieren.

Paramahansas Palak Channa Dhal

Für alle 3 Doshas geeignet, leicht Vata+
Zutaten für 2-3 Personen:
80 g Spinat, gewaschen und gehackt
200 g halbe Kichererbsen (Channa Dhal)
2 Zwiebeln, fein gehackt
1 TL Kurkuma (Gelbwurz)
¼ -1 TL Cayennepfeffer (je nach Belieben)
2 TL Knoblauch, fein gehackt
2 TL Ingwer, frisch gerieben
1-2 kleine grüne Chilis, fein gehackt

½ TL Kreuzkümmelpulver
½ TL Korianderpulver
¼ TL gemahlener schwarzer Pfeffer
2 EL frischer Koriander, fein gehackt
3 Lorbeerblätter
¼ TL Meersalz (je nach Belieben)
2 EL Ghee
1 l Wasser

Kichererbsen eine Stunde lang einweichen und gut waschen. Den Spinat dämpfen, bis er weich ist. Wasser zum Kochen bringen, Kichererbsen, Salz, Pfeffer und Kurkuma hinzufügen und auf mittlerer bis niedriger Wärmestufe 20-25 Minuten kochen, bis das Dhal weich ist. Ghee in einer großen Pfanne erhitzen, Kreuzkümmel, Chilis, Ingwer und Knoblauch dazugeben und 30 Sekunden anrösten, dann die Zwiebeln darin glasig braten. Spinat hinzufügen und 5 Minuten kochen, dann Cayennepfeffer, Lorbeerblätter und gekochten Dhal untermischen. Bei Bedarf mit etwas Wasser aufgießen. Weitere 5 Minuten kochen, das fertige Gericht vom Herd nehmen, den Koriander untermischen und 5 Minuten ziehen lassen. Mit Basmati-Reis oder Kreuzkümmel-Reis servieren.

Ranganaths Rakta Dhal

Für alle 3 Doshas geeignet, leicht Vata+
Zutaten für 3-4 Personen:
400 g rote Linsen
2 rote Zwiebeln, in kleine Stücke geschnitten
1 rote Paprika, fein gehackt
1 Rote Bete, fein gehackt
2 Tomaten, in kleine Stücke geschnitten
½ TL Kurkumapulver (Gelbwurz)
¼ -½ TL Cayennepulver
½ TL Kreuzkümmelsamen

340

¼ TL gemahlener schwarzer Pfeffer
½ TL Korianderpulver
¼ TL Meersalz (je nach Belieben)
2-3 EL frischer Koriander, fein gehackt
1 EL frisches Basilikum
1 TL frisch gepresster Zitronensaft

Linsen mindestens eine Stunde lang einweichen und gut waschen. Ca. 1 l Wasser zum Kochen bringen, Linsen hinzufügen und auf mittlerer bis niedriger Wärmestufe 20-25 Minuten abgedeckt köcheln lassen, bis sie weich sind. In der Zwischenzeit das Ghee in einer Pfanne erhitzen und Kreuzkümmelsamen darin leicht anrösten, dann die anderen Gewürze dazugeben und 1 Minute anbraten. Die Mischung zusammen mit dem Gemüse unter die Linsen mischen und diese weitere 10-15 Minuten kochen. 5 Minuten vor Ende der Kochzeit die Tomaten untermischen und - falls nötig - etwas Wasser aufgießen. Das fertige Gericht vom Herd nehmen, Basilikum, Koriander und Zitronensaft unterrühren, abdecken und 5 Minuten ziehen lassen. Mit Basmati-Reis servieren.

Kripa Sagar-Dhal

Für alle 3 Doshas geeignet, leicht Kapha+
Zutaten für 2-3 Personen:
400 g geschälte halbe Mung-Bohnen (Mung-Dhal)
20 g jeweils getrocknete Dulse, Agar und Arame (Meeresalgen)
1 TL Ingwer, frisch gerieben
½ TL Knoblauch, fein gehackt
1-3 grüne Chilis (je nach Belieben)
2-3 EL frischer Koriander, fein gehackt
½ TL Zitronensaft
¼ TL Nelkenpulver
¼ TL Zimtpulver
¼ TL Kurkumapulver (Gelbwurz)

¼ TL Korianderpulver
½ TL Kreuzkümmelsamen
½ TL schwarze Senfkörner
¼ TL Meersalz (je nach Belieben)
2 EL Ghee

Dhal mindestens eine Stunde lang einweichen, dann gut waschen. Meeresalgen in 1 Tasse Wasser 20 Minuten lang einweichen und waschen. 1,25 l Wasser zum Kochen bringen, Dhal hinzufügen und auf niedriger bis mittlerer Wärmestufe kochen, bis die Linsen fast weich sind. Grüne Chilis und Ingwer zusammen fein hacken. Alle Gewürzpulver in 60 ml Wasser auflösen. Das Ghee in einer Pfanne erhitzen, diese abdecken und die schwarzen Senfkörner kurz darin rösten, bis sie gegen den Deckel springen. Ingwer, Knoblauch und die aufgelösten Gewürze dazugeben, 2-3 Minuten kochen lassen und den Sud zum Dhal hinzugeben. Das Dhal nun kochen, bis es gänzlich weich ist, bei Bedarf mit etwas zusätzlichem Wasser aufgießen, die Algen untermischen und weitere 3-4 Minuten kochen. Nach Belieben Salz und eventuell noch Gewürze hinzugeben. Das Gericht vom Herd nehmen, Koriander und Zitronensaft unterrühren, abdecken, 5 Minuten ziehen lassen und dann servieren. Passt gut zu Basmati-Reis und Chapatis.

Dhal „Shanti Niketam"

Für alle 3 Doshas geeignet, leicht Vata+
Zutaten für 2-3 Personen:
1 l – 1,25 l Wasser
300 g geschälte halbe Mung-Bohnen (Mung-Dhal)
2 EL Ghee
½ TL Kurkumapulver (Gelbwurz)
2 EL biologischer Rohrzucker (z.B. Turbinado, Sucanat usw.)
½ TL Kreuzkümmelpulver
½ TL Korianderpulver

¼ TL gemahlener schwarzer Pfeffer
2 EL frischer Koriander, fein gehackt
1 Prise Hingpulver (Asafoetida)
¼ TL Meersalz (je nach Belieben)

Dhal eine Stunde lang einweichen und gut waschen. Wasser zum Kochen bringen, Dhal hinzufügen und auf mittlerer bis niedriger Wärmestufe 30 Minuten abgedeckt köcheln lassen. Wenn die Linsen weich sind, alle Gewürze untermischen und weitere 10-15 Minuten kochen. Das Gericht vom Herd nehmen, Koriander dazugeben, abdecken und 5 Minuten ziehen lassen. Mit Basmati-, Jasmin- oder Kreuzkümmel-Reis servieren.

Maha Kali-Dhal (pikant!)

Für alle 3 Doshas geeignet
Zutaten für 3-4 Personen:
300 g Mungbohnen
1 Zwiebel, fein gehackt
1 Tomate, in kleine Stücke geschnitten
1-3 scharfe grüne Chilis (je nach Belieben)
2 cm Ingwer, frisch gerieben
3 Knoblauchzehen, fein gehackt
30 g grüne Erbsen
70 g Karotten, in kleine Stücke geschnitten
40 g Spinat, gehackt
¼ TL Meersalz
¼ TL Kurkuma (Gelbwurz)
½ -1 TL Cayennepfeffer
½ TL schwarze Senfkörner
1 TL Kreuzkümmelsamen
½ TL Korianderpulver
½ TL gemahlener schwarzer Pfeffer

1 Prise Hingpulver (Asafoetida)

Mungbohnen mindestens eine Stunde lang einweichen, dann gut waschen. Ca. 1 l Wasser zum Kochen bringen, Kurkuma und Bohnen hinzufügen und auf niedriger Wärmestufe 20-25 Minuten garen. Erbsen und Karotten in einem anderen Topf weich kochen. Die schwarzen Senfkörner, den Kreuzkümmel und das Hingpulver (Asafoetida) in einer Bratpfanne kurz anrösten. Zwiebeln, Ingwer, Knoblauch und grüne Chilis dazugeben und weitere 2-3 Minuten anbraten, zuletzt die Tomaten untermischen und kurz garen. Die Mischung, das gekochte Gemüse, Salz und bei Bedarf noch etwas Wasser zu den Mungbohnen geben und diese weitere 4-5 Minuten kochen.

Variante: Das fertig gekochte Gericht mit 3 EL frischen gehackten Koriander verfeinern.

Sashwats Spinat-Dhal

Für alle 3 Doshas geeignet, leicht Vata+
Zutaten für 3-4 Personen:
400 g geschälte halbe Mung-Bohnen (Mung-Dhal)
80 g frischer Spinat, gehackt
1 TL frischer Ingwer, fein gehackt
1 Knoblauchzehe, fein gehackt
1-3 grüne Chilis (je nach Belieben)
3 EL frischer Koriander, fein gehackt
½ TL frischer Zitronensaft
¼ TL Nelkenpulver
¼ TL Zimtpulver
¼ TL Kurkumapulver (Gelbwurz)
¼ TL Korianderpulver
½ TL Kreuzkümmel
½ TL schwarze Senfkörner
¼ TL Meersalz (je nach Belieben)

344

2 EL Ghee

Dhal mindestens eine Stunde lang einweichen, dann gut waschen.
Grüne Chilis und Ingwer zusammen fein hacken und alle Gewürzpulver in 60 ml Wasser auflösen. Das Ghee in einer Pfanne erhitzen,
diese abdecken und die schwarzen Senfkörner kurz darin rösten,
bis sie gegen den Deckel springen. Ingwer, Chilis, Knoblauch und
die aufgelösten Gewürze dazugeben, 2-3 Minuten kochen lassen
und den Sud zusammen mit dem Dhal und 2 l Wasser in einen
Kochtopf geben. Auf niedriger bis mittlerer Wärmestufe kochen, bis
die Linsen weich sind. Spinat dazugeben und weitere 2-3 Minuten
kochen. Falls nötig, mit etwas Wasser aufgießen. Nach Belieben
Salz und eventuell noch Gewürze hinzugeben. Das Gericht vom
Herd nehmen, frischen Koriander und Zitronensaft unterrühren,
abdecken und 5 Minuten ziehen lassen. Mit Reis servieren.

Süß-saures Dhal

Für alle 3 Doshas geeignet
Zutaten für 1-2 Personen:
300 g rote, halbierte Linsen (Masoor Dhal)
1 l Wasser
½ TL Kurkumapulver (Gelbwurz)
½-1 TL rotes Chilipulver
1 TL Tamarindenpaste
1 EL Jaggery oder anderer biologischer Rohrzucker
1 TL Ghee
1 TL Kreuzkümmelsamen
1 TL schwarze Senfkörner
6 cm Ingwerwurzel, fein gehackt
1-4 kleine grüne Chilis, fein gehackt (je nach Belieben)
¼ TL schwarzer gemahlener Pfeffer
1 Messerspitze Hingpulver (Asafoetida)
¼ TL Meersalz oder nach Belieben

3 EL frischer Koriander, fein gehackt

Dhal mindestens eine Stunde lang einweichen, dann gut waschen. Wasser zum Kochen bringen, Dhal, Tamaridenpaste, Jaggery, Chilipulver, Kurkuma und Salz hinzufügen und auf mittlerer bis niedriger Wärmestufe 15-20 Minuten kochen, bis die Linsen weich sind. Vom Herd nehmen. In der Zwischenzeit das Ghee in einer Pfanne erhitzen, diese abdecken und die schwarzen Senfkörner kurz darin rösten, bis sie gegen den Deckel springen. Nun die Kreuzkümmelsamen und die anderen Gewürze dazugeben, ca. 1 Minute anbraten, bis die Samen leicht braun sind. Die Mischung mit dem Koriander, frischen Ingwer und den grünen Chilis zum Dhal geben und dieses abgedeckt weitere 3-5 Minuten köcheln lassen. Falls nötig, mit etwas Wasser aufgießen. Mit Reis servieren.

Traditionelles gebratenes Kerala-Dhal

Für alle 3 Doshas geeignet, leicht Vata+
Zutaten für 3-4 Personen:
100 g rote Linsen
100 g geschälte halbe Mung-Bohnen (Mung-Dhal)
50 g halbe Kichererbsen (Channa Dhal)
½ TL Garam Masala (in indischen Geschäften oder Bioläden erhältlich)
1 große Zwiebeln, fein gehackt
1 große Tomate, fein gehackt
1 TL Kurkumapulver (Gelbwurz)
¼ -1 TL rotes Chilipulver (je nach Belieben)
6 EL Ghee
½ TL Salz
1-4 grüne Chilis, fein gehackt (je nach Belieben)
1 TL Kreuzkümmel
1 TL schwarze Senfkörner
1 TL Knoblauch, fein gehackt

1 TL frischer Ingwer, gerieben
1 EL Zitronensaft
4-5 EL frischer Koriander, fein gehackt

Linsen und Kichererbsen mindestens eine Stunde einweichen und gut waschen. 2,5 l Wasser zum Kochen bringen und das Dhal unter häufigem Umrühren ca. 35 Minuten kochen, bis es fast weich ist. In der Zwischenzeit das Ghee in einer Pfanne erhitzen, Zwiebeln und Knoblauch darin anbraten. Wenn die Zwiebeln glasig sind, die anderen Gewürze dazugeben (außer dem Koriander und Zitronensaft). Die Mischung zum Dhal geben, sowie die Tomate und weitere 15-20 Minuten kochen, bis die Linsen ganz weich sind. Das Gericht vom Herd nehmen, Koriander und Zitronensaft unterrühren, abdecken und 5-10 Minuten ziehen lassen.

Hanuman Dhal

Für alle 3 Doshas geeignet
Zutaten für 2-3 Personen:
200 g ungeschälte halbe Mung-Bohnen (Mung-Dhal Chilka)
100-150 g klein geschnittenes Gemüse: Karotten, grüne Bohnen und Blumenkohl
1 EL Ghee
½ TL schwarze Senfkörner
½ TL Kreuzkümmelsamen
2 cm Ingwer, frisch gerieben
¼ TL Kurkumapulver (Gelbwurz)
¼ -½ TL Chilipulver
1-3 kleine fein gehackte grüne Chilis (je nach Belieben)
1 mittelgroße Zwiebel, fein gehackt
¼ TL Meersalz (je nach Belieben)
3-4 EL frischer Koriander

Dhal mindestens eine Stunde lang einweichen, gut waschen und zusammen mit Ingwer, Kurkuma, Chili und Salz in 500 ml Wasser geben. Zwiebel und grüne Chilis fein hacken. Das Ghee in einer Pfanne erhitzen, diese abdecken und die schwarzen Senfkörner kurz darin rösten, bis sie gegen den Deckel springen, dann Kreuzkümmel, Zwiebeln und Chilis 2 Minuten mit anbraten. Nun das Gemüse hinzufügen, weitere 2 Minuten garen und die Mischung zum Dhal geben. Mit 1 l kochendem Wasser aufgießen und auf niedriger Wärmestufe unter regelmäßigem Umrühren weich kochen. Das fertige Gericht vom Herd nehmen und den Koriander untermischen. Mit Basmati-Reis, Jasmin-Reis oder einem Getreidegericht servieren.

Umas Dhal

Für alle 3 Doshas geeignet
Zutaten für 2-3 Personen:
400 g ungeschälte halbe Mung-Bohnen (Mung-Dhal Chilka)
1 große Tomate, fein gehackt
1 TL Ingwer, frisch gehackt
½ TL Knoblauch, fein gehackt
1-2 grüne Chilis
2-3 EL Koriander, fein gehackt
1 EL Zitronensaft
1 TL getrockneter Dill
1 TL getrockneter Estragon
1 TL getrocknetes Basilikum
¼ TL getrockneter Oregano
½ TL Kreuzkümmelsamen
¼ TL Meersalz (je nach Belieben)
2 EL Ghee
1,2 l Wasser

Dhal mindestens eine Stunde lang einweichen, dann gut waschen. Wasser zum Kochen bringen, Dhal hinzufügen und auf mittlerer bis niedriger Wärmestufe köcheln, bis es fast weich ist. Grüne Chilis und Ingwer fein hacken und zusammenmischen. Alle Gewürzpulver in 60 ml Wasser auflösen. Das Ghee in einer Pfanne erhitzen, Kreuzkümmelsamen darin anrösten, dann Chilis, Ingwer und Knoblauch und die aufgelösten Gewürze untermischen, sowie die Tomate, 2-3 Minuten kochen lassen und den Sud zum Dhal hinzugeben. Falls nötig, mit etwas Wasser aufgießen. Das Dhal nun kochen, bis es gänzlich weich ist, vom Herd nehmen, Koriander und Zitronensaft unterrühren, Salz und je nach Belieben noch weitere Gewürze hinzugeben. Abdecken, 5 Minuten ziehen lassen und mit Reis servieren.

Panir und Tofugerichte

Anmerkung: Bei allen Rezepten sind
Tofu und Panir austauschbar.

*Wir sollten uns stets vor Augen halten, dass wir
nie frei sein werden, sondern schon längst frei sind.
Jegliche Vorstellung davon, dass wir glücklich oder
unglücklich wären, ist eine große Täuschung.*

– Vivekananda

Vedas Brokkoli- und Erbsen-Panir

Für alle 3 Doshas geeignet, leicht Kapha+
Zutaten für 4 Personen:
270-300 g Brokkoli, in kleine Röschen geschnitten
250 g Panir oder Tofu, in 2 cm große Würfel geschnitten
60 g grüne Erbsen
1 große Zwiebel, fein gehackt
3-4 EL Ghee
1 TL Kreuzkümmelsamen
¼ TL Korianderpulver
¼ TL Kurkumapulver (Gelbwurz)
1 Messerspitze Hingpulver (Asafoetida)
¼ TL schwarze Senfkörner
½ TL Meersalz (je nach Belieben)
¼ TL gemahlener schwarzer Pfeffer
¾ TL Ingwer, gerieben
¾ TL Knoblauch, fein gehackt
1-3 grüne Chilis (je nach Belieben)
1 EL frischer Koriander, fein gehackt

750 ml Wasser in einem großen Edelstahltopf erhitzen, Brokkoli, Erbsen, Ingwer, Knoblauch und grüne Chilis dazugeben und ca. 7-8 Minuten kochen lassen. Den Panir oder Tofu in Würfel schneiden, in einer Pfanne mit 2 EL Ghee gold-braun anbraten und in einer Schüssel zur Seite stellen. In einem Wok oder einer großen Bratpfanne 2 EL Ghee erhitzen, abdecken und die Senfkörner, den Kreuzkümmel und die Zwiebeln darin anbraten. Wenn die Zwiebeln glasig sind, die restlichen Gewürze, Salz und Pfeffer dazugeben. Anschließend den Panir/Tofu und das Gemüse dazugeben und 8-10 Minuten kochen. Das Gericht vom Herd nehmen, Koriander untermischen, abdecken und 5 Minuten ziehen lassen. Mit Reis servieren.

Kalidas Cashewnuss-Panir

Für alle 3 Doshas geeignet, leicht Kapha+
Zutaten für 2-4 Personen:
250 g Panir oder Tofu, in 1 cm große Würfel geschnitten
2 mittelgroße Zwiebeln, fein gehackt
1-3 Tomaten, in Stücke geschnitten
1 EL Ingwer, frisch gerieben
1 große Knoblauchzehe, zerdrückt
1-2 grüne Chilis
1 TL Bockshornklee
1 TL schwarze Senfkörner
15 biologische Cashewnüsse, ganz
½ -1 TL Cayennepfeffer
½ TL Garam Masala
¼ TL Kurkumapulver (Gelbwurz)
4 EL Ghee
1 EL Koriander, fein gehackt

In einem Wok 3 EL Ghee erhitzen, Panir und Zwiebeln gold-braun anbraten und anschließend in einer Schüssel zur Seite stellen. Nochmals 1 EL Ghee erhitzen und die Gewürze sowie die Tomaten 3-4 Minuten anbraten. Nun den Panir und die Cashewnüsse dazugeben und weitere 5 Minuten garen. Das Gericht vom Herd nehmen, den Koriander untermischen, abdecken und 5 Minuten ziehen lassen. Mit Reis, Reisnudeln oder einem Getreidegericht servieren.

Chili Cashewnuss-Panir

Für alle 3 Doshas geeignet
Zutaten für 3-4 Personen:
250 g Panir oder Tofu, in 1 cm große Würfel geschnitten
2 mittelgroße Zwiebeln, fein gehackt
2 Tomaten, fein gehackt

1 EL Ingwer, frisch gerieben
1 große Knoblauchzehe, zerdrückt
1-4 scharfe grüne oder rote Chilis (je nach Belieben)
1 TL Bockshornklee
1 TL schwarze Senfkörner
15 biologische Cashewnüsse, ganz
½ -1 TL Cayennepfeffer
½ TL Garam Masala
¼ TL Meersalz
½ TL biologischer Rohrzucker
¼ TL Kurkumapulver (Gelbwurz)
4 EL Ghee
1 EL frischer Koriander, fein gehackt

In einem Wok 3 EL Ghee erhitzen, Panir, Chilis und Zwiebeln gold-braun anbraten und anschließend in einer Schüssel zur Seite stellen. Nochmals 1 EL Ghee erhitzen und die Gewürze zusammen mit den Tomaten 3-4 Minuten anbraten. Nun Panir, Cashewnüsse und Rohrzucker dazugeben und weitere 5 Minuten garen. Das Gericht vom Herd nehmen, den Koriander untermischen, abdecken und 5 Minuten ziehen lassen. Mit Reis, Reisnudeln oder einem Getreidegericht servieren.

Pranas Gobi-Panir

Für alle 3 Doshas geeignet, leicht Kapha+
Zutaten für 3-4 Personen:
300 g Blumenkohl, in kleine Röschen geschnitten
250 g Panir oder Tofu, in 1 cm große Würfel geschnitten
1 große Zwiebel, fein gehackt
3-4 EL Ghee
3-4 Lorbeerblätter, ganz
1 TL Kreuzkümmelsamen

¼ TL Korianderpulver
¼ TL Kurkumapulver (Gelbwurz)
1 Messerspitze Hingpulver (Asafoetida)
¼ TL schwarze Senfkörner
½ TL Meersalz (je nach Belieben)
¼ TL gemahlener schwarzer Pfeffer
1 cm Ingwer, frisch gerieben
1 kleine Knoblauchzehe, fein gehackt
1-3 grüne Chilis (je nach Belieben)
1 EL frischer Koriander, fein gehackt

Blumenkohl, Ingwer, Knoblauch und grünen Chili mit 750 ml Wasser zum Kochen bringen und 7-8 Minuten lang kochen. 2 EL Ghee in einem Wok oder Topf erhitzen, den Panir oder Tofu leicht gold-braun anbraten und in einer Schüssel zur Seite stellen. Weitere 2 EL Ghee in einer großen Bratpfanne erhitzen, diese abdecken und die Senfkörner gegen den Deckel springen lassen, dann die Kreuzkümmelsamen anrösten und die Zwiebeln glasig braten. Die Gewürze, Salz und Pfeffer dazumischen und anbraten. Nun Panir und Blumenkohl dazugeben und nochmals für 8-10 Minuten garen. Das Gericht vom Herd nehmen, Koriander untermischen, abdecken und 5 Minuten ziehen lassen. Mit Reis, Reisnudeln oder einem Getreidegericht servieren.

Premas Rasamrita-Panir

Für alle 3 Doshas geeignet, leicht Kapha+
Zutaten für 3-4 Personen:
500 g Panir oder Tofu, in 1 cm große Würfel geschnitten
1-3 grüne Chilis (je nach Belieben)
4 EL Ghee
2 Lorbeerblätter
8-10 schwarze Pfefferkörner
1 Zimtstange, 4 cm

5 grüne Kardamomkapseln
10 Nelken
1 EL frischer Ingwer, gerieben
1 große Knoblauchzehe, fein gehackt
2-3 große Tomaten, fein gehackt
½ -1 TL rotes Chilipulver
1 TL Garam Masala
¼ TL Meersalz (je nach Belieben)
2 EL biologischer Rohrzucker
½ TL Bockshornkleepulver
250 ml Bio-Sahne
Variante: 1-2 EL frischer Koriander, fein gehackt

Das Ghee in einem großen Edelstahltopf oder Wok erhitzen und Lorbeerblätter, Pfefferkörner, Zimt, Kardamom und Nelken 2-3 Minuten darin anrösten. Dann Ingwer, Knoblauch und grüne Chilis für 2-3 Minuten mit anbraten. Tomaten, rotes Chilipulver, Garam Masala, Meersalz und 350 ml Wasser hinzufügen. Abdecken und 10 Minuten kochen lassen. Rohrzucker, Bockshornkleepulver und Panir untermischen und weitere 8 Minuten kochen. Sahne dazugeben und für 2-3 Minuten weiterköcheln lassen. Das Gericht vom Herd nehmen, wenn gewünscht, Koriander untermischen, abdecken und 5 Minuten ziehen lassen. Mit Reis, Reisnudeln oder einem Getreidegericht servieren.

Mata Mahesvaris Mater-Panir

Für alle 3 Doshas geeignet, Kapha +
Zutaten für 3-4 Personen:
250 g Panir oder extra fester Tofu oder Tempeh, in 1 cm große Stücke geschnitten
100 g grüne Erbsen
125 ml Joghurt
1 mittelgroße Tomate, in Stücke geschnitten

1 weiße Zwiebel
1-3 grüne Chilis, fein gehackt (je nach Belieben)
3 TL Koriander, fein gehackt
2-3 EL Ghee (für Veganer Olivenöl)
1 TL frischer Ingwer, gerieben
1 TL Knoblauch, zerdrückt oder fein gehackt
1 TL Kurkumapulver (Gelbwurz)
1 TL Garam Masala
1 Messerspitze Hingpulver (Asafoetida)
¼ TL schwarzer Pfeffer, frisch gemahlen
¼ TL Meersalz (je nach Belieben)

Panir in einer Bratpfanne mit dem Ghee gold-braun anbraten. Zwiebeln und Gewürze in einer anderen Pfanne ca. 2-3 Minuten anrösten, bis die Zwiebeln leicht braun sind, dann die Tomaten dazugeben und einige Minuten mit garen. Erbsen hinzufügen und köcheln lassen. Nach 4-5 Minuten Joghurt dazugeben und weitere 5 Minuten kochen. Nun Panir untermischen und einige Minuten köcheln lassen. Das Gericht vom Herd nehmen, Koriander untermischen, abdecken und 5 Minuten ziehen lassen. Mit Reis oder Dhal servieren.

Palak Panir

Für alle 3 Doshas geeignet, leicht Kapha +
Zutaten für 3-4 Personen:
150-200 g Spinat
250 g Panir oder Tofu, in 1 cm große Stücke geschnitten
1 große Zwiebel, fein gehackt
3-4 EL Ghee
3 Lorbeerblätter, ganz
1 TL Kreuzkümmelsamen
¼ TL schwarze Senfkörner

¼ TL Meersalz (je nach Belieben)
¼ TL schwarzer Pfeffer, frisch gemahlen
1 cm frischer Ingwer, gerieben
1 Knoblauchzehe, fein gehackt oder zerdrückt
1-2 grüne Chilis
1 TL Garam Masala

750 ml Wasser in einem großen Edelstahltopf zum Kochen bringen. Ingwer, Knoblauch, grüne Chilis und Spinat dazugeben und ca. 6-7 Minuten kochen. Den Panir bzw. Tofu in einem Wok oder einer Bratpfanne mit 2 EL Ghee auf mittlerer Stufe gold-braun anbraten und in einer Schüssel zur Seite stellen. Nochmals 2 EL Ghee erhitzen und Lorbeerblätter, Senfkörner, Kreuzkümmelsamen darin anrösten und Zwiebeln glasig braten. Dann Salz, Pfeffer, Garam Masala, Panir und gekochten Spinat dazumischen und weitere 6-7 Minuten köcheln lassen. Das Gericht vom Herd nehmen, abdecken und 5 Minuten ziehen lassen. Mit Reis, Reisnudeln oder einem Getreidegericht servieren.

Pikanter Knoblauch-Panir „Sahasrara"

Für alle 3 Doshas geeignet, leicht Kapha +
Zutaten für 2-4 Personen:
3-4 große Knoblauchzehen, zerdrückt oder fein gehackt
250 g Panir oder Tofu, in 1 cm große Würfel geschnitten
1 mittelgroße Zwiebel, fein gehackt
3-4 EL Ghee
½ TL Kreuzkümmelpulver
¼ TL Korianderpulver
½-1 TL Cayennepfeffer
¼ Tl Kurkumapulver (Gelbwurz)
1 Messerspitze Hingpulver (Asafoetida)
¼ TL schwarze Senfkörner
½ TL Meersalz (je nach Belieben)

¼ TL frisch gemahlener schwarzer Pfeffer
1 cm frischer Ingwer, gerieben
1-4 rote scharfe Chilis (je nach Belieben)
1 EL Koriander, fein gehackt

2 EL Ghee in einer Pfanne oder einem Wok erhitzen, Panir leicht gold-braun anbraten und anschließend in einer Schüssel zur Seite stellen. Nochmals 1-2 EL Ghee erhitzen und Knoblauch, Ingwer, Chilis, Senfkörner und Zwiebeln einige Minuten darin anrösten. Salz, Pfeffer, die restlichen Gewürze und Panir dazugeben und weitere 5 Minuten garen. Das Gericht vom Herd nehmen, abdecken und 5 Minuten ziehen lassen. Mit Reis, Reisnudeln oder einem Getreidegericht servieren.

Prahalads Erbsen-Panir

Für alle 3 Doshas geeignet
Zutaten für 3 Personen:
500 g Panir oder Tempeh, in 1 cm große Würfel geschnitten
1-2 Frühlingszwiebeln, fein gehackt
60 g grüne Erbsen
½-1 TL scharfer Cayennepfeffer oder 1-3 grüne Chilis, fein gehackt (je nach Belieben)
2 TL Balsamico-Essig
¼ TL Kreuzkümmelpulver
¼ TL schwarze Senfkörner
3 große Knoblauchzehen, zerdrückt oder fein gehackt
1 EL frischer Koriander, fein gehackt
¼ TL Meersalz (je nach Belieben)
¼ TL schwarzer Pfeffer, frisch gemahlen
2 EL Ghee

Balsamico-Essig, Cayennepfeffer, Erbsen, Knoblauch, Ingwer, Zwiebeln, Meersalz, Kreuzkümmel und Panir mischen und 20 Minuten lang ziehen lassen. Das Ghee in einem Wok oder einer Bratpfanne erhitzen, diese abdecken und die schwarzen Senfkörner kurz darin rösten, bis sie gegen den Deckel springen. Den marinierten Panir hinzufügen und 8-10 Minuten anbraten. Das Gericht vom Herd nehmen, Koriander untermischen, abdecken und 5 Minuten ziehen lassen. Mit Reis, Reisnudeln oder einem Getreidegericht servieren.

Shivanis süß-saurer Panir

Für alle 3 Doshas geeignet, leicht Kapha +
Zutaten für 2-3 Personen:
500 g Panir oder extra fester Tofu oder Tempeh, in 1 cm große Würfel geschnitten
1-2 Frühlingszwiebeln, fein gehackt
1 EL biologischer Rohrzucker oder Agavensirup
½ -1 TL Cayennepfeffer oder 1-3 grüne Chilis, fein gehackt (je nach Belieben)
1 TL frisch gepresster Zitronensaft
3 Knoblauchzehen, zerdrückt oder fein gehackt
1 TL frischer Ingwer, gerieben
1 EL Koriander, fein gehackt
¼ TL Meersalz (je nach Belieben)
¼ TL schwarzer Pfeffer, frisch gemahlen
2 EL Ghee

Rohrzucker, Cayennepfeffer, Zitronensaft, Knoblauch, Ingwer, Zwiebel, Meersalz und Panir vermischen und 20 Minuten lang ziehen lassen. Das Ghee in einem Wok oder einer Bratpfanne erhitzen und den marinierten Panir 10-15 Minuten darin anbraten. Das Gericht vom Herd nehmen, Koriander untermischen, abdecken und nochmals 5 Minuten ziehen lassen. Mit Reis, Reisnudeln oder einem Getreidegericht servieren.

Tyagis Tofu

Für alle 3 Doshas geeignet, leicht Kapha +

Zutaten für 2-3 Personen:

500 g extra fester Tofu oder Tempeh, in 1 cm große Würfel geschnitten

1-2 Frühlingszwiebeln, fein gehackt

100 g Paprika (rot, grün und gelb gemischt), in Stücke geschnitten

1-2 grüne Chilis, fein gehackt

¼ TL Kreuzkümmelpulver

¼ TL Korianderpulver

¼ TL schwarze Senfkörner

3 Knoblauchzehen, zerdrückt oder fein gehackt

1 TL frischer Ingwer, gerieben

1 EL Koriander, fein gehackt

¼ TL Meersalz (je nach Belieben)

¼ TL schwarzer Pfeffer, frisch gemahlen

3 EL Ghee

Das Ghee in einem Wok oder einer Bratpfanne erhitzen, diese abdecken und die schwarzen Senfkörner kurz darin rösten, bis sie gegen den Deckel springen. Tofu oder Tempeh, Paprika und Knoblauch hinzufügen und 4-5 Minuten lang garen. Dann die restlichen Gewürze dazugeben und weitere 6-7 Minuten anbraten. Das Gericht vom Herd nehmen, abdecken und 5 Minuten ziehen lassen. Mit Reis, Reisnudeln oder einem Getreidegericht servieren.

Jagadisvaris Panir

Für alle 3 Doshas geeignet, leicht Kapha +

Zutaten für 2-3 Personen:

500 g Panir oder Tofu, in 1 cm große Würfel geschnitten

2 mittelgroße Tomaten, in kleine Stücke geschnitten

2 Paprika (rot, gelb oder grün), in kleine Stücke geschnitten
2 weiße Zwiebeln, fein gehackt
4 cm frische Ingwerwurzel, gerieben
3 EL Ghee
1 TL Kreuzkümmelsamen
½ -1 rote Chilis, zerdrückt oder fein gehackt
1-2 grüne Chilis, fein gehackt
¼-1 TL Cayennepfeffer (je nach Belieben)
½ TL Kurkumapulver (Gelbwurz)
¼ TL Meersalz (je nach Belieben)
1 EL Balsamico- oder Rotweinessig
1 TL Garam Masala
3-4 EL frischer Koriander, fein gehackt

Panir oder Tofu 1-2 Stunden in Essig einlegen. 2 EL Ghee in einem Topf erhitzen und Panir, Paprika, Zwiebeln und Chilis leicht gold-braun anbraten. Nochmals 2 EL Ghee, Tomaten sowie die Gewürze dazugeben und weitere 8-10 Minuten garen. Das Gericht vom Herd nehmen, den Koriander untermischen, abdecken und 5 Minuten ziehen lassen. Mit Reis, Reisnudeln oder einem Getreidegericht servieren.

Venkatesvaras Gemüse-Panir

Für alle 3 Doshas geeignet
Zutaten für 3-4 Personen:
250 g Panir oder Tofu, in 1 cm große Stücke geschnitten
100 g Brokkoli, in kleinen Röschen
130 g Karotten, in dünne Scheiben geschnitten
100 g Blumenkohl, in kleinen Röschen
60 g grüne Erbsen
1 große Zwiebel, fein gehackt
3-4 EL Ghee

1 TL Kreuzkümmelsamen
¼ TL Korianderpulver
¼ TL Kurkumapulver (Gelbwurz)
1 Messerspitze Hingpulver (Asafoetida)
¼ TL schwarze Senfkörner
½ TL Meersalz (je nach Belieben)
¼ TL schwarzer Pfeffer, frisch gemahlen
1 cm frische Ingwerwurzel, gerieben
1 Knoblauchzehe, fein gehackt oder zerdrückt
1-2 mittelgroße grüne Chilis, fein gehackt
1 EL Koriander, fein gehackt

1 l Wasser in einem großen Edelstahltopf erhitzen, Gemüse, Ingwer, Knoblauch und grüne Chilis dazugeben und 7-8 Minuten kochen lassen. Den Panir oder Tofu in einer Pfanne mit 2 EL Ghee goldbraun anbraten und in einer Schüssel zur Seite stellen. 2 EL Ghee in einer Bratpfanne erhitzen, diese abdecken und die schwarzen Senfkörner kurz darin rösten, bis sie gegen den Deckel springen. Kreuzkümmel und die Zwiebeln hinzufügen. Wenn die Zwiebeln glasig sind, die restlichen Gewürze, Salz und Pfeffer dazugeben. Anschließend den Panir/Tofu und das Gemüse dazugeben und 10 Minuten kochen. Das Gericht vom Herd nehmen, Koriander untermischen, abdecken und 5 Minuten ziehen lassen. Mit Reis, Reisnudeln oder einem Getreidegericht servieren.

Chutneys

*Übe dich darin, das Gute in anderen zu sehen. Wenn du deine
Einstellung änderst, wirst du dazu fähig sein, das Gute überall
dort zu sehen, wo du hinsiehst.
Stell dir vor, dass jede Person von Gott gesandt ist, und du
wirst allen gegenüber gutmütig und liebevoll sein können.*

– Amma

Ramas Rote-Bete-Chutney

Für alle 3 Doshas geeignet
Zutaten für 2-3 Personen:
140 g Rote Bete, geraspelt
100 g Urid Dhal (halbe Urid-Bohnen, geschält) (1-2 Stunden einweichen)
20-30 g geraspelte Kokosnuss
1-4 rote Chilis (je nach Belieben)
2-3 Curryblätter
1 kleine Tamarinde
1 kleine Knoblauchzehe, fein gehackt
¼ TL Meersalz
¼ TL schwarzer Pfeffer
1-2 EL Ghee

Ghee erhitzen und Urid Dhal darin gold-braun anrösten. Curryblätter, Chilis und Knoblauch hinzufügen und einige weitere Minuten anrösten. Rote Bete untermischen, 3-4 Minuten garen, dann die Kokosflocken dazugeben und für 1-2 Minuten anbraten. Die Mischung abkühlen lassen und zusammen mit Tamarinde, Meersalz und schwarzem Pfeffer in einem Küchenmixer fein zerkleinern. Mit Reis, Reisnudeln oder einem Getreidegericht servieren.

Shankaris Koriander-Chutney

Für alle 3 Doshas geeignet
Zutaten für 2-3 Personen:
15 g Koriander
125 ml Wasser
1 ½ EL geraspelte Kokosnuss (ungesüßt)
1 ½ EL geröstete Cashewnüsse
1 TL Kreuzkümmelsamen
½ TL Salz

1 cm frische Ingwerwurzel, gerieben
1 große Knoblauchzehe, fein gehackt
1 grüner Chili, fein gehackt

Alle Zutaten zusammenmischen und in einem Küchenmixer 1-2 Minuten zerkleinern. Zusammen mit Gemüse-Gerichten, Reis, Dhal oder einem anderen Hauptgericht servieren.

Satyas Kokosnuss-Chutney

Für alle 3 Doshas geeignet, leicht Kapha+
Zutaten für 2-4 Personen:
Frisches Kokosnussfleisch, in dünne Scheiben geschnitten
3 große Knoblauchzehen, fein gehackt
2 mittelgroße Zwiebeln (Frühlingszwiebeln oder weiße)
3-4 frische Minzblätter
¼ TL Meersalz (je nach Belieben)
1 EL Ghee
¼ TL schwarze Senfkörner
¼ TL Kreuzkümmelsamen
2-3 Curryblätter

Kokosnuss mit einem Küchenmixer pürieren, Knoblauch, Zwiebeln, Salz und Minzblätter dazumischen. Die Paste in eine Schüssel geben, abdecken und kühl stellen. Vor dem Servieren das Ghee in einer Bratpfanne erhitzen, die Senfkörner anrösten, bis sie gegen den Deckel springen, dann den Kreuzkümmel dazugeben und am Ende die Curryblätter. Die Gewürzmischung gut unter das Chutney rühren.

Minz-Chutney „Mahisasura Mardini"

Für alle 3 Doshas geeignet
Zutaten für 3-4 Personen:
15-20 g frische Minze

125 ml Wasser
1 ½ EL geraspelte ungesüßte Kokosnuss
1 EL geröstete Cashewnüsse
1 TL Kreuzkümmelsamen
½ TL Meersalz
½ cm frische Ingwerwurzel, gerieben
1 große Knoblauchzehe, fein gehackt
1 grüne Chilischote, fein gehackt

Alle Zutaten im Küchenmixer 1-2 Minuten fein zerkleinern. Zusammen mit Gemüse-Gerichten, Reis, Dhal oder einem anderen Hauptgericht servieren.

Tomatenchutney „Tat Tvam Asi"

Für alle 3 Doshas geeignet
Zutaten für 3-4 Personen:
2 EL Ghee
1-2 ganze rote Chilis
1 TL Kreuzkümmelsamen
2-3 cm Zimtstange
2-4 große Tomaten, fein gehackt
3 EL biologischer Rohrzucker
½ TL Meersalz

Ghee in einer Bratpfanne erhitzen, Chilis, Zimtstange und Kreuzkümmelsamen einige Minuten anrösten, bis die Samen braun sind. Dann Tomaten, Salz und Rohrzucker dazugeben und 10-15 Minuten kochen, bis das Chutney eingedickt ist. Kann warm oder kalt gegessen werden.

Tomaten-Minz-Chutney „Tattva Mayi"

Für alle 3 Doshas geeignet
Zutaten für 3-4 Personen:
2 EL Ghee
2 EL frische Minze
1-2 getrocknete Chilis, ganz
1 TL Kreuzkümmelsamen
2-3 cm Zimtstange
2-4 große Tomaten, fein gehackt
3 EL biologischer Rohrzucker
½ TL Meersalz
¼ TL schwarzer Pfeffer, fein gemahlen

Ghee in einer Bratpfanne erhitzen, Chilis, Zimtstange und Kreuz-kümmelsamen einige Minuten anrösten, bis die Samen braun sind. Dann Tomaten, Salz und Rohrzucker dazugeben und 10 Minuten kochen. Minze untermischen und nochmals 5 Minuten kochen, bis das Chutney eingedickt ist. Kann warm oder kalt gegessen werden.

Getränke

Mein Kind, verliere nie den Mut. Verliere nie dein Vertrauen in Gott und das Leben. Sei immer optimistisch, egal in welchen Situationen du dich befinden magst. Es ist sehr wichtig, optimistisch zu sein. Pessimismus ist eine Form von Dunkelheit, eine Form der Ignoranz, die verhindert, dass Gottes Licht in dein Leben dringt. Pessimismus ist wie ein Fluch, ein trügerischer Fluch, verursacht durch einen trügerischen Geist. Das Leben ist voll von Gottes Licht, aber nur wenn du optimistisch bist, wirst du dieses Licht erfahren.

– Amma

Cremiger Chai

Für alle 3 Doshas geeignet
Zutaten für 1-2 Personen:
500 ml Wasser
5 ganze Nelken
1 Prise Zimtpulver
1 Messerspitze Kardamompulver
1 Prise schwarzer Pfeffer, fein gemahlen
1 cm geriebene frische Ingwerwurzel oder ½ -1 TL Ingwersaft
1 gehäufter TL biologischer Schwarztee
500 ml biologische Rohmilch (für Veganer Mandel-, Hanf- oder Reismilch, etc.)
2 gehäufte TL biologischer Rohrzucker oder anderes Süßungsmittel

Wasser zum Kochen bringen und Gewürze 2-3 Minuten lang darin kochen. Wärmestufe reduzieren, Schwarztee hinzufügen und weitere 2-3 Minuten kochen. Milch dazugießen und den Chai wieder erhitzen. Kurz vor dem Aufkochen vom Herd nehmen, durch ein Sieb gießen und Rohrzucker dazugeben. Für die verschiedenen Konstitutions-Typen ist das ideale Verhältnis zwischen Milch und Wasser folgendermaßen:
Vata: 750 ml Milch zu 250 ml Wasser
Pitta: gleiches Verhältnis von Wasser zu Milch
Kapha: 750 ml Wasser zu 250 ml Milch. Weniger Zucker oder am besten Stevia verwenden.
Wer auf Koffein empfindlich reagiert, kann den Schwarztee weglassen und den Chai aus den restlichen Zutaten kochen.

Vishwas Vanille-Chai

Für alle 3 Doshas geeignet
Zutaten für 1-2 Personen:
500 ml Wasser
½ -1 TL biologisches Vanillepulver
1 Prise Zimtpulver
1 Messerspitze Kardamompulver
1 cm frische geriebene Ingwerwurzel oder ½ -1 TL Ingwersaft
1 gehäufter TL biologischer Schwarztee
500 ml biologische Rohmilch (für Veganer Mandel-, Hanf- oder Reismilch, etc.)
2 TL biologischer Rohrzucker oder Agavensirup

Wasser zum Kochen bringen und Gewürze 2-3 Minuten lang darin kochen. Wärmestufe reduzieren, Schwarztee hinzufügen und weitere 2-3 Minuten kochen. Milch dazugießen und den Chai wieder erhitzen. Kurz vor dem Aufkochen vom Herd nehmen, durch ein Sieb gießen und Rohrzucker und Vanillepulver dazugeben. Wer auf Koffein empfindlich reagiert, kann den Schwarztee weglassen und den Chai aus den restlichen Zutaten kochen.

Masala Tee

Für alle 3 Doshas geeignet, leicht Pitta +
Zutaten:
½ TL schwarzer Pfeffer, fein gemahlen
½ TL Kardamompulver
½ TL Zimtpulver
¼ TL Nelkenpulver
1 TL Ingwerpulver

Die Gewürze zusammenmischen, pro Tasse ¼ TL mit 250 ml kochendem Wasser übergießen, einige Minuten ziehen lassen und nach Geschmack süßen. Alternativ kann man das Wasser im Verhältnis 1:1 zusammen mit Milch (Rohmilch, Mandel-, Hanf- oder Reismilch) aufkochen und die Gewürze damit aufgießen.

Man kann auch eine größere Menge der Gewürze auf Vorrat mischen und in einem Glas aufbewahren.

Chai mit rohen Mandeln

Für alle 3 Doshas geeignet, Kapha +
Zutaten für 1 Person:
7-10 Mandeln (über Nacht in einer Tasse Wasser einweichen und schälen)
350 ml Mandel-, Hanf-oder Reismilch
¼ TL Ingwerpulver
¼ TL Kardamompulver
1 Messerspitze Zimtpulver
1 Messerspitze schwarzer Pfeffer, fein gemahlen
1 Messerspitze Nelkenpulver
¼ -½ TL Vanillepulver (je nach Belieben)
½ TL Honig oder biologischer Rohrzucker (je nach Belieben)

Alle Zutaten mit einem Küchenmixer 1-2 Minuten mixen. Im Winter kann die Menge an Pfeffer und Ingwer erhöht werden.

Achyuts Mandel-Dattel-Mix

Für alle 3 Doshas geeignet, leicht Kapha +
Zutaten für 1 Person:
4 Mandeln (über Nacht in einer Tasse Wasser eingeweicht und geschält)
3 Datteln (Medjool ist die beste Sorte), entkernt
350 ml Hanf-, Reis-oder Mandelmilch
¼ TL Ingwerpulver

¼ TL Kardamompulver
1 Messerspitze Zimtpulver
1 Messerspitze schwarzer Pfeffer, fein gemahlen
1 Messerspitze Nelkenpulver
½ TL biologisches Vanillepulver

Alle Zutaten mit einem Küchenmixer 1-2 Minuten mixen. Im Winter kann die Menge an Pfeffer und Ingwer erhöht werden.

Dhanvantaris Dattel-Delikatesse

Für alle 3 Doshas geeignet, leicht Kapha +
Zutaten für 1 Person:
4-5 Datteln (Medjool ist die beste Sorte), entkernt
350 ml Hanf-, Reis-oder Mandelmilch
¼ TL Ingwerpulver
¼ TL Kardamompulver
1 Messerspitze Zimtpulver
1 Messerspitze schwarzer Pfeffer, fein gemahlen
1 Messerspitze Nelkenpulver
¼ -½ TL biologisches Vanillepulver

Alle Zutaten mit einem Küchenmixer 1-2 Minuten mixen. Im Winter kann die Menge an Pfeffer und Ingwer erhöht werden.

Ojas-Tonikum „Aum Guru Mata"

Für alle 3 Doshas geeignet, leicht Kapha +
Zutaten für 1 Person:
10 Mandeln (über Nacht eingeweicht und geschält)
3 Datteln (Medjool ist die beste Sorte), entkernt
250-350 ml Wasser

Alle Zutaten vermischen und mit dem Küchenmixer auf hoher Stufe mixen.

372

Ojas Kräuter-Tonikum

Für alle 3 Doshas geeignet, leicht Kapha +
Zutaten für 1 Person:
10 Mandeln (über Nacht eingeweicht und geschält)
3 Datteln (Medjool ist die beste Sorte), entkernt
¼ TL Kapikacchu-Pulver
¼ TL Ashwagandha-Pulver
¼ TL Shatavari-Pulver
¼ TL Maca-Pulver
½ -1 TL biologischer Vanilleextrakt
½-1 TL Honig (je nach Belieben)
350 ml Wasser

Alle Zutaten vermischen und mit dem Küchenmixer auf hoher Stufe mixen.

Shakti Ojas-Tonikum

Für alle 3 Doshas geeignet, leicht Kapha +
Zutaten für 1 Person:
10 Mandeln (über Nacht eingeweicht und geschält)
3 Datteln (Medjool ist die beste Sorte), entkernt
4-5 Saffranfäden
250-350 ml Wasser

Alle Zutaten vermischen und mit dem Küchenmixer auf hoher Stufe mixen.

Kurkuma-Milch

Für alle 3 Doshas geeignet
Zutaten für 1 Person:
300 ml rohe Kuh-oder Ziegenmilch (alternativ: Mandel-, Reis-oder Hanfmilch)
½ TL Kurkumapulver (Gelbwurz)
½ TL roher Honig oder Agavensirup

Die Milch und das Kurkumapulver in einem Topf erhitzen und kurz vor dem Aufkochen vom Herd nehmen. Dann einige Minuten abkühlen lassen, süßen und genießen.

Kurkuma-Ingwer-Milch

Für alle 3 Doshas geeignet
Zutaten für 1 Person:
350 ml rohe Kuh-oder Ziegenmilch (alternativ: Mandel-, Reis-oder Hanfmilch)
½ TL Kurkumapulver (Gelbwurz)
¼ TL Ingwerpulver
½ TL roher Honig oder Agavensirup

Die Gewürze und die Milch in einem Topf erhitzen und vor dem Aufkochen vom Herd nehmen. Einige Minuten abkühlen lassen und den Honig oder Agavensirup hineinrühren.

Kurkuma-Chai

Für alle 3 Doshas geeignet
Zutaten für 1 Person:
350 ml rohe Kuh-oder Ziegenmilch (alternativ: Mandel-, Reis-oder Hanfmilch)
½ TL Kurkumapulver (Gelbwurz)

¼ TL Ingwerpulver
¼ TL Zimtpulver
1 Messerspitze Kardamompulver
1 Messerspitze Zimtpulver
1 Messerspitze Nelkenpulver
1 Prise schwarzer Pfeffer, fein gemahlen
½ TL roher Honig oder Agavensirup

Die Gewürze und die Milch in einem Topf erhitzen und vor dem Aufkochen vom Herd nehmen. Einige Minuten abkühlen lassen und den Honig oder Agavensirup hineinrühren.

Chai Lassi

Für alle 3 Doshas geeignet
Zutaten für 1-2 Personen:
150-200 ml frischer Bio-Joghurt
300 ml Wasser
¼ TL Ingwerpulver
¼ TL schwarzer Pfeffer, fein gemahlen
¼ TL Kardamompulver
1 Messerspitze Zimtpulver
1 Messerspitze Nelkenpulver
1 gehäufter TL biologischer Rohrzucker, Honig oder Agavensirup

Alle Zutaten mit dem Küchenmixer für 1 Minute mixen.
Variante: Falls man ein koffeinhaltiges Getränk möchte, kann man statt Wasser kalten Schwarztee verwenden.

Rasyas Kardamom-Rosen-Lassi

Für alle 3 Doshas geeignet
Zutaten für 1-2 Personen:
125 ml frischer Bio-Joghurt

300 ml Wasser
¼ TL gemahlener Kardamom
1 EL reines Rosenwasser (zum Verzehr geeignetes)
¼-½ TL biologischer Rohrzucker oder Honig

Alle Zutaten mit dem Küchenmixer 1 Minute lang mixen.
Falls man Honig nimmt, diesen nach dem Mixen mit einem
Löffel in das Lassi rühren.

Schokoladen-Lassi

Für alle 3 Doshas geeignet, leicht Kapha +
Zutaten für 1-2 Personen:
150-200 ml frischer Bio-Joghurt
300 ml Wasser
1 gehäufter TL biologisches Kakaopulver
1 TL biologischer Rohrzucker oder Honig

Alle Zutaten mit dem Küchenmixer für 1 Minute mixen.

Kühlendes Koriander-Minze-Lassi

Für alle 3 Doshas geeignet, leicht Kapha +
Zutaten für 1-2 Personen:
150-200 ml frischer Bio-Joghurt
300 ml Wasser
½ TL frisch geriebene Ingwerwurzel oder Ingwerpulver
1 TL frischer Koriander, fein gehackt
2-3 Minzblätter
¼ TL Kardamompulver
1 Messerspitze schwarzer Pfeffer, fein gemahlen
1 Messerspitze Meer-oder Himalayasalz

Alle Zutaten mit einem Küchenmixer auf hoher Stufe für ca. 2
Minuten mixen.

Süße Variante: Statt Salz Honig oder biologischen Rohrzucker verwenden (¼ TL oder je nach Belieben)

Energetisierendes Lassi

Für alle 3 Doshas geeignet
Zutaten für 2 Personen:
350 ml frischer Joghurt
500-600 ml Wasser
1 gehäufter TL Macapulver
1/8 TL Zimtpulver
1/8 TL Kardamompulver
1/8 TL Ingwerpulver
1/8 TL schwarzer Pfeffer, gemahlen
1 Messerspitze biologisches Vanillepulver
1 TL biologischer Rohrzucker, Honig, Agave oder eine Messerspitze Stevia
Alle Zutaten mit dem Küchenmixer für 1 Minute mixen.
Pikante Variante: Eine Messerspitze Cayennepfeffer und mehr Ingwerpulver dazugeben.

Tulasi-Lassi „Maha Rani"

Für alle 3 Doshas geeignet
Zutaten für 1-2 Personen:
125-200 ml frischer Bio-Joghurt
300-350 ml Wasser
4 frische Tulasiblätter oder 1/8 TL Tulasipulver
1/8 TL Ingwerpulver
1 Messerspitze schwarzer Pfeffer, fein gemahlen
1 Messerspitze Kardamompulver
½ TL biologischer Rohrzucker, Honig oder Agave

Alle Zutaten mit dem Küchenmixer eine Minute lang mixen.

Hagebutten-Lassi „Rasalila"

Für alle 3 Doshas geeignet
Zutaten für 1-2 Personen:
200 ml frischer Bio-Joghurt
300-350 ml Wasser
3-4 ganze Hagebutten
1 gehäufter TL biologischer Rohrzucker
¼ TL Kardamompulver
¼ TL Ingwerpulver

Mit einem Küchenmixer alle Zutaten für 1 Minute mixen und durch ein Sieb abseihen.

Süßes Lassi

Für alle 3 Doshas geeignet, Kapha +
Zutaten für 1-2 Personen:
150-200 ml frischer Bio-Joghurt
300 -350 ml Wasser
1 TL biologischer Rohrzucker, Honig oder Agavensirup

Alle Zutaten mit einem Küchenmixer 1 Minute lang mixen oder mit einem Löffel verrühren.

Vanille-Lassi „Vimala"

Für alle 3 Doshas, leicht Kapha +
Zutaten für 1-2 Personen:
150-200 ml frischer Bio-Joghurt
300-350 ml Wasser
1 TL gehäuft Vanillepulver oder Vanilleextrakt

1 TL biologischer Rohrzucker

Alle Zutaten in einem Küchenmixer 2 Minuten lang mixen.

Ingwersaft „Gandharva"

Für alle 3 Doshas geeignet
Zutaten für 1 Person:
60 ml frischer Ingwersaft
250 ml Wasser
¼ -½ TL Honig

Alle Zutaten mit dem Küchenmixer 20 Sekunden lang mixen oder mit einem Löffel verrühren.

Ingwer-Zitronensaft

Für alle 3 Doshas geeignet, leicht Pitta +
Zutaten für 1 Person:
60 ml frischer Ingwersaft
30 ml frisch gepresster Zitronensaft
300 ml Wasser
¼ -½ TL Honig

Alle Zutaten in einem Küchenmixer 1 Minute lang mixen.

Ingwer-Minzesaft „Manipura"

Für alle 3 Doshas geeignet, leicht Pitta +
Zutaten für 1 Person:
1 EL frische Minzblätter
½ TL Ingwerpulver oder ¼ TL frisch geriebene Ingwerwurzel
¼ TL schwarzer Pfeffer, fein gemahlen
350 ml Wasser
¼ TL Honig (oder je nach Belieben)

Alle Zutaten in einem Küchenmixer 1 Minute lang mixen.

Mantrinis Ingwersaft mit frischer Minze

Für alle 3 Doshas geeignet
Zutaten für 1 Person:
60-90 ml frischer Ingwersaft
250-300 ml Wasser
1 TL frische Minzblätter
¼ -½ TL Honig

Alle Zutaten in einem Küchenmixer 1 Minute lang mixen.

Indras Inselparadies

Für alle 3 Doshas geeignet, leicht Pitta +
Zutaten für 1 Person:
30 ml frisch gepresster Zitronen- oder Limettensaft
60 ml frischer Ananassaft
60 ml frischer Ingwersaft
250 ml Wasser
1 TL frische Minzblätter
¼ TL Honig

Alle Zutaten in einem Küchenmixer 1 Minute lang mixen.

Lalitas Zitronen-Ingwer-Saft mit Minze

Für alle 3 Doshas geeignet
Zutaten für 1 Person:
2 EL frisch gepresster Zitronensaft oder Limettensaft
60 ml frischer Ingwersaft
250-300 ml Wasser
1 TL frische Minzblätter

¼ TL Honig

Alle Zutaten in einem Küchenmixer 1 Minute lang mixen.

Erfrischungsgetränk „Atma Vidya"

Für alle 3 Doshas geeignet
Zutaten für 1 Person:
2 EL frisch gepresster Zitronen- oder Limettensaft
60 ml frischer Ananassaft
60 ml Granatapfelsaft
60 ml frischer Ingwersaft
200 ml Wasser
1 TL frische Minzblätter
1 Prise Cayennepfeffer
¼ TL Honig

Alle Zutaten in einem Küchenmixer 1 Minute lang mixen.

Tulasi-Erfrischungsgetränk „Maha Rani" mit Minze

Für alle 3 Doshas geeignet
Zutaten für 1 Person:
½ TL getrocknete Tulasiblätter oder 4-5 frische Blätter
½ TL Ingwerpulver oder ¼ TL frischer Ingwersaft
300-350 ml Wasser
1 TL frische Minzblätter
¼ TL schwarzer Pfeffer, frisch gemahlen
¼ TL Honig

Alle Zutaten in einem Küchenmixer 1 Minute lang mixen.

Amritanandamayis Alchemie

Für alle 3 Doshas geeignet
Zutaten für 1 Person:
1 EL frische Minzblätter
½ TL Ingwerwurzel, frisch gerieben
120 ml frischer Ananassaft
250 ml Wasser
¼ -½ TL Honig

Alle Zutaten in einem Küchenmixer 30 Sekunden lang mixen.

Tulasi-Erfrischungsgetränk „Vrindavana" mit Minze

Für alle 3 Doshas geeignet
Zutaten für 1 Person:
½ TL getrocknete Tulasiblätter oder 4-5 frische Blätter
1 EL frische Minzblätter
250 ml Wasser
¼ TL Honig

Alle Zutaten in einem Küchenmixer 1 Minute lang mixen.

Arjunas Apfel-Erfrischungsgetränk mit Minze

Für alle 3 Doshas geeignet
Zutaten für 1 Person:
250 ml frisch gepresster Apfelsaft
1 EL frische Minzblätter
½ TL Honig

Alle Zutaten in einem Küchenmixer 1 Minute lang mixen.

Apfel-Ingwer-Zitronendrink „Aghora"

Für alle 3 Doshas geeignet
Zutaten für 1 Person:
250 ml frisch gepresster Apfelsaft
60 ml frisch gepresster Zitronensaft
1 EL frische Minzblätter
1 EL frischer Ingwersaft

Alle Zutaten in einem Küchenmixer 1 Minute lang mixen.

Ramanas rote Delikatesse

Für alle 3 Doshas geeignet
Zutaten für 1 Person:
150 ml frisch gepresster Apfelsaft
90 ml frisch gepresster roter Traubensaft
1 EL frischer Ingwersaft

Alle Zutaten in einem Küchenmixer 1 Minute lang mixen.

Gaias grüner Saft

Für alle 3 Doshas geeignet
Zutaten für 1 Person:
2 EL Minzblätter
1 EL Korianderblätter
1 TL Ingwersaft oder ¼ TL Ingwerpulver
¼ -½ TL Honig oder Agavensirup
1 Prise (oder mehr) Cayennepfeffer
1 TL Spirulinapulver
250 ml Wasser oder Apfelsaft

Alle Zutaten in einem Küchenmixer 1 Minute lang mixen.

Getränk zum Sonnenaufgang: „Ma Amritesvari"

Für alle 3 Doshas geeignet
Zutaten für 1 Person:
120 ml Orangensaft
120 ml Ananassaft
1 TL Ingwersaft oder 1/8 TL Ingwerpulver
1 EL Zitronensaft
Variante: 1 TL Spirulinapulver dazumischen

Alle Zutaten in einem Küchenmixer 1 Minute lang mixen.

Hawaiianischer Himmelstrank

Für alle 3 Doshas geeignet
Zutaten für 1 Person:
120 ml frisch gepresster Orangensaft
120 ml frisch gepresster Ananassaft
3 EL frische Mango, in Stücke geschnitten
3 EL frische Papaya, in Stücke geschnitten

Alle Zutaten in einem Küchenmixer 1 Minute lang mixen.
Variante: Noch 1 EL Spirulina oder Chlorella dazumischen.

Blauer Hawaiianischer Trank

Für alle 3 Doshas geeignet
Zutaten für 1 Person:
120 ml Kokoswasser
120 ml frisch gepresster Ananassaft
50 g Blaubeeren
3 EL frische Mango, in kleine Stücke geschnitten

Alle Zutaten in einem Küchenmixer 1 Minute lang mixen.

Nektar der Unsterblichkeit

Für alle 3 Doshas geeignet
Zutaten für 1 Person:
150 ml frische Kokoswasser
150 ml frisch gepresster Ananassaft
3 EL Blaubeeren
3 EL Mango, in Stücke geschnitten
3 EL Papaya, in Stücke geschnitten
1 EL frisch gepresster Zitronensaft

Alle Zutaten in einem Küchenmixer 1 Minute lang mixen.
Kurzes Gedicht

Karunamayi sneha arunodayam nana
Saranagati ninte charanalaye
Amritesvari annapurnnesvari ente
Hrdayam ni, nan cheyta pujaphalam

Oh Mutter des Mitgefühls,
du bist die Erweckerin der Liebe.
Ich verneige mich vor deinen heiligen Füßen.
Unsterbliche Göttin, die uns versorgt und nährt,
gewähre mir die Wonne,
dich in meinem Herzen zu verehren.

– Karunamayi Sneha Arunodayam, Bhajanamritam Vol. IV

Glossar

Agni - Verdauungsfeuer

Ama - Toxine, unverdaute Nahrung

Amenorrhoe - ausbleibende Blutungen oder Menstruation

Analgetikum - Schmerzmittel

Anthelmithikum - Wurmmittel

Antibiotikum - Arzneimittel zur Behandlung bakterieller Infektionskrankheiten

antipruritisch - juckreizhemmend, juckreizstillend

Antipyretikum - Fiebermittel, Fieber senkend

Antispasmotikum - Substanz, die Muskeln entkrampft und entspannt

Adstringent - Substanz, die zusammenziehend und austrocknend wirkt

Karminativum - Substanz, die verdauungsfördernd, entkrampfend und entblähend wirkt

Demulcens - Substanz, die auf Schleimhäute lindernd und beruhigend wirkt

diaphoretisch - schweißtreibend

diuretisch - harntreibend

Dysmenorrhoe - Menstruationsbeschwerden mit Schmerzen

Emmenagogum - menstruationsförderndes Mittel

Expektorant - schleimlösend, hustenfördernd

hämostatisch - blutstillend

Laxativ - Abführmittel

Lithotriptikum - Substanz, die Gallensteine, Nieren - und Blasensteine auflöst

Menorraghie - verlängerte Menstruationsblutung

Prabhava - einzigartige Funktion oder Qualität einer Substanz

Rajas - die Qualität, die Aktivität, Bewegung und Energie verkörpert

Rasa - Geschmack einer Substanz

Rejuvenativ - Substanz, die verjüngend wirkt, indem sie den Körper nährt, stärkt und aufbaut

Sattva - Qualität der Reinheit und Nächstenliebe, des Lichts und Friedens

Sedativ - Substanz, die auf das Nervensystem beruhigend wirkt

Stimulans - Aufputschmittel

Tamas - Qualität der Unwissenheit, Dunkelheit, Dumpfheit und Trägheit

Vasodilator - Substanz, die gefäßerweiternd wirkt

Vipaka - Effekt einer Substanz in der Nachverdauung

Virya - Energetik einer Substanz

Bibliographie

Atreya. *Ayurvedic Healing for Women.* New Delhi, India: Motilal Banarsidas, Pvt. Ltd., 2000.

Babu, Dr. Madham Shetty Suresh. *Yoga Ratnakara, Vol. I.* Varanasi, India: Chowkhamba Sanskrit Series, 2005.

Barnard, Neal, M.D. "Doctor in the House." *PETA's Animal Times* Fall 2004: 7.

Barnard, Neal, M.D. *The Power of Your Plate.* Summertown, TN: Book Publishing Co., 1990.

Cole, Sebastian. Ayurvedic Medicine: The Principles of Traditional Practice. Elsevier, Ltd., 2006.

Dash, Vaidya Bhagwan and Sharma, R.K. *Caraka Samhita, Vol. I-VII.* Varanasi, India: Chowkhamba Sanskrit Series, 2005.

Devi, Sri Mata Amritanandamayi. The Awakening of Universal Motherhood: An Address Given by Sri Mata Amritanandamayi Devi at the Global Peace Initiative of Women Religious and Spiritual Leaders at Palais des Nations, Geneva, October 7th, 2002. Amritapuri, India: Mata Amritanandamayi Mission Trust, 2003.

Devi, Sri Mata Amritanandamayi. *For My Children: The Teachings of Her Holiness Sri Mata Amritanandamayi Devi.* Amritapuri, India: Mata Amritanandamayi Mission Trust, 1995.

Devi, Sri Mata Amritanandamayi. *Immortal Light: Advice to Householders.* Amritapuri, India: Mata Amritanandamayi Mission Trust, 2006.

Devi, Sri Mata Amritanandamayi. Living in Harmony: An Address Given by Sri Mata Amritanandamayi Devi at the Millennium World Peace Summit of Religious and Spiritual Leaders at The United Nations General Assembly, August 29th, 2000. Amritapuri, India: Mata Amritanandamayi Mission Trust, 2005.

Devi, Sri Mata Amritanandamayi. May Peace and Happiness Prevail: Keynote Address by Sri Mata Amritanandamayi Devi during the Closing Plenary Session of The Parliament of World's Religions in Barcelona, Spain, on July 13th, 2004.

Amritapuri, India: Mata Amritanandamayi Mission Trust, 2004.

Devi, Sri Mata Amritanandamayi. May Your Hearts Blossom: An Address by Sri Mata Amritanandamayi Devi at the Parliament of the World's Religions, Chicago, September 1993. Amritapuri, India: Mata Amritanandamayi Mission Trust, 2005.

Devi, Sri Mata Amritanandamayi. Unity is Peace: An Address by Sri Mata Amritanandamayi Devi at the Interfaith Celebration in Honor of the 50th Anniversary of The United Nations on October 21st, 1995, at the Cathedral of St. John the Divine, New York. Amritapuri, India: Mata Amritanandamayi Mission Trust, 1996.

Frawley, Dr. David. *Ayurveda and the Mind.* Twin Lakes, WI: Lotus Press, 1997.

Frawley, Dr. David. *Ayurvedic Healing: A Comprehensive Guide.* Salt Lake City, UT: Passage Press, 1989.

Frawley, Dr. David. *Yoga and Ayurveda: Self- Healing and Self-Realization.* Twin Lakes, WI: Lotus Press, 1999.

Frawley, Dr. David and Lad, Dr. Vasant. *The Yoga of Herbs.* Santa Fe, NM: Lotus Press, 1986.

Gerras, Charles. *The Complete Book of Vitamins.* Emmaus, PA: Rodhale Press, 1977.

Joshi, Binod Kumar, Joshi, Geeta, and Sah, Ram Lal. *Vedic Health Care System: Clinical Practice of Sushrutokta Marma Chikitsa and Siravedhan.* New Delhi, India: New Age Books, 2002.

Joshi, Sunil. Ayurvedic Panchakarma: The Science of Healing and Rejuvenation. Twin Lakes, WI: Lotus Press, 1997.

Lad, Dr. Vasant. *Ayurveda: The Science of Self- Healing.* Twin Lakes, WI: Lotus Press, 1984.

Lad, Dr. Vasant. *Textbook of Ayurveda, Vol. I: Fundamental Principles.* Albuquerque, NM: The Ayurvedic Press, 2002.

Lad, Dr. Vasant. Textbook of Ayurveda, Vol. II: A Complete Guide to Clinical Assessment. Albuquerque, NM: The Ayurvedic Press, 2006.

Lanou, Amy. "Healthy Eating for Life for Children." *Physicians' Committee for Responsible Medicine.* New York: John Wiley and Sons, 2002: 49.

Lappe, Frances Moore. *Diet for a Small Planet*. New York, NY: Ballantine Books, 1975.

Manoj, Dr. T. *Ayurveda*. Trivandrum, India: Aims Health Publications, 2000.

Menon, C.V. Narayana, comp. *The Thousand Names of the Divine Mother: Sri Lalita Sahasranama*. Amritapuri, Kerala, India: Mata Amritanandamayi Mission Trust, 2004.

Miller, Dr. Light. *Ayurvedic Remedies*. Twin Lakes, WI: Lotus Press, 1999.

Murthy, Prof. K.R.Srikantha. *Vagbhata's Astanga Hrdayam*. Varanasi, India: Chowkhamba Krishnadas Academy, 2004.

"The Natural Resources Defense Council 25 Year Report." New York, NY: Natural Resources Defense Council.

Paranjpe, Dr. Prakash. *Ayurvedic Medicine: The Living Tradition*. New Delhi, India: Chaukhamba Sanskrit Pratishthan, 2003.

Paranjpe, Dr. Prakash. Indian Medicinal Plants: Forgotten Healers: A Guide to Ayurvedic Herbal Medicine. New Delhi, India: Chaukhamba Sanskrit Pratishthan, 2001.

Pitchford, Paul. *Healing with Whole Foods*. Berkeley, CA: North Atlantic Books, 2002.

Puri, Swami Amritaswarupananda. *From Amma's Heart: Conversations with Sri Mata Amritanandamayi Devi*. Amritapuri, India: Mata Amritanandamayi Mission Trust, 2005.

Puri, Swami Amritaswarupananda, trans. *Man and Nature*. Amritapuri, India: Mata Amritanandamayi Mission Trust, 2005.

Ranade, Dr. Subhash. *Natural Healing Through Ayurveda*. New Delhi, India: Motilal Banarsidas Pvt. Ltd., 1999.

Reinfeld, Mark and Rinaldi, Bo. *Vegan Fusion*. Kapa'a, HI: Thousand Petals Publishing, 2005.

Robbins, John. *The Food Revolution*. Boston, MA: Conari Press, 2001.

Saraswati, Swami Satyananda. *Kali Puja*. New Delhi, India: Devi Mandir Publications, 1996.

Shastri, V.V.Subramanaya. *Tridosha Theory: A Study on the Fundamental Principles of Ayurveda*. Malappuram Dist. Kerala, India: Kottakkal Arya Vaidya Sala Publications Dept., 2000.

Subramuniyaswami, Satguru Sivaya. *How to Win an Argument with a Meat Eater*. Kauai, HI: Himayalan Academy Publications, 2000.

Svoboda, Robert E. *Ayurveda: Life, Health and Longevity*. India: Penguin Books, 1992.

Svoboda, Robert E. *Prakriti: Your Ayurvedic Constitution*. Twin Lakes, MI: Lotus Press, 1999.

Tirtha, Swami Sada Shiva. *The Ayurvedic Encyclopedia*. New Delhi, India: Health Harmony, 2006.

Tiwari, Maya. *Ayurveda Secrets of Healing*. Twin Lakes, WI: Lotus Press, 1995.

"Vegetarian Diets." *Journal of the American Dietetic Association*. Association and Dietitians of Canada, June 2003: 748- 765.

Winter, Ruth. *A Consumer's Dictionary of Food Additives*. New York, NY: Crown Publishers, Inc., 1989, 1984, 1978.

Yogananda, Paramahansa. God Talks with Arjuna: The Bhagavad Gita: The Royal Science of God Realization, Vol. I and II. Dakshineshwar, Kolkata, India: Yogada Satsanga Society of India, 2005.

www.ingramcontent.com/pod-product-compliance
Lightning Source LLC
Chambersburg PA
CBHW051411090426
42737CB00014B/2618